TIC y HERRAMIENTAS DIGITALES

TIC y HERRAMIENTAS DIGITALES

Una revisión para el apoyo de la práctica docente.

Daniel Desiderio Borrego Gómez
Jesús Roberto García Sandoval
Noel Ruíz Olivares

Coordinadores

Para realizar pedidos de este libro, contacte con:
Palibrio
1663 Liberty Drive
Suite 200
Bloomington, IN 47403
Gratis desde EE. UU. al 877.407.5847
Gratis desde México al 01.800.288.2243
Gratis desde España al 900.866.949
Desde otro país al +1.812.671.9757
Fax: 01.812.355.1576
ventas@palibrio.com
753433

ÍNDICE

Introducción... *ix*
    Daniel Desiderio Borrego Gómez
    Jesús Roberto García Sandoval
    Noel Ruíz Olivares

La universidad, las TIC y sus aplicaciones didácticas en el aula.......*1*
    Alfredo Mariano Francisco

Teorías de la innovación...*15*
    Ma. Concepción Reyes Salazar

La ludificación: un referente para su implementación......................*30*
    Virginia Nohemi Araguz Lara
    Claudia Rita Estrada Esquivel

Los REA su dimensión didáctica en el espacio pedagógico..............*52*
    Nali Borrego Ramírez
    Ma. Del Rosario Contreras Villarreal
    Marcia Leticia Ruiz
    Luis Humberto Garza Vázquez

El video educativo desde la perspectiva de los alumnos de
educación superior en línea...*63*
    Román Alberto Zamarripa
    Franco Isaías Martínez Trejo

Redes sociales digitales como apoyo al quehacer docente...............*83*
    Jair Nisan Bajonero Santillán

Bibliotecas virtuales como apoyo a la enseñanza de la historia...101
Juan Elizondo García
Julio Rodolfo Moreno Treviño

Curso en línea ética y valores con base en la plataforma Moodle.....116
Carmen Lilia de Alejandro García
Daniel Desiderio Borrego Gómez
Luis Alberto Portales Zúñiga

*Sistema en línea para la gestión de alumnos en cursos de
capacitación en instituciones educativas*...135
Denisse Alejandra Zúñiga Pérez
Emilio Zúñiga Mireles

*Herramientas digitales como apoyo al aprendizaje del
idioma inglés*...161
Enrique Bonilla Murillo

*Herramientas digitales para el fortalecimiento de la
enseñanza en ciencias sociales*...177
Claudia Rita Estrada Esquivel
Jesús Roberto García Sandoval

*Herramientas digitales para el desarrollo de habilidades
para estudiar*...198
Jesús Roberto García Sandoval
Luis Aldape Ballesteros
Virginia N. Araguz Lara

*Herramientas digitales para el apoyo en creación de mapas
mentales y conceptuales* 222
Karla Marlen Quintero Álvarez
Verónica Sagnité Solís Herebia

*Herramientas digitales para favorecer el aprendizaje
colaborativo: Una revisión de propuestas.* 242
Verónica Sagnite Solis Herebia.

Software educativo de ejercitación y práctica, como apoyo a
las habilidades matemáticas...262
    Irma Yolanda Arredondo Pedraza
    Noel Ruiz Olivares

Tutorial multimedia en educación superior como apoyo al
diseño de proyectos de titulación de tesis...288
    José Guillermo Marreros Vázquez
    Nallely Contreras Limón

Acerca de los Autores 315

Introducción

Daniel Desiderio Borrego Gómez
Jesús Roberto García Sandoval
Noel Ruíz Olivares

El proceso educativo escolar afronta hoy en día una serie de transformaciones y transiciones debido al uso de las nuevas tecnologías de la información y la comunicación; los adelantos tecnológicos han transformados los múltiples escenarios en el proceso de enseñanza aprendizaje; las herramientas y metodologías convencionales utilizadas al momento de la práctica docente hace una década se han transformado y adaptado a las tecnologías de la información y comunicación, para lograr aprendizajes significativos a través de metodologías activas fundamentadas en el diseño de material didáctico digital en las actividades docentes, estableciendo ambientes de aprendizaje congruentes a las necesidades de los estudiantes. El proceso educativo escolar es participe de estos procesos de inclusión de la tecnología en todos sus sectores, modificando con ello las prácticas docentes al incorporar la innovación tecnológica a los procesos formales de educación. El escenario al interior del aula está sufriendo alteraciones significativas ya que el docente se tiene que adaptar a gran parte de estos procesos del uso de las tecnologías de la información y comunicación, siendo lógico que los avances en este rubro no perderán terreno sino más bien se desplazarán de forma vertiginosa, evolucionando la práctica docente. Este libro es una compilación de 16 artículos que ayudarán al docente a conocer y adentrarse en el mundo de las tecnologías de la información y comunicación, además de conocer aplicaciones y herramientas que otros profesores han utilizado y que consideraron en su uso elementos más dinámicos, creativos e innovadores.

En el Capítulo 1 titulado **La universidad, las TIC y sus aplicaciones didácticas en el aula,** el maestro Alfredo Mariano Francisco señala que durante el inicio del siglo XX y la primera década del siglo XXI, se ha observado un desarrollo vertiginoso en el uso de las Tecnologías de la Información y la Comunicación (TIC) en los diversos contextos de la Sociedad y que las universidades no se quedan exenta de la aplicación de estas herramientas tecnológicas, tanto en los procesos de enseñanza-aprendizaje así como su gestión. La inserción de las TIC, como es el Internet y las demás aplicaciones tecnológicas, al ámbito universitario, hace que impere la necesidad de que los docentes se preparen para afrontar con éxito el reto que estas tecnologías están demandando y revolucionando los procesos de enseñanza-aprendizaje de las instituciones a nivel Superior y reflexiona acerca de cómo debe ser la preparación de los docentes y la aplicación didáctica de las TIC en el aula, en el Capítulo 2 titulado **Teorías de la innovación** la maestra Ma. Concepción Reyes Salazar escribe sobre que las universidades han de dar respuesta a las necesidades sociales y económicas considerando elementos que generen un cambio en los procesos de enseñanza aprendizaje y en el desarrollo del plantel educativo y que en México, las universidades han seguido durante mucho tiempo practicas repetitivas y deben modificar de forma puntual y directa los procesos de enseñanza y de aprendizaje en el aula, señala que la mayor problemática son los profesores que siguen practicas tradicionalistas, y que el uso de las Tecnologías de la Información y la Comunicación en el salón de clases potenciará el aprendizaje del alumno, generando a través de su uso nuevos escenarios educativos, replanteando la práctica educativa, en el Capítulo 3 titulado **La ludificación: un referente para su implementación,** las maestras Virginia Nohemí Araguz Lara y Claudia Rita Estrada Esquivel presentan una revisión conceptual del término ludificación, describen su historia desde su surgimiento hasta la actualidad y la importancia e influencia que ha tenido en cada una de las áreas donde se utiliza, hacen énfasis en el ámbito educativo, analizan cada uno de los elementos de la ludificación y presentan un listado de herramientas digitales para el apoyo de esta. El objetivo principal del capítulo es brindar a todo docente que desee implementar la ludificación mediante herramientas digitales una idea general de todos elementos que debe tener en cuenta al momento de su planeación, en el Capítulo 4 **Los REA su dimensión didáctica en el espacio pedagógico** las Doctoras Nali Borrego Ramírez, Ma. Del Rosario Contreras Villarreal, Marcia Leticia Ruiz y el Dr. Luis Humberto Garza Vázquez mencionan que tratar de presentar a detalle el desarrollo de la tecnología educativa como disciplina pedagógica hasta la inclusión de los Recursos Educativos Abiertos (REA), considerando sus raíces desde el comienzo hasta el siglo XXI, resulta un poco complicado, por lo cual realizan una revisión de algunos planteamientos que intentan concretar una síntesis de hechos sobresalientes que al respecto hacen quienes estudian este campo, en el Capítulo 5 **El video educativo desde la perspectiva de los alumnos de educación superior en línea** el Dr. Román Alberto Zamarripa Franco y el Dr. Isaías Martínez Trejo presentan un estudio con el objetivo de analizar la opinión de los alumnos sobre la utilización de videos educativos en clases de educación superior en línea, con una muestra de 230 estudiantes sus resultados muestran que el video educativo es una herramienta que gusta y es útil para los estudiantes de educación superior en línea ya que existe una alta aceptación por este medio, en su estudio identificaron una mayor aceptación por los videos educativos en los estudiantes de las materias relacionados a la División de Ciencias Exactas, en el Capítulo 6 **Redes sociales digitales como apoyo al quehacer docente** el maestro Jair Nisan Bajonero Santillán, menciona que al hablar de Tecnologías de la Información y de herramientas digitales hoy en día, es imposible no hablar de redes sociales señala que la forma de ver el mundo ha cambiado gracias a las redes sociales y su inmediatez de la información, la interactividad y la participación de cualquier usuario como parte de la noticia o de dar a conocer un suceso, en el Capítulo 7 **Bibliotecas virtuales como apoyo a la enseñanza de la historia**, los maestros Juan Elizondo García y Julio Rodolfo Moreno Treviño muestran un compendio de bibliotecas virtuales para auxiliar a docentes y alumnos en la búsqueda de documentos y artículos históricos que coadyuven a lograr el cumplimiento de los objetivos planteados en los programas de estudio de Historia, analizaron cada biblioteca describiendo sus características principales de navegación, las herramientas con las que cuentan y se detalla el apoyo que cada una de ellas oferta al área de Historia, ello con la intención de facilitar y mejorar los procesos de búsqueda de información además señalan que es necesario incorporar éstas herramientas a los procesos pedagógicos, especialmente integrándolas al campo de la historia a través de la creación y uso de bibliotecas virtuales, en el Capítulo 8 **Curso en línea ética y valores con base en la plataforma Moodle,** la maestra Carmen Lilia de Alejandro García, los maestros Daniel Desiderio Borrego Gómez y Luis Alberto Portales Zúñiga mencionan que en la actualidad las diversas ocupaciones, la falta de espacios físicos provocados por la sobrepoblación y la globalización entre otros elementos, ha orientado la factibilidad de la enseñanza a distancia, oferta que ha cobrado cada vez más fuerza, en su artículo presentan la propuesta educativa de un curso en línea para la materia Ética y Valores 2 del nivel medio superior con base en la plataforma de aprendizaje Moodle, mencionan que las plataformas de aprendizaje han sido utilizadas, no solo para formar a estudiantes de nivel superior y de posgrado, sino también para capacitar personal de diversas empresas, al igual que para reafirmar el conocimiento que se adquiere en el nivel básico, siendo el nivel medio superior uno de los niveles educativos que han demorado en implementar esta modalidad en línea, explican la forma de realización del curso de ética y valores 2, explican que fue diseñada mediante una estructura modular que hace posible su adaptación a la realidad de los diferentes centros escolares, su objetivo es utilizar una plataforma de aprendizaje para poder generar una oportunidad de formación académica a distancia en su modalidad de aprendizaje en línea, en el Capítulo 9 **Sistema en línea para la gestión de alumnos en cursos de capacitación en instituciones educativas,** la Ing. Denisse Alejandra Zúñiga Pérez y el maestro Emilio Zúñiga Mireles describen el desarrollo de un sistema web para captura de información de estudiantes que deseen llevar a cabo cursos o diplomados en el cual se mantiene en constante actualización la información de materiales asignados o exámenes presentados por cada una de las personas registradas al curso, obteniendo un control más específico de la cantidad de personas registradas en este curso, como el índice de aprobados o reprobados por medio de consultas con bases de datos, en el Capítulo 10 **Herramientas digitales como apoyo al aprendizaje del idioma inglés**, el maestro Enrique Bonilla Murillo describe a la herramienta Duolingo como una plataforma con múltiples herramientas digitales que auxilian a los alumnos a gestionar su propio conocimiento del idioma, describe sus características y desventajas, sobre sus ventajas escribe como estas pueden ser utilizadas por los alumnos y docentes de inglés para desarrollar las competencias lingüísticas necesarias para comunicarse efectivamente además, describe Duolingo como una tecnología de aprendizaje apta para el enfoque por competencias y el aprendizaje centrado en el alumno, finalmente, analiza cómo la integración de este tipo de herramientas podría ser una opción viable para que los alumnos alcancen los niveles establecidos de inglés, en el Capítulo 11 **Herramientas digitales para el fortalecimiento de la enseñanza en ciencias sociales**, la maestra Claudia Rita Estrada Esquivel y el Dr. Jesús Roberto García Sandoval mencionan que el objetivo de las ciencias sociales es desarrollar conocimientos y habilidades en el estudiante que le permita comprender el entorno social, orientándolo para actuar de forma crítica y responsable, exponen herramientas digitales para fortalecer la enseñanza y el aprendizaje en las distintas disciplinas del área de las ciencias sociales, las herramientas digitales que se proponen en este capítulo están orientadas a las ciencias sociales, las cuales se clasifican en herramientas digitales como recursos didácticos y herramientas digitales para crear recursos didácticos, en el Capítulo 12 **Herramientas digitales para el desarrollo de habilidades para estudiar,** el Dr. Jesús Roberto García Sandoval, el maestro Luis Aldape Ballesteros y la maestra Virginia Nohemi Araguz Lara exponen una serie de herramientas digitales que auxilian al docentes para desarrollar habilidades para estudiar en los estudiantes, las describen desde tres perspectivas; pensamiento analítico, pensamiento sintético y pensamiento integrador; con la intención de generar procesos cognitivos superiores al momento de analizar o construir el conocimiento. Adicionalmente se analizan el uso de la tecnología como herramienta mediática utilizadas por docentes para aproximar a los estudiantes de una manera motivadora, en el Capítulo 13 **Herramientas digitales para el apoyo en creación de mapas mentales y conceptuales,** las maestras Karla Marlen Quintero Álvarez y Verónica Sagnité Solís Herebia, escriben sobre organizadores gráficos que facilitan la estructuración de la información, dentro de ellos destacan los mapas mentales y conceptuales los cuales ayudan a analizar, sintetizar y comprender los conceptos o ideas centrales de un tema, también describen de forma general diferentes herramientas digitales para elaborar mapas mentales y conceptuales como: Cmaptools, Freemind, EDraw Mind Map, Mindomo, Mindmeister abordan sus posibilidades para la creación, edición, exportación y publicación de estos gráficos para que sean utilizados como técnicas o estrategias para identificar, planear y delegar actividades que permitan el aprendizaje autónomo y colaborativo, en el Capítulo 14 **Herramientas digitales para favorecer el aprendizaje colaborativo: Una revisión de propuestas,** la maestra Verónica Sagnite Solis Herebia señala que el desarrollo de las Tecnologías de la Información y Comunicación en los últimos años ha cambiado la forma de realizar las actividades personales, laborales y de convivencia señala que la generación de estudiantes que tenemos en los centros educativos, tienen una vida donde converge el mundo físico y el mundo digital, de ahí que las TIC deben participar con la misma fuerza en la educación, en su artículo también presenta herramientas digitales para fomentar el aprendizaje colaborativo y menciona la necesidad de explorar las diferentes herramientas digitales y hacerlas parte de estrategias didácticas, en el Capítulo 15 **Software educativo de ejercitación y práctica, como apoyo a las habilidades matemáticas,** la maestra Irma Yolanda Arredondo Pedraza y el maestro Noel Ruiz Olivares señalan que en la actualidad, la incorporación de las Tecnologías de la Información y la Comunicación (TIC) al proceso educativo permite ver el mismo desde distintas dimensiones, mencionan que el software educativo se considera como uno de los medios más atractivos y efectivos para facilitar los procesos de enseñanza y de aprendizaje. Su propósito es mostrar un software educativo de ejercitación y practica que fue diseñado para niños de cuarto grado de primaria con el objetivo de mejorar sus habilidades matemáticas, el programa le permite al niño seleccionar su recorrido e ir a la vez por el mismo reforzando actividades mentales; así mismo, le permite a los maestros contar con un material de apoyo en el área de matemáticas, en el que ellos pueden involucrarse directamente ya que el software cuenta con módulos, actividades y evaluaciones diseñados mediante un programa con un buen diseño instruccional, en el Capítulo 16, **Tutorial multimedia en educación superior como apoyo al diseño de proyectos de titulación de tesis** el maestro José Guillermo Marreros Vázquez y la maestra Nallely Contreras Limón explican la propuesta realizada en la Unidad Académica Multidisciplinaria de Ciencias, Educación y Humanidades de la Universidad Autónoma de Tamaulipas, para ello desarrollaron un Tutorial Multimedia siguiendo una metodología para el Desarrollo de Material Educativo Computarizado (MEC), la cual consta de una serie de etapas que se encuentran interrelacionadas; asimismo explican los principios pedagógicos que lo sustentan, finalmente, concluyen con una serie de recomendaciones para su uso.

La universidad, las TIC y sus aplicaciones didácticas en el aula.

Alfredo Mariano Francisco

Universidad Autónoma de Tamaulipas,
amfrancisco@docentes.uat.edu.mx

Resumen

Durante el inicio del siglo XX y la primera década del siglo XXI, se ha observado un desarrollo vertiginoso en el uso de las Tecnologías de la información y la comunicación (TIC) en los diversos contextos de la Sociedad. La Universidad no se queda exenta de la aplicación de estas herramientas tecnológicas (TIC), tanto en los procesos de enseñanza-aprendizaje así como su gestión.

La inserción de las TIC, como es el Internet y las demás aplicaciones tecnológicas, al ámbito universitario, hace que impere la necesidad de que los docentes se preparen para afrontar con éxito el reto que estas tecnologías están demandando y revolucionando los procesos de enseñanza-aprendizaje de las instituciones a nivel Superior. En este artículo haremos algunas reflexiones acerca de cómo debe ser la preparación de los docentes y la aplicación didáctica de las TIC en el aula en el contexto Universitario.

Palabras clave: Universidad, Tecnologías de la Información y la Comunicación, Formación Docente, Educación Superior.

Las Tecnologías de la Información y la Comunicación en la Universidad

Durante el inicio del siglo XXI surge un gran cambio tecnológico en la historia de la humanidad, estos cambios se inician a partir de la segunda mitad del siglo XX. Este cambio hace referencia al desarrollo de la Telemática y la Informática, cuyas tecnologías se crearon para facilitar la comunicación y el procesamiento de la información. Con esta revolución surge una sociedad llamada "Sociedad de la Información y el conocimiento" donde los dos elementos la información y el conocimiento son factores de poder y riqueza, además pueden viajar a grandes velocidades, llegar a cualquier parte del Mundo gracias a las Redes y las Telecomunicaciones.

Silvio, (2000) afirma que partir de la década de los años 60 del siglo XX comienza a gestarse la sociedad de la información y el conocimiento, cuando la fuerza laboral de los países desarrollados inicia su incursión del sector industrial y manufacturero al sector de servicios.

Marrero (2003) Dice que si la sociedad presenta las anteriores características todos los procesos productivos se enfocan a las tecnologías de la información y la comunicación (TIC) y que la interactividad acorta espacios, tiempo, recursos y personas; se marca una tendencia hacia la automatización y se la da más importancia al conocimiento.

En la actualidad las Universidades se enfrentan a estos cambios sociales y tecnológicos, que se convierten en un reto para dar respuesta a la demanda de la sociedad, como se ha venido dando a lo largo de la Historia. Es por esto que la Universidad se debe transformar y flexibilizar, desarrollando estrategias de integración de las TIC al campo disciplinar de la Docencia, la Investigación, la Gestión y en sus procesos administrativos.

Salinas (2004) hace referencia que las Instituciones de Educación Superior existentes y actuales deben de respondes a estos retos, revisando sus planeación educativa, promoviendo metodologías innovadoras a los procesos en enseñanza-aprendizaje incorporando las TIC a la Docencia para la innovación de las estrategias didácticas de los docentes, mejorando la comunicación y la distribución de los materiales de aprendizaje en el aula.

Es decir darle mayor importancia a la preparación y a los procesos de innovación docente que a la potencialidad y disponibilidad de las tecnologías, y no confundir tecnología con innovación.

Razones Para Aplicar las Tic en la Educación Superior

En este contexto existen una infinidad de razones para utilizar las TIC en la educación superior una de ellas encontrar las mejores metodología para incorporar en forma adecuada estas herramientas aunque no es sinónimo de mejora de la educación son un gran complemento educativo para acompañar las clases dentro del aula y fuera de ella.

Bates (2001) hace mención que una de las razones principales es mejorar la calidad de la enseñanza con el uso de las TIC, debido a que su uso se ve como una de las formas de calmar algunos problemas como la interacción y el poco contacto entre docentes y alumnos. Estas herramientas tecnológicas ofrecen a los alumnos las destrezas cotidianas necesarias para desarrollarse y estar profesionalmente preparados para un mundo laboral donde es previsible que las TIC sean necesarias para desempeñarse en la vida diaria.

Otra razón fundamental es ampliar el acceso a la educación mediante el uso de las TIC, principalmente en la Educación a distancia, donde se benefician un gran número de estudiantes que por razones geográficas o de tipo laboral no tiene la oportunidad de estudiar de manera presencial en el Campus Universitario, de tal manera que a través de esta modalidad de estudio existe una mayor oportunidad para acceder a la educación y a la formación en caso de profesionales y docentes que requieran mantener actualizados sus conocimientos.

Cuando en la Universidad se introducen las TIC, transitoriamente ocurren ciertos cambios en los procesos de la enseñanza-aprendizaje con relación al aula tradicional, estos procesos importantes son estructura y organización.

Entre los cambios más destacados que se producen, Bates (2001) señala los siguientes:

Los alumnos pueden tener acceso a un proceso de enseñanza y de aprendizaje de calidad en cualquier momento y lugar.

* La información que antes sólo podía ser conseguida a través del profesor, ahora puede obtenerse por medio de Internet.
* Los materiales educativos multimedia, bien diseñados, pueden resultar más eficaces que los métodos tradicionales de aula, ya que los estudiantes pueden aprender con la ayuda de animaciones, ilustraciones, sonidos e interacción con ellos.
* Las TIC pueden facilitar la adquisición de destrezas de aprendizaje tales como la resolución de problemas, toma de decisiones y pensamiento crítico.
* La interacción entre profesores y estudiantes puede llevarse a cabo de manera síncrona o asíncrona, permitiendo mayor acceso y flexibilidad a este intercambio.
* La comunicación a través de las TIC puede facilitar la enseñanza en grupo, las clases multiculturales e internacionales.

Los Docentes Universitarios en su Nuevo Rol en la Educación

En la actualidad la incorporación de las TIC a la docencia universitaria, está produciendo cambios significativos en los procesos de enseñanza aprendizaje. Especialmente el rol del profesor es un aspecto que se está modificando con la inclusión de estas al acto didáctico en el aula.

Al respecto, Sangrá y González, (2004) nos plantean que el docente deja de ser el trasmisor exclusivo de la información, si no que pasa a ser un facilitador de los aprendizajes. Por lo tanto el docente se dedicara a dar orientación y suministrar a los alumnos los recursos didácticos necesarios para que su proceso de aprendizaje con nuevas metodologías sea óptimo y la vez atender sus dudas y necesidades.

Todos los señalamientos hacen concluir que el modelo educativo con el uso de las TIC, debe cambiar de trasmisivo de clase magistral donde el actor principal es el docente, donde el objetivo es la transferencia y transmisión, a un modelo participativo donde la parte central es el alumno acampanándolo en su proceso de aprendizaje.

(Cebrián de La Serna, 2003). Por lo cual, afirma que es inminente la preparación de los docentes para afrontar estos nuevos retos, que le impone la incorporación de las TIC a la Universidad.

La Didáctica en el Siglo XXI

Vadillo y Klinger, (2004) definen la didáctica como "la disciplina que estudia y perfecciona los métodos, procesos, técnicas y estrategias cuyo objetivo es potenciar la enseñanza para lograr aprendizajes más amplios, profundos y significativos".

Por su parte Medina, (2002) realiza una definición más contemporánea de la didáctica, estableciendo que ésta es una disciplina de naturaleza pedagógica, orientada por las finalidades educativas y comprometida con el logro de la mejora de todos los seres humanos, mediante la comprensión y transformación permanente de los procesos socio comunicativos, y la adopción y el desarrollo apropiado del proceso enseñanza-aprendizaje

Partiendo de las definiciones anteriores y comprendiendo que este comienzo de siglo ha traído cambios revolucionados y profundos en la sociedad en la actualidad, es necesario pensar que existen nuevas metodologías en y para la didáctica, las cuales están ligadas a las tecnologías de la información y comunicación (TIC), abriendo nuevos vínculos y perspectivas entre los nuevos desafíos y métodos didácticos.

Sevllano, (2005) Menciona que urge implementar la didáctica con las TIC como parte integral de la Educación general, que se define como el tratamiento sistemático dentro de la Didáctica de los medios de comunicación en los procesos de enseñanza-aprendizaje.

Aportes de Internet a la Docencia Universitaria.

La inclusión de las TIC y en especial de Internet a las Universidades y en general a la sociedad ha traído importantes cambios en las formas tradicionales de ejecutar ciertas tareas. La educación superior no ha escapado a estos cambios progresivos cambiando de un modelo clásico de enseñanza trasmisivo a un modelo más flexible, en el cual se hace una combinación de las clases magistrales con el uso de nuevos recursos tecnológicos (correo electrónico, foros, chat, páginas Web, Blogs) aplicados a las practicas docentes Universitarias.

Al respecto, Area (2005) establece que entre los aportes más significativos que ha proporcionado Internet a la docencia universitaria se encuentran los siguientes:

- Las redes telemáticas permiten extender los estudios universitarios a colectivos sociales que por distintos motivos no pueden acceder a las aulas.
- Con Internet, el proceso de aprendizaje universitario no puede consistir en la mera recepción y memorización de datos recibidos en la clase, sino la permanente búsqueda, análisis y reelaboración de informaciones obtenidas en las redes.
- La utilización de las redes telemáticas en la educación requieren un aumento de la autonomía del alumnado, es decir se requiere de un modelo de aprendizaje caracterizado por la capacidad de decisión del alumno sobre su propio proceso de aprendizaje, donde pueda establecer su propio ritmo e intensidad de acuerdo a sus intereses y necesidades.
- El horario y el espacio de las clases deben ser más flexibles y adaptables a distintas situaciones de enseñanza.

Usos de Internet en la Docencia Universitaria.

Internet representa un factor importante para la renovación e innovación en la enseñanza universitaria, por lo cual Area (2005) plantea que las formas de uso y la integración de Internet a la docencia universitaria puede ir desde pequeñas experiencias docentes, como es la publicación de una página Web con el programa de la asignatura que imparte, hasta la creación y puesta en funcionamiento de todo un sistema de formación a distancia On-line, desarrollado institucionalmente por una universidad. Por tanto, el autor identifica distintos niveles de integración y uso de los recursos de Internet, que evoluciona desde Internet como un elemento *ad hoc* a la práctica docente convencional, hasta la creación de escenarios virtuales de enseñanza.

Estos niveles de integración y uso de internet en la enseñanza universitaria según Area (2005) son:

- Edición de documentos convencionales en HTML.
- Elaboración de materiales didácticos electrónicos o tutoriales para la www.
- Diseño y desarrollo de cursos online semipresenciales,
- Diseñar y desarrollar un curso o programa educativo totalmente a distancia y virtual.

Cabe destacar, que Internet puede ser utilizada simplemente como un espacio donde colocar materiales didácticos de los profesores, o como un ambiente educativo totalmente nuevo cuya característica principal se basa en la vitalización de los procesos de enseñanza y de aprendizaje.

Necesidades de Formación de los Docentes Universitarios para el uso de las Tic.

Tal como se señaló anteriormente, la incorporación de las TIC a la enseñanza universitaria trae consigo la necesidad de capacitar a los docentes para la correcta utilización de las mismas en el aula de clase en lo presencial y en lo virtual, es por esto que las instituciones universitarias deben ocuparse de la correcta preparación de sus docentes para ello, ya que esta preparación viene a ser un factor preponderante del éxito de dicha incorporación.

En esta perspectiva, Sangrá y González (2004) señalan que infinidad de universidades han tomado en cuenta la formación de sus profesores para garantizar la adecuada integración de las TIC a las Universidades. Por lo general la mayoría de éstos programas formativos se reducen a cursos de un software en específico o como elaborar materiales didácticos, todo esto enfocado a cubrir las necesidades del docente en cuanto a sus competencias tecnológicas, esto nos ilustra que esta formación no es la correcta para el uso de las TIC en la docencia Universitaria.

Cabero (2006) menciona que una verdadera formación en el uso didáctico de las TIC por los docentes universitarios, debe estar orientada a la adquisición de destrezas y habilidades, para implementar estrategias y metodologías en la creación de nuevos escenarios y entornos variados donde se utilicen las TIC mejorando la enseñanza-aprendizaje y se adapten a las demandas y exigencia de los nuevos retos educativos.

Hanna (2002) refiere que las Instituciones Universitarias deben de tener como prioridad necesaria la alfabetización tecnológica de su personal docente, además debe proporcionarles formación permanente que les permita estas actualizados a medida que evolucionan las tecnologías.

Principios para la Formación Docente en el Uso de las Tic.

Al plantearse un plan de formación docente en el uso de las TIC, se deben tomar en cuenta ciertos principios básicos para que el desarrollo tecnológico de los docentes resulte efectivo. En este sentido, la Sociedad para la Tecnología de la Información y la Formación Docente SITE (Society for Information Technology and Teacher Education) citada en Resta (2004) plantea lo siguiente:

• Debe integrarse la tecnología a todo el programa de formación docente. A lo largo de toda su experiencia de formación, los docentes deben aprender de forma práctica acerca del uso de la tecnología y de las formas en que ésta puede incorporarse a sus clases.

- La tecnología debe integrarse dentro de un contexto. Enseñar a los docentes a utilizar las herramientas básicas de la computadora, tales como el sistema operativo tradicional, el procesador de texto, las hojas de cálculo, las bases de datos y las herramientas de telecomunicación, no es suficiente. Como en toda profesión, existe un nivel de manejo que supera el conocimiento común acerca del uso de una computadora. Este conocimiento más específico o profesional incluye aprender a utilizar la tecnología para motivar el crecimiento educativo de los alumnos.

- Los docentes deben formarse y experimentar dentro de entornos educativos que hagan un uso innovador de la tecnología. La tecnología puede utilizarse para apoyar formas tradicionales de educación, así como para transformar el aprendizaje.

Cabe destacar que estos planes de formación deben ser aplicados en concordancia con las realidades de cada una de las instituciones donde se aplique, es decir deben ajustarse al nivel de los recursos disponibles, tomando en cuenta la experiencia, la capacidad de liderazgo y la disponibilidad de las propias TIC.

De igual modo, Resta (2004) presenta algunos aspectos que deben ser tomados en cuenta como referencia, para ayudar a integrar las tecnologías de la información y la comunicación a la formación docente, dichos aspectos vienen dados por cuatro grupos de competencias englobadas dentro de cuatro áreas temáticas, estas últimas se describen a continuación Aspectos importantes para la aplicación de las TIC en la formación docente.

Así mismo, las competencias a las cuales hace referencia el autor vienen descritas por los siguientes aspectos: la pedagogía, la cual se centra en la práctica instruccional de los docentes y requiere que éstos desarrollen formas de aplicar las TIC en sus materias para hacer un uso efectivo de ellas con la finalidad de apoyar y expandir los procesos de enseñanza y de aprendizaje.

La colaboración y trabajo en red se refiere al potencial comunicativo de las TIC para extender el aprendizaje más allá de los límites del salón de clase, y en sus efectos sobre el desarrollo de nuevos.

Estándares de Referencia para la Formación Docente en el Uso de las Tic.

La Sociedad Internacional para la Tecnología en la Educación (ISTE) ha desarrollado un conjunto de estándares que sirven como guía para los distintos programas de formación docente en el uso de las TIC. Estos estándares son ampliamente utilizados en diversos países tales como: Australia, China, Irlanda, y el Reino Unido; y constituyen los Estándares Nacionales de Tecnología Educativa National Educational Technology Standards (NETS) en los Estados Unidos.

Dichos estándares son utilizados por universidades norteamericanas como el MIT, Berkeley, Chicago, Harvard y Stanford, como una plataforma para la planificación tanto de nuevos programas de formación docente, como en el reajuste de programas existentes.

A continuación se presentan los estándares para los docentes (ITSE-NETS, 2002).

Operaciones y conceptos tecnológicos

- Los docentes demuestran una sólida comprensión de las operaciones y conceptos tecnológicos, como son las habilidades y conocimientos básicos acerca de los conceptos relacionados con la tecnología.
- Aumento continuo de sus conocimientos y habilidades tecnológicas, que les permite enfrentar tanto las tecnologías actuales como las emergentes.

Planificación y diseño de ambientes y experiencias de aprendizaje

- Los docentes planifican y diseñan eficientes entornos y ambientes de aprendizaje apoyados por la tecnología.

La enseñanza, el aprendizaje y el plan de estudios

- Los docentes implementan planes curriculares que incluyen métodos y estrategias para aplicar la tecnología como forma de maximizar el aprendizaje de los alumnos,

Evaluación

- Los docentes aplican múltiples métodos de evaluación, para determinar el uso apropiado de los recursos tecnológicos por parte de los alumnos en el aprendizaje, la comunicación y la productividad.

Productividad y Práctica profesional

- Los docentes utilizan la tecnología para aumentar su productividad y mejorar su práctica profesional,

Aspectos sociales, éticos, legales y humanos

- Los docentes comprenden los aspectos sociales, éticos, legales y humanos relacionados con el uso de la tecnología y aplican esta comprensión a la práctica:

A modo de reflexión final

Es inminente que las tecnologías de la información y la comunicación están influyendo y motivando los procesos de cambio sobre nuestra sociedad, estos cambios se están dando principalmente en las universidades que requieren de ofertar una educación que vaya de acuerdo a los nuevos tiempos y que prepare a todos los inmersos en este ámbito educativo. Estos cambios se están generando sobre estructuras sociales, en laboral, en la forma de relación, en lo cultural y en lo económico, es decir nos enfrentamos a cambios acelerados, estos se deben al avance de las TIC el cual parece continuar a paso creciente. Hoy en día las TIC se están integrando en todas las organizaciones modernas y están siendo utilizadas en la mayoría de las actividades sociales, productivas y de servicio, éstas significan una fuente permanente de información y comunicación que contribuyen con la labor educadora del ser humano. Es por ello que toda Universidad debe de preparar a sus docentes para que asuman el reto de plantear nuevas metodologías en la enseñanza- aprendizaje y que pretenda incursionar a un sistema educativo innovador que esta mediado por las TIC, y así preparar profesionales aptos para integrarse a una sociedad cambiante por la revolución de estas Tecnologías.

La incorporación de las TIC a los procesos de enseñanza y de aprendizaje representa un gran avance en cuanto a innovación educativa se refiere. Sin embargo, no hay que pensar que son la medicina para la solución de todos los problemas que afronta la educación superior, puesto que si bien es cierto que éstas aportan muchos beneficios, hay que considerar los altos costos que deben invertir las instituciones universitarias en la formación permanente del docente, el equipamiento tecnológico inicial y su posterior mantenimiento. No obstante, el cambio resulta impostergable y hay que asumir el reto, si estamos conscientes de la nueva cultura en la cual estamos inmersos, donde la omnipresencia de las TIC es evidente.

Por ello es importante considerar que nuestra educación del siglo XXI es internacional, esto especifica que ya no tiene fronteras, el uso de las TIC ha representado una importante influencia en el desarrollo humano, nos muestra que el docente ya no es ciudadano activo de una sola nación sino que también ya es un habitante del mundo donde también le permite participar en un ámbito de aportación de ideas y desarrollo de conocimientos por medio de las herramientas digitales.

También cabe mencionar que hay que ser cuidadosos en la aplicación de las TIC teniendo que ser acorde a los planes de trabajo, debe estar dirigida en dos sentidos en el ámbito de la pedagogía mediática y otra en el aprendizaje de la utilización de las herramientas TIC de manera que sea una formación integral y dinámica.

También se deben establecer mecanismos de comunicación en el proceso de enseñanza –aprendizaje, de igual manera es importante resaltar y hacer énfasis que el apoyo económico también es primordial para tener una optimización del uso de las TIC en las instituciones de educación superior en pro de construir una educación desde y para la sociedad actual.

Referencias

Area, M. (2005). *Internet en la Docencia Universitaria. Webs Docentes y Aulas Virtuales*. Guía Didáctica. Universidad de Laguna. Recuperado el 20 de agosto de 2014, de: http://webpages.ull.es/users/manarea/guiadidacticawebs.pdf

Bates, A. (2001). *Cómo gestionar el cambio tecnológico. Estrategias para los responsables de centros universitarios*. España: Gedisa

Cabero, J. (2005). Estrategias para la formación del profesorado en TIC. *II Congreso Nacional de Formación del Profesorado en Tecnologías de la Información y la Comunicación*. Recuperado el 26 de agosto de 2014, de http://tecnologiaedu.us.es/jaen/Cabero.pdf

Cebrián de la Serna, M. (2003). *Innovar con Tecnologías aplicadas a la Docencia Universitaria*. En M. Cebrián, A. Góngora, Ma. D. Pérez, F. López, J. Alfonso & S.

Lara (Eds.), *Enseñanza Virtual para la Innovación Universitaria*. España: Nancea Recuperado el 30 de agosto de 2014, de http://add.unizar.es/start/pesuz/2001/materiales/InfoMotivaProfe.pdf

Hanna, D. (2002). *La enseñanza universitaria en la era digital: consecuencias globales*. En D.

Hanna, (Ed.), *La Enseñanza Universitaria en la Era Digital*. España: Octaedro

International Society for Technology in Education. (2002). *National Educational*

Technology Standards for Teachers: Preparing Teachers to Use Technology. Recuperado el 6 de septiembre de 2014, de http://cnets.iste.org/ teachers/pdf/page09.pdf

Marquès, P. (2007). *Los Docentes: Funciones, Roles, Competencias Necesarias, Formación.* Recuperado el 7 de septiembre de 2014, de http://dewey.uab.es/pmarques/docentes.htm

Marrero, L. (2003). *El Entorno Universitario y las Nuevas Tecnologías de la Información y de la Comunicación. ¿Hacia dónde vamos?* Revista Docencia Universitaria, 4(2).

F. Salvador (Eds.), *Didáctica general* (pp. 3-32). Madrid: Prentice Hall.

Resta, P. (2004). *Las tecnologías de la información y la comunicación en la formación docente. Guía de planificación.* Recuperado el 8 de septiembre de 2014 de http://unesdoc.unesco.org/ images/0012/001295/129533s.pdf

Salinas, J. (2004). Innovación docente y uso de las TIC en la enseñanza universitaria. *Revista de Universidad y Sociedad del Conocimiento (RUSC).* 1(1). Recuperado el 11 de septiembre de 2014, de http:// www.uoc.edu/rusc/dt/esp/salinas1104.pdf

Sangrà A. & González, M. (2004). El profesorado universitario y las TIC: redefinir roles y competencias. En A. Sangrà & M. González (Eds.), *La transformación de las universidades a través de las TIC: discursos y prácticas.* España: UOC

Sevillano, M. (2005). *Didáctica en el Siglo XXI. Ejes en el aprendizaje y enseñanza de calidad.* Madrid: McGraw-Hill Interamericana de España

Silvio, J. (2000). *La Virtulización de la Universidad.* Caracas, Venezuela: IESAL/UNESCO

Teorías de la innovación

Ma. Concepción Reyes Salazar

Universidad Autónoma de Tamaulipas,
mcreyes@docentes.uat.edu.mx

Resumen

Las universidades han de dar respuesta a las necesidades sociales y económicas considerando elementos que generen un cambio en los procesos de enseñanza aprendizaje y en el desarrollo del plantel educativo. En México, las universidades han seguido durante mucho tiempo prácticas repetitivas y deben modificar de forma puntual y directa los procesos de enseñanza y de aprendizaje en el ámbito del aula. La mayor problemática son los profesores que siguen prácticas tradicionalistas, por lo que es relevante colocar al profesorado en el centro de los cambios y de la innovación. El uso de las Tecnologías de la Información y la Comunicación en las aulas de clases potenciará el aprendizaje del alumno, generando a través de su uso nuevos escenarios educativos, replanteando la práctica educativa.

Palabras clave: Innovación, calidad educativa, cambio, TIC

Introducción

Las universidades han de dar respuesta a las necesidades sociales y económicas de su entorno, desde las necesidades que existan en los sectores productivos, así como la transferencia de conocimiento y tecnología. Estos aspectos relevantes en la educación se enmarcan en los procesos de cambio desarrollados por centros escolares identificados como innovadores.

Para empezar a notar una innovación en las organizaciones educativas, primero se debe conocer el concepto de cambio que se define como la acción de "convertir o mudar algo en otra cosa". En el área de la institución escolar, podría referirse tanto a la estructura general del sistema educativo como a la organización de cada establecimiento o de la enseñanza en el interior de las aulas.

Dada que cualquier modificación en alguna de las dimensiones institucionales implica un cambio, el sentido de estos, no está predeterminado, en ocasiones funciona y en otras no, de acuerdo a las metas que se plantee a futuro la institución escolar.

Hopkins (1996) menciona que un cambio en la mejora educativa "constituye una estrategia dirigida a aumentar los resultados de aprendizaje de los alumnos y el control de los centros sobre su propio desarrollo".

Algunos elementos claves del cambio tienen que ver con los siguientes aspectos según Fullan (2008):

- La necesidad del aprendizaje continuo, así como de que todos los agentes educativos encuentren significado a su trabajo y a sus relaciones con los colegas, percibiendo a la organización como un todo.
- La importancia del trabajo de los líderes, que fundamentalmente debe consistir en desarrollar buenas propuestas encaminadas al aprendizaje, así como a que puedan ser aplicadas a través de la interacción entre colegas.
- El valor del reconocimiento de la capacidad para construir, dado que resulta fundamental el hecho de invertir en el desarrollo de la eficacia individual y colaborativa de todo un grupo u organización para lograr mejoras significativas.
- La trascendencia del aprendizaje en el centro, frente a la inutilidad de realizar aprendizajes provenientes de

modalidades de formación que se desarrollan fuera, o desconectadas, del propio lugar de trabajo.

- La importancia de que las normas y reglas sean claras y transparentes. Claridad y facilidad de acceso a las prácticas, a los procesos y a los resultados.

- El reconocimiento de que también los centros aprenden, así como de que tanto el conocimiento como el compromiso son fuerzas dominantes que desarrollan y cultivan el cambio de manera constante.

De acuerdo con estos puntos relevantes que menciona Fullan acerca del cambio, en la mayoría de las universidades de México no se presentan ninguno de ellos ya que las propuestas de aprendizaje que implementan los líderes en esta institución es la misma línea de años atrás. Ellos detectan las necesidades o fallas en las cuales la institución tiene inconvenientes y se invierten en estas, pero no tienen mejoras en la enseñanza-aprendizaje de sus alumnos ya que siguen un sistema repetitivo.

Es aquí donde a diferencia del cambio, la innovación tendría que entrar pues se buscaría la introducción de formas de actuación diferentes a las usuales, cuyo objetivo es el aumento de producción o la calidad de los servicios. Entonces, mientras la innovación supone siempre un cambio, no todo cambio resulta innovador.

La innovación se vincula con la educación en base a las necesidades o problemas detectados en la enseñanza, es así como Viñao (2002) dice que la innovación:

> No sólo se trata de una respuesta nueva, sino dirigida
> a solucionar aquellas dificultades registradas en la
> práctica. Se trata, por lo tanto, de la incorporación de
> modificaciones que afectan de forma puntual y directa
> a los procesos de enseñanza y de aprendizaje, en el
> ámbito del aula.

El término "innovación" es un término engañoso, a la vez seductivo y equívoco ya que según Westley (1969):

"Seductivo porque sugiere mejoramiento y progreso, cuando en realidad solo significa algo nuevo y diferente. Equívoco, porque desvía la atención de la esencia de la actividad de que se trata, la enseñanza, hacia los problemas de la tecnología de la educación".

Aunque, independientemente del alcance que pueda tener una innovación en las universidades, se debería continuar dando pasos para conseguir situarlas en los centro de aprendizaje y ver a futuro en correlación con la comunidad estudiantil, quizás el alumnado tenga más interés a la hora de tomar a una clase.

Una innovación se debe sostener en el tiempo, aunque también en el espacio de la institución universitaria, en definitiva como una práctica social dialógicamente construida en un proceso de múltiples traducciones.

Se plantea así la cuestión de lo que constituye un mejoramiento en el enseñar o en el aprender y de cómo debemos comprobar si la innovación ha sido o no en realidad la causa del mejoramiento, por el momento se puede decir lo siguiente de la innovación:

- Las innovaciones sólo pueden ser evaluadas en relación con los objetivos de un sistema educativo.
- Generalmente conciernen a una intensificación o una mayor individualización del aprendizaje, a una enseñanza más profesionalizada y a unos planes de estudio más refinados
- Implican un cambio correspondiente en las actividades y las actitudes de personal escolar. Son así innovaciones tanto una nueva colocación de los asientos en el aula como una importante disposición legislativa nacional, aunque difieran considerablemente en su escala.

En los diversos intentos de identificar los condicionantes del compromiso con el desarrollo de un proceso de innovación, algunos factores son especialmente señalados como perjudiciales, entre ellos están:

- El desconocimiento de la propuesta por parte del profesorado
- La falta de motivación del alumnado.
- La escasa participación o la ausencia de información de las familias.

Como se mencionó, la problemática que enfrenta la mayoría de las universidades de nuestro país es acerca de los profesores que siguen métodos tradicionalistas, es de gran importancia para que la innovación sea enfocada en la enseñanza-aprendizaje como medio, para mostrar al profesorado su relevancia practica y facilitar el compromiso con estos tres procesos perjudiciales.

Pues esto adquiere particular importancia a la luz de los resultados de estudios que evidencian que la relación entre el éxito de las organizaciones educativas en el desempeño de su labor y las buenas prácticas de enseñanza y de gestión no es lineal.

Estas en ocasiones, son inversas a lo habitualmente planteado pues según Gewirtz (1998) dice que:

> Son escuelas consideradas buenas, aquellas que promueven prácticas eficaces, mientras que una percepción negativa de la organización educativa favorece una disminución del interés por las tareas de enseñanza y de gestión y, en consecuencia, un descenso de la calidad con la que se las realiza.

Todos los esfuerzos para colocar al profesorado en el centro de los cambios no han resultado en las últimas décadas según Lieberman y Wood (2002) "ya que los docentes suelen aparecer más como consumidores pasivos de un conocimiento "precocinado", es decir ya preparado"

Según un ejemplo dado por Watson (1967):

> En lugar de tratar de persuadir a los maestros para que presten atención a las diferencias individuales entre alumnos, se les debe invitar a analizar los factores que

impiden tal atención (clases numerosas, libros de texto Únicos, test uniformes). Al eliminar estas presiones, se libera en el maestro la tendencia natural a adaptarse a cada alumno concreto de una nueva manera. Fundamentalmente, la técnica consiste en introducir la innovación por etapas que se calculan para producir el mínimo de resistencia y de discontinuidad.

Precisamente (Gray, 2001; Datnow, Hubbard y Mehan, 2003) dan una solución acerca del tema y comentan lo siguiente:

La construcción de comunidades de aprendizaje con implicación de las familias y del profesorado en la creación de un entorno rico en información y de una cultura positiva en la escuela son condiciones específicas de la innovación en las escuelas de áreas socio-económicamente desfavorecidas.

Un ejemplo muy claro acerca de comunidades de aprendizaje se da en el Instituto Woodland Park, en el cual, se implementa una innovación en la educación y fue desarrollada por Jonathan Bergan y Aaron Sams quienes a partir del año 2011 crearon un software con el nombre de "The Flipped Classroom" que combina presentaciones en Power Point y Videos, con la finalidad de que sus clases sean de manera tecnológica e innovadoras.

En este tipo de clase los alumnos pueden tomar el aprendizaje fuera del espacio áulico y ellos pueden aprender los contenidos desde otro lugar, más allá de la denominada clase magistral. En este tipo de modelo se aprovecha el tiempo presencial para avanzar con actividades de aprendizaje significativo y personalizado, estimulando los intercambios y debates, el desarrollo de proyectos, el análisis de casos, las prácticas de laboratorio; generando un entramado donde la dinámica del aula se convierta en actividad en red.

El lugar del docente también se redefine en este entorno, ya que pasa a tener el rol de tutor o guía del proceso de aprendizaje, orientando al alumno en los contenidos, recorridos y estrategias que favorezcan el pensamiento crítico y los recursos metacognitivos en función de la construcción de conocimientos.

De los contenidos que son tratados en la mayoría de las universidades mexicanas son transmitidos en forma vertical hacia los alumnos cuyo papel es el de receptores pasivos, aislados y distantes. La concepción de aprendizaje en estos, están basados en la memoria y esto no ha cambiado en la institución, ya que los docentes le proporcionan al alumno textos de aprendizaje, los cuales le exigen leerlos, pero el alumno no tiene la motivación necesaria en estos, porque la mayoría de las veces memorizan el texto y no analizan este, además no tienen el habito de leer este tipo de lecturas.

Los docentes en las universidades mexicanas no toman el papel de rol o tutor comparado con el ejemplo que se mencionó anteriormente, ya que solamente se dedican a impartir catedra y no permiten un análisis crítico en el alumno acerca del tema. Es por esta razón, que el alumno no construye su conocimiento y no procesa un aprendizaje continuo en los contenidos que se imparten día a día en clase.

Por último retomando el rol del docente en el aula es importante que este planifique y desarrolle un modelo de aprendizaje distinto a los tradicionales en sus alumnos, como lo hicieron Jonathan Bergan y Aaron Sams, este servirá porque pondría en práctica su función docente, así también cambiaría las formas organizativas del tiempo dentro del salón de clases, etc.

Otro de los Institutos en los cuales se ha implementado una innovación en su institución ha sido el Instituto *Miramontes (España)* ya que por medio de su plantilla, la cual está conformada por 29 profesores (22 licenciados y 7 diplomados en magisterio) esta universidad cuenta con departamentos didácticos de cada una de las áreas, así como el de Orientación, tienen su sede propia.

Esto hace posible un sistema de rotación de alumnos. Mientras el profesor permanece en su aula –dotada con todo el material necesario para la docencia– el alumnado va rotando cada hora, según la materia que le corresponda. Funcionan así como taller o aulas departamento.

En la actualidad el IES *Miramontes* desarrolla proyectos subvencionados, correspondientes a las cinco modalidades que oferta como proyectos de mejora, los cuales son los siguientes:

- *"Convive y Aprende con las Complementarias"* pretende que el alumnado conozca y participe en otras formas de vivir y de relacionarse diferentes a las que conocen de su entorno.
- *"Los Libros en mundo digital"*, dirigido a acercar al alumnado y a las familias al uso de la Biblioteca.
- *"Comunícate III"*, que tiene en la radio escolar la herramienta principal de comunicación y un medio muy efectivo para modificar determinadas conductas. Uno de sus mayores logros es la excelente colaboración del alumnado. En cuanto al profesorado, la mayor implicación viene desde los departamentos de Lengua y de Educación Física, colaborando el resto del Claustro cuando es solicitada su ayuda por parte de la coordinadora del proyecto. Entre los objetivos de Comunícate III para el futuro destaca el incrementar la participación tanto de profesores como de alumnos mediante la introducción de la radio escolar en las distintas áreas del currículum.
- *"Aprendiendo a educar en valores"* para fomentar la tolerancia como base de la convivencia.
- *"Tutorías Afectivas"*, nacido para resolver conflictos educativos de gran parte del alumnado apoyándose en una relación de confianza mutua entre el tutor afectivo y el alumno. A cada alumno con problemas de conducta o de relación social se le asigna un tutor especial que le aconseja, que hace un estrecho seguimiento de su trayectoria escolar y que interviene en el tratamiento de cualquier conflicto en el que se vea involucrado. Dos psicólogas externas al centro asesoran a los tutores y al equipo directivo. Ambas intervienen en el tratamiento directo con el alumnado y una de ellas actúa en la formación del profesorado.

Tomando en cuenta cada proyecto relevante de este instituto, se resalta el de "Tutorías Afectivas", este es similar a la materia de "Tutorías" que se imparte en muchas universidades del país, solo que el del Instituto Miramontes es efectivo, a cada alumno se le asigna un tutor y se da seguimiento en caso de que llegue a presentar un problema, en contraste en las universidades mexicanas también asignan una materia e incluso brindan un tutor pero en ocasiones no existe ese vínculo tutor-alumno en el cual pueda haber confianza para apoyarse en él y es ahí donde se debe trabajar para que pueda funcionar esta materia.

En el caso de los profesores, mediante el intercambio de información y el apoyo constante, se intenta implicarlos en los múltiples proyectos del instituto, empleando una estrategia de persuasión: *"Aquí no se puede obligar a nadie"*. El mismo principio de respeto y de voluntariedad se aplica al alumnado, pues se aspira a que cada uno se adscriba a los proyectos que desee, a partir del reconocimiento de su valor. Se trata, en definitiva, de promover una obra a largo plazo y de carácter colectivo y en función de un objetivo compartido más que de llevar a cabo actuación puntual y circunscrita. Este tipo de proyectos fue el que históricamente ha dado forma a la dinámica innovadora del centro.

Efectivamente, las condiciones adversas de la población se convirtieron muy pronto en la historia del centro en un revulsivo y un motivo para sostener una búsqueda permanente de una forma de enseñar y un contenido que se ajusten a las características y necesidades de dicho entorno. El discurso acerca de la necesidad de innovación permanente en un entorno difícil está ampliamente presente en la plantilla docente y en sus directivos

La dinámica establecida en los procesos de enseñanza-aprendizaje constituye en las universidades mexicanas la primera acción que deben realizar para que estas funcionen regularmente.

Cada vez más se utilizan las Tecnologías de Información y Comunicación en el aula, uno de los ejemplos más representativos lo encontramos en las reflexiones de Eduardo Martí y es su atribución y la necesidad del uso del ordenador como elemento para promover el dialogo entre los alumnos.

La aplicación de estas tecnologías está cambiando gradualmente en los principales campos de la educación superior. Está cambiando en la forma de aprender y crear nuevas ideas, la forma de discutir y comunicar ideas dentro del aula de clases y a los alumnos en general, y está cambiando la enseñanza, la forma en que transmiten nuevos conocimientos y resultados de investigación a los estudiantes.

Está claro que el aprendizaje memorístico en los estudiantes debe dejar paso a un pensamiento más divergente y creativo, y que, las TIC pueden contribuir activamente a ello. El potencial de las TIC está determinado por los usos que se hagan de las herramientas en la práctica docente, donde es importante y necesaria la formación y capacitación para desarrollar la innovación docente en ciertas garantías.

En las universidades mexicanas, algunos docentes siguen sus métodos tradicionalistas de enseñanza y no interactúan con la computadora, por el poco uso que le dan en sus clases y de la cual puede ser de gran potencial al momento de impartir catedra ya que esta sería más dinámica y entretenida para sus alumnos si el profesor le supiera dar un uso correcto y no se limitara solo a presentar diapositivas.

Para que el docente pueda aprovechar la computadora al máximo debe dar uso al Internet ya que es una herramienta crucial que sirve no solo para acceder a un mayor volumen de información sino también para generar espacios virtuales de trabajo entre alumnos.

Martí (2003) dice que "La facilidad con que los alumnos acceden a diferentes fuentes de información y las nuevas posibilidades de crear escenarios educativos no presenciales conduce a un replanteamiento de las prácticas educativas, además de la integración de las TIC en escenarios educativos presenciales"

Tomando en cuenta lo que dice Martí, se presenta el Wikiforo como una propuesta de innovación docente basada en la interacción y complementariedad de dos herramientas virtuales. La lógica del

Wikiforo tiene el triple objetivo de generar conocimiento, interacción y reflexión en un ámbito científico determinado través de Internet.

El Wikiforo como propuesta innovadora ha sido tomado como ejemplo en la Facultad del Profesorado de la Universidad de Extremadura. Esta propuesta de innovación se basa en el uso complementario del Wiki, entendido como espacio de trabajo virtual para recopilar información de Internet a través de enlaces o links, y el Foro de Discusión como herramienta para reflexionar sobre los materiales que previamente se han expuesto en el Wiki. La herramienta Wiki sirve para crear un espacio donde los alumnos pueden aportar la información que encuentren relevante en Internet sobre una temática concreta que se está trabajando en la asignatura.

El Foro de Discusión en cambio, servirá para debatir y reflexionar sobre los contenidos seleccionados por el resto de compañeros. En términos operativos el Wiki cumple una función acumulativa de recoger información de las búsquedas realizadas por los alumnos y el Foro de Discusión cumple una función interactiva-reflexiva ya que es un espacio para compartir puntos de vista sobre una temática común.

En palabras de Merino y Bravo (2008)

> El término Wiki procede del hawaiano Wiki Wiki que quiere decir rápido. Por Wiki entendemos una aplicación basada en web y de tipo cooperativo, cuya principal característica es la de permitir ser editada continuamente y por múltiples usuarios. Simplificando, podemos decir que la tecnología Wiki permite que páginas web alojadas en un servidor público sean escritas utilizando un procesador de textos sencillos y a través del navegador.

Una de las ventajas de esta herramienta es su potencial para condensar información y generar conocimiento de manera colaborativa. El wiki es uno de los recursos electrónicos con mayor potencialidad para la docencia universitaria.

El Wiki en las universidades mexicanas podría ser diseñado como un espacio virtual donde los alumnos pudieran aportar un determinado número de enlaces a Internet sobre las diferentes temáticas que, se abordaron en la parte teórica de los contenidos que ven en cada asignatura.

Ya que se habló acerca del Wiki, ahora es el turno de la herramienta Foro de Discusión y el autor Arriazu (2007) lo define como:

> Un espacio virtual al cual acceden un determinado número de usuarios en red, con el fin de conocer, producir e intercambiar conocimientos, colaborar y/o aportar puntos de vistas individuales sobre una temática interesada y comúnmente compartida

En la actualidad, las funciones que cumple esta herramienta en la práctica docente universitaria son variadas y diversas, y van, desde un simple canal de comunicación entre el profesor y los alumnos, hasta espacios de reflexión más delimitados donde tratar, discutir e intercambiar puntos de vista sobre un tema concreto. Se trata de una herramienta comunicativa muy versátil que fomenta la interacción, la comunicación y la reflexión.

Si se implementara en las universidades mexicanas un Wikiforo en el cual los alumnos puedan subir más información extra de la que vieron en cada asignatura y además exista un análisis y debate de esta, los resultados que obtendrían los alumnos en el entendimiento de los contenidos vistos en clase serían:

- Mejor entendimiento de los conceptos teóricos de la asignatura.
- Mayor capacidad para relacionar conceptos teóricos y prácticos.
- Aprendizaje más consistente en el tiempo.
- Mayor atractivo de la asignatura para el alumno.
- Mayor comunicación con sus compañeros de clase y con el profesor.

Es importante concluir que el Wikiforo, en tanto propuesta de innovación pedagógica, ha supuesto una mayor carga de trabajo, tanto para el profesor, como para el alumnado, sin embargo, y a tenor de los resultados extraídos en las evaluaciones, su aplicación ha supuesto una forma más sugerente y más consistente alcanzando un aprendizaje más significativo. Y será de este modo, haciendo énfasis en los pequeños pero importantes detalles como, en este caso, la consistencia y durabilidad del conocimiento, como las propuestas metodológicas de la pedagogía universitaria logren progresivamente acomodarse a las transformaciones sociales de las sociedades modernas.

La manera más precisa de evaluar estas innovaciones implementas en los diferentes institutos utilizados como ejemplos, consistirán ponerlas a prueba en las universidades mexicanas a título experimental y comparar los resultados con los de un grupo de control que no las utilice o las formas de enseñanza que utilizaban antes de implementarlas en el aula de clases.

Referencias

Altopiedi, M., & Murillo Estepa, P. (2011). *Prácticas innovadoras en escuelas orientadas hacia el cambio: Ámbitos y modalidades.*

ANUIES (2000). *La educación superior en el siglo XXI*, México, ANUIES

Arriazu, R. (2007). *¿Nuevos medios o nuevas formas de indagación?: Una propuesta metodológica para la investigación social on-line* a través del foro de discusión. *Forum Qualitative Sozialforschung / Forum: Qualitative Social Research, 8* (3), 1-14. Recuperado 24/1/2013, de http://www.qualitative-research.net/index.php/fqs/article/view/275.

Bosco, A. (2005). *Las TIC en los procesos de convergencia europea y la innovación en la Universidad: oportunidades y limitaciones.* Aula abierta, (86), 3-27.

Castro, A. M. P., & García, M. J. M. (2014). Innovación y calidad en la formación del profesorado universitario. *Revista electrónica interuniversitaria de formación del profesorado, 17*(3), 141-156.

De Lomnitz, H. C. (1994). Universidad e innovación tecnológica.

Exclusivos Amorrortu, D., Moussong, L., Toledo, F., & VENTA, D. G. P. S. La escuela que queremos Los objetivos por los que vale la pena luchar.

Fullan, M. (2008). *The six secrets of change.* San Francisco: Jossey-Bass.

Gewirtz, S. (1998) Can All Schools be Successful? An exploration of the determinants of school 'success' *Oxford Review of Education, 24* (4) 439.

GIL, A. (1994). Los rasgos de la diversidad: un estudio sobre los académicos mexicanos, México, UAM.

GIL, A. (1998). *"Origen, conformación y crisis de los enseñadores mexicanos: posibilidades y límites de una reforma en curso",* en Tres décadas de políticas del estado en la educación superior, México, ANUIES.

Hopkins, D. (1996) Estrategias para el desarrollo de los centros educativos. *Congreso Internacional de Dirección Participativa y Evaluación de Centros.* Bilbao.

Huberman, A. M. (1973). *Cómo se realizan los cambios en la educación: una contribución al estudio de la innovación.* Organización de las Naciones Unidas para la Educación, la Ciencia y la Cultura.

Kolmos, A (2004). *Estrategias para desarrollar currículos basados en la formulación de problemas y organizados en base a proyectos. Educar,* n° 33, pp.77-96.

Lieberman, A. y Wood, D.R. (2002) *From network learning to classroom teaching. Journal of Educational Change,* 3, 315–337.

Martí, E. (2003). *Representar el mundo externamente*. Madrid: Ediciones A Machado Libros.

Merino, M. y Bravo, R. (2008). Web 2.0: otra manera de estar en Internet. *Revista Pediatría de Atención Primaria* 38, 147-163.

Neri, C., & Zalazar, D. F. (2015). Apuntes para la revisión teórica de las TIC en el ámbito de la educación superior. *Revista de Educación a Distancia*, (47).

Viñao, A. (2002) *Sistemas educativos, culturas escolares y reformas*. Madrid: Morata.

Watson, G. Resistance to change. En: Watson, G., ed.*Concepts fOP social change*. Washington, D.C., *NTL* Institute for Applied Behavioral Science, NEA, 1967. p. 11-25.

Westley, W. Report of a conference. En: Innovation in education. Part. 1. París, Organization for Economic co-operation and Development, 1969. 55 p. (Document CERI/EI/69.19) [mimeografíado]

La ludificación: un referente para su implementación

Virginia Nohemi Araguz Lara[1], Claudia Rita Estrada Esquivel[2]

[1] Universidad Autónoma de Tamaulipas, naraguz@docentes.uat.edu.mx
[2] Universidad Autónoma de Tamaulipas, crestrada@docentes.uat.edu.mx

Resumen

En este capítulo se presenta una revisión conceptual del término ludificación, se describe su historia desde su surgimiento hasta la fecha actual y la importancia e influencia que ha tenido en cada una de las áreas donde se utiliza, haciendo énfasis en el ámbito educativo, se analizan cada uno de los elementos de la ludificación y se presenta un listado de herramientas digitales para el apoyo de esta. El objetivo principal del capítulo es brindar a todo docente que desee implementar la ludificación mediante herramientas digitales una idea general de todos elementos que debe tener en cuenta al momento de su planeación.

Palabras clave: ludificación, gamificación, aprendizaje basado en juegos, herramientas digitales.

Introducción

La sociedad ha evolucionado de una manera vertiginosa, no solamente en sus hábitos o costumbres, sino en su estructura en sí; en la forma de comunicarse, de interactuar, de generar y transmitir información y conocimiento. Hablando específicamente del área educativa, se puede realizar un rápido viaje por la historia y el primer punto a observar sería el siglo XVII, en donde se puede marcar el inicio de la educación tradicional, cuando en 1657 Comenio publica su obra "Cómo hay que enseñar y aprender para que sea imposible no obtener buenos resultados", dentro de la cual se encuentra el capítulo XVII que lleva como título "El orden en todo es el fundamento de la pedagogía tradicional" (Palacios, 2014). Palacios dice: "La Escuela tradicional significa, por encima de todo, método y orden", en esta educación tradicional el profesor es la base del aprendizaje y el encargado de transmitir los conocimientos que considere adecuados y necesarios, los alumnos deben imitarlo y obedecerlo permaneciendo en una actitud pasiva, esta forma de educar permanece hasta finales del siglo XIX e inicios del siglo XX cuando surge la escuela nueva, la cual busca principalmente hacer al estudiante participe de su proceso de aprendizaje, se modifica la relación entre el profesor – alumno de autoritarismo-sumisión a una relación de confianza y respeto, se modifica totalmente la metodología de enseñar y se busca introducir en esta, actividades que motiven y permitan al estudiante no solamente adquirir información, sino poder transformarla en conocimientos y poder desarrollar habilidades para hacer uso de estos de una forma responsable.

Después del surgimiento de esta "reforma pedagógica" han continuado grandes cambios en la educación (aunque la esencia sigue siendo la misma: el estudiante permanece activo en su proceso de enseñanza – aprendizaje), siendo uno de los más significativos la introducción de las tecnologías en la estructura social, como Palacios (2014) menciona: "la escuela ha sido siempre y es un reflejo de la sociedad [...]" (pág. 5), así que por ende las tecnologías llegaron también al ámbito educativo y esto ha traído consigo el surgimiento de incontables herramientas digitales que son creadas específicamente para el área de la educación o bien pueden adaptarse a esta. Con esta rápida evolución son muchas las ocasiones que se da a la metodología de trabajo un enfoque meramente tecnológico, desplazando la parte pedagógica, un ejemplo muy importante es que al momento de desarrollar la planificación de una asignatura (presencial o virtual), no se toma en cuenta los estilos de aprendizaje de los estudiantes ni se da importancia a que las actividades realmente los hagan participes de su aprendizaje, sino que por el contrario consisten simplemente en transcribir o leer grandes cantidades de información de diapositivas, de páginas web, de documentos pdf, etc., lo cual si observamos detenidamente ha devuelto al estudiante su papel pasivo en el proceso de enseñanza, solo que ahora los conocimientos son transmitidos mediante herramientas digitales y con la diferencia de que los estudiantes de la actualidad no son sumisos, sino que toman sus propias decisiones.

Ante este panorama que se presenta en el ámbito educativo, el docente necesita analizar si sus estudiantes están desarrollando las habilidades necesarias para desenvolverse en la sociedad de la información, incluso necesita autoanalizarse y evaluar si las estrategias de enseñanza –aprendizaje, los materiales didácticos y las herramientas digitales que utiliza generan interés en el estudiante y lo motivan a aprender, si la respuesta es negativa, afortunadamente existen en la actualidad muchas estrategias, técnicas y métodos; que de la mano de herramientas digitales pueden ayudar al docente a desarrollar metodologías de trabajo que le permitan aprovechar la gran atracción que tienen los jóvenes por las tecnologías y encausarlos hacia fines académicos. Entre estas estrategias se encuentra la ludificación, que podría describirse a grandes rasgos como "aprender jugando" y en el resto del capítulo se analizará y describirá cada uno de sus aspectos; desde su revisión conceptual y sus fundamentos teóricos hasta sus implicaciones para la práctica docente.

Revisión conceptual

La ludificación consiste en introducir estrategias y dinámicas propias de los video juegos en contextos ajenos o no lúdicos a fin de modificar conductas, comportamientos y habilidades de las personas (Muñiz, 2012). Aunque el juego no es nuevo en nuestra sociedad, hasta hace algunas décadas este se realizaba por mera diversión, pero con el surgimiento de la ludificación esto cambia, se toman las estrategias de los video juegos (reconocimiento de logros a través de puntos, insignias, listados o cuadros de líderes, información de progreso) y se aplican a diferentes contextos para buscar modificar conductas, comportamientos y habilidades en grupos de personas específicos en diferentes ámbitos.

El concepto de ludificación o gamificación (por su término en inglés: gamification) a menudo es utilizado como sinónimo del concepto "aprendizaje basado en juegos"; que si bien están relacionados, no tienen el mismo significado, ni mucho menos los mismos objetivos o implicaciones, la ludificación consiste en agregar elementos de los juegos a lo largo del desarrollo de la asignatura, como por ejemplo: dar un avatar al inicio del curso a cada estudiante y cada que se logre terminar una misión (pueden ser tareas o trabajos en clase) ofrecer una recompensa (que el estudiante pueda elegir) a manera de accesorio nuevo para su avatar y también crear un tablero de progreso que vaya reflejando los progresos de cada alumno de forma individual y también de manera general mostrar el estudiante con mayor nivel en la semana, mientras que el aprendizaje basado en juegos es el utilizar un juego como estrategia para un tema en específico, por ejemplo utilizar un juego de mapa interactivo para el tema de continentes del mundo, estas dos estrategias (la ludificación y el aprendizaje basado en juegos) pueden complementarse, es decir; dentro de la estrategia de ludificación planteada podría incluirse en algunos puntos el aprendizaje basado en juegos, pero no deben confundirse.

Breve apunte histórico y situación actual

Como ya se mencionó, la ludificación no es un tema nuevo, se ha utilizado desde ya hace algunas décadas, uno de los pioneros fue el área industrial, en inicios y mediados del siglo XX fue utilizada en la URSS (Unión de Repúblicas Socialistas Soviéticas) para intentar aumentar la productividad de los obreros mediante puntuaciones y premios, asimismo en Estados Unidos de América a fines de los años 90´se utilizó con el objetivo de modificar la perspectiva del trabajo, de una experiencia monótona y aburrida a algo motivante.

Tal ha sido el impacto de la ludificación en las últimas décadas que ha surgido "la ludología"; compuesta por el latín *ludos* (juego) y el griego *logos* (conocimiento racional), que si bien algunos autores la definen como una disciplina (Frasca, 2003) otros la definen como una ciencia (Portales, 2012) y se refiere al estudio de las estrategias y dinámicas propias de los videojuegos (misiones, desafíos, niveles, insignias, tablas de progreso, etc.) desde una perspectiva académica (Gomez, 2007). En la actualidad la ludificación está presente en la mayoría de las áreas como la industria, el marketing, la salud, el periodismo y la educación.

En el marketing se puede tomar como ejemplo el libro *Game-based marketing* de Zichermann & Linder lanzado en el año 2010, en donde disertan acerca de la ludificación o gamificación y destacan la importancia y el potencial de utilizar mecánicas de juego en el marketing actual y crear elementos basados en estas mecánicas, como el diseño de viajes o trayectorias de progreso de usuario, indicadores de status (niveles de usuario), rankings de participantes (tablas de progresos), etc.

Dentro del área de la salud se encuentra un caso muy interesante: el UHMA Salud, UHMA es una empresa mexicana que ha decidido plantear el lograr llevar una vida saludable como un juego y han desarrollado una plataforma de juego para la salud, este servicio de "ludificar" la salud está dirigido a las empresas que desean mejorar la salud de sus empleados y no solo eso, sino ayudarlos a crear estilos de vida saludables, dentro de esta plataforma de juego los participantes compiten en equipos, pueden dar seguimiento al registro de sus logros y acumulan puntos de salud, además cuentan con acceso a herramientas dentro del juego (cuestionario de la salud, un sistema para agendar una cita para su valoración y los reportes de sus resultados) que pueden utilizar desde su computadora, dispositivo móvil o teléfono inteligente, y el equipo que resulta ganador es premiado con un incentivo por parte de su empresa, en el especial de febrero-marzo del año 2016 "las 30 promesas de Forbes" la empresa UHMA fue seleccionada por la revista Forbes México.

En el periodismo no ha sido la excepción, la ludificación llegó con el nombre de *"newsgame"*, en palabras concretas los newsgame eran pequeños y breves videojuegos cuya temática era alguna noticia relevante, este concepto se dio a conocer en la conferencia realizada en el año 2001 llamada *"Playing the games"* realizada en la Universidad de Minnesota y uno de los pioneros en el desarrollo de estos fue el Dr. Gonzalo Frasca con el videojuego Kabol Kaboom (2001) que trata de un ciudadano afgano que recoge paquetes de ayuda para las personas durante los bombardeos que fueron llevados a cabo por Estados Unidos en Afganistán, a partir de los años 2009 y 2010 los newsgame han tomado gran auge y han experimentado grandes evoluciones, principalmente gracias al newsgame *Cutthroat Capitalism* (2009) lanzado por la revista Wired y creado por Scott Carney y también gracias a la publicación del libro Newsgames: Journalism at Play lanzado en el año 2010, el *Cutthroat Capitalism* tuvo un gran impacto y marcó una nueva etapa ya que hasta entonces los newsgame si bien eran videojuegos, estos brindaban una estructura de acciones definidas que el usuario debía seguir para poder finalizarlos y en el *Cutthroat Capitalism* el usuario por primera vez (al menos dentro de los newsgame) podía elegir entre varios caminos y decidir cuál era la mejor opción, dándole de esta manera la sensación de formar parte de la noticia, por último; dentro de los newsgame existe un concepto derivado de la evolución de los mismos: el periodismo de inmersión, este tipo de periodismo permite al usuario participar en primera persona en las noticias más relevantes accediendo a una recreación virtual del lugar de los hechos ya sea como testigo o experimentando la situación del protagonista(s) de la noticia, un ejemplo de esto es el videojuego Gone Gitmo que presenta una recreación virtual de la prisión de Guantánamo a través de audio e imágenes reales de la prisión, este acceso se realiza a través del metaverso "Second Life".

Hasta el momento se ha visto la importancia y la gran influencia que ha y que sigue teniendo la ludificación desde su surgimiento como disciplina hasta la actualidad en diversas áreas, con el objetivo de comprender mejor todas las implicaciones que conlleva, ahora se abordará la ludificación dentro del ámbito educativo y se profundizará un poco más en el tema.

La ludificación en la educación

Las generaciones de estudiantes están en constante cambio y los docentes -sin importar el nivel educativo- no pueden ignorar este hecho, es importante modificar las estructuras de las metodologías de trabajo y rediseñar las estrategias de enseñanza que se utilizan, si se analiza por un momento el mundo en el que se desenvuelven los niños, adolescentes y jóvenes se encontrará rápidamente que las tecnologías es un factor común: el uso de redes sociales, de apps, juegos online, etc.

Existe en México una discusión respecto a este tema, con dos vertientes que se encuentran en debate constantemente, un punto de vista defiende el supuesto de que las tecnologías utilizadas como herramientas digitales para la educación solamente son distractores para los estudiantes; por lo cual no deben permitirse en horas de clases, mientras que el segundo grupo opina que las tecnologías, lejos de ser distractores, generan en los estudiantes gran motivación al utilizarlas, por lo cual debe aprovecharse esa motivación y encausarla hacia objetivos académicos, es precisamente esto lo que la ludificación busca, tomando de los videojuegos las estrategias y dinámicas, para extraerlas de ambientes totalmente lúdicos hacia ambientes no lúdicos buscando (en el caso del ámbito educativo) no simplemente la transmisión de información de un tema o la generación de un conocimiento en específico, sino lograr modificar los hábitos y conductas de los estudiantes en cuanto a su vida académica.

En torno a la implementación de la ludificación en una asignatura (sin importar la modalidad educativa) surgen rápidamente algunas dudas para el docente: ¿Cómo se si es la ludificación la técnica o estrategia más adecuada para mis estudiantes y mi contexto?, ¿Es la ludificación adecuada para cualquier nivel educativo o solamente para nivel básico? ¿Por dónde comienzo?, ¿Qué pasos debo seguir?, ¿Qué herramientas digitales existen que pueda utilizar como apoyo?, ¿Cómo puedo saber si realmente resultó exitosa la aplicación de la ludificación?, se intentará en el resto de este capítulo despejar cada una de estas interrogantes.

Ludificación y aprendizaje basado en juegos

Antes de decidir si la ludificación es lo más correcto para los objetivos que desea lograr un docente, es importante entender la diferencia entre dos conceptos que están muy relacionados entre sí, ya que como mencionan Reig & Vilchez (2013), son muchas las ocasiones en que se utilizan de forma indistinta, lo cual, como es incorrecto, puede llevar a generar confusión o incluso al desarrollo de una metodología de trabajo poco eficaz.

La *ludificación* o gamificación consiste en introducir estrategias y dinámicas propias de los videos juegos en contextos ajenos o no lúdicos a fin de modificar conductas, comportamientos y habilidades de las personas. (Muñiz, 2012), mientras que el *aprendizaje basado en juegos*, de acuerdo con Issacs (2015) es aquel en el que se utilizan las tecnologías o juegos individuales como herramienta para un aprendizaje en particular (leyes de los signos, capitales de México, etc.), entonces; la principal diferencia es que mientras que el aprendizaje basado en juegos persigue objetivos de aprendizaje específicos, la ludología pretende modificar conductas, comportamientos y desarrollar hábitos en el estudiante a fin de que logre una mejoría en su desempeño académico de forma general y no en algún tema en específico.

Ahora bien, ya se conoce la definición y la principal diferencia de los conceptos anteriores, entonces ¿cómo puede un docente saber cuál de las estrategias anteriores es la más adecuada? Yi Yang (2014) de la Universidad Franklin planeta las siguientes tres preguntas como una guía que ayudará al docente a decidir cuál de las estrategias utilizar:

1. ¿Cuál es el propósito del aprendizaje, la capacitación o la instrucción?
2. ¿Hay resultados didácticos específicos involucrados?
3. ¿Cuáles son los resultados que deseo y cómo los alcanzo?

Si se analizan bien las preguntas, se puede identificar que el primer paso es que el docente establezca los objetivos que desea alcanzar, y en base a estos decidirá cuál de las dos estrategias es la adecuada para cumplirlos. Si, por ejemplo, el objetivo planteado es "aumentar el porcentaje de estudiantes que realizan tareas en casa", entonces el propósito del aprendizaje, capacitación o instrucción de la pregunta uno es este mismo objetivo (aumentar el porcentaje de estudiantes que realizan tareas en casa), respecto a la pregunta dos la respuesta sería "no" ya que no se menciona ningún resultado didáctico específico, mientras que para la pregunta tres los resultados deseados son nuevamente el objetivo planteado, "aumentar el porcentaje de estudiantes que realizan tareas en casa", entonces para este ejemplo la estrategia adecuada es la ludificación, ya que no se persiguen resultados de aprendizaje específicos; sino que se pretende modificar una conducta y ayudar al desarrollo de habilidades en los estudiantes.

Las estrategias y dinámicas de la ludificación

Como ya se ha mencionado, la ludificación consiste en tomar las estrategias y dinámicas de los videojuegos e introducirlas y adaptarlas a ambientes no lúdicos, se pueden encontrar listados de dichas estrategias y dinámicas de acuerdo con diversos autores, para este capítulo se analizaron diferentes artículos y se considerarán como estrategias las *recompensas, insignias y tablas de progresos* y como dinámicas las *misiones, desafíos, puntos y niveles,* a continuación se describe en que consiste cada una y un ejemplo de su aplicación:

Misiones: son tareas específicas que deben realizar los participantes (pueden plantearse de forma individual o por equipos), la estrategia de ludificación deberá estar compuesta de una serie de misiones, cada una con un objetivo específico, pero a la vez que estén relacionadas entre sí y que contribuyan al logro del objetivo general (meta final). Ejemplo: "realiza la actividad del mundo las leyes de los signos para alcanzar el grado de sub oficial"

Desafíos: son competencias entre los integrantes del grupo por lograr obtener la puntuación más alta o terminar antes que los demás alguna actividad, están difieren de las misiones en que solo algunos de los integrantes lograrán obtenerla, este elemento genera el sentido de competencia y motiva al estudiante a participar. Ejemplo: "vence a tus compañeros logrando ser uno de los primeros tres en alcanzar el grado de sub oficial"

Recompensas: son premios o beneficios obtenidos por los estudiantes por la realización de las misiones, desafíos o una acción en específico, pueden ser virtuales o físicas y generalmente son visibles para los otros usuarios con dos finalidades: brindar reconocimiento al ganador y motivar a los demás estudiantes a participar para obtener también recompensas. Ejemplo: "cada que realices una misión dentro del lapso de dos días después de su publicación, obtendrás puntos canjeables, que podrás intercambiar por premios de tu elección con tu comandante (profesor) al finalizar el periodo".

Puntos: es el valor que se le asigna a alguna acción específica dentro de la estrategia de ludificación, se utilizan como indicadores de los status de los participantes, como canjeables por recompensas o como acceso a desbloqueo de nuevos niveles. Ejemplo: "consigue 200 puntos para obtener el grado de capitán"

Niveles: son indicadores de status de cada uno de los participantes, es recomendable que dentro de la estrategia de ludificación estos niveles se asignen de acuerdo a la obtención de puntos, que a su vez estos están ligados directamente con el cumplimiento de misiones o desafíos. Ejemplo: suboficial, oficial, teniente, capitán.

Insignias: son marcas o símbolos distintivos que representan la pertenencia a un grupo o la obtención de un grado o rango, dentro de la ludificación son la representación visual del nivel (statuts) de cada uno de los participantes; es decir, a cada nivel (suboficial, oficial, teniente, capitán en este ejemplo) le corresponderá una insignia diferente y es recomendable que conforme mayor sea el nivel que representa la insignia mayor sea el atractivo visual de la misma.

Tablas de progresos: son la representación visual de los progresos de los usuarios, son un elemento clave en la estrategia de ludificación, ya que mediante estas los participantes van a recibir el reconocimiento del cumplimiento de sus misiones, desafíos y el alcance de niveles, pueden realizarse de forma individual permitiéndole al estudiante visualizar sus progresos mediante barras, mapas, etc., y también de manera general mostrando por ejemplo las insignias que tiene cada participante y resaltando los estudiantes que llevan un mayor nivel hasta el momento, buscando con esto generar satisfacción para los que tengan mayor nivel y competencia para los demás.

Herramientas digitales para la ludificación

Las herramientas digitales si bien no son la panacea de la educación, son elementos con los que están familiarizados los niños, adolescentes y jóvenes; se comunican, se divierten y aprenden a través de las tecnologías, por lo cual es importante para el docente incluirlas en sus metodologías de trabajo, teniendo siempre presente que estás tecnologías por si solas no aseguran resultados favorables para el aprendizaje del estudiante, sino que se debe brindar la importancia necesaria a los elementos pedagógicos y didácticos. A continuación, se enlistan algunas herramientas digitales que pueden utilizar los docentes como apoyo a su estrategia de ludificación, para su selección se tomó en cuenta la facilidad de uso, las que brindan mejores resultados y que fueran de uso gratuito o que cuenten con una versión de prueba.

Herramientas digitales para la creación de insignias

Las insignias son una de las estrategias de la ludificación y su principal objetivo es el reconocimiento, ya que conforme el estudiante progrese irá adquiriendo mayor nivel y este será representado mediante la insignia que le corresponda, estas pueden establecerse como perfiles en redes sociales o el docente puede incluirlas en tablas de progresos buscando con esto dar reconocimiento al estudiante como un motivante para seguir avanzando y generando competencia a la vez entre los demás estudiantes por alcanzar y superar a los estudiantes con mayor nivel. Su creación puede ser realmente sencilla y requerir mínimos conocimientos técnicos, los siguientes son sitios web gratuitos y con una interfaz sencilla de utilizar para realizarlas.

- Open Badge Designer (https://www.openbadges.me/)
- Makebadges (http://www.makebadg.es/)
- Classbadges (http://classbadges.com/)

Open Badge Designer es un sitio web gratuito que no requiere registro, simplemente debe brindarse un correo electrónico para acceder y brinda muchas herramientas para hacer insignias: permite añadir texto, texto curvado, banners, una extensa cantidad de iconos (e incluso cargar iconos personalizados) y formas; cada una de estas con posibilidad de cambiar colores, fuentes, tamaños, según sea el caso. Una vez creada la insignia, permite su descarga en formato de imagen y es posible crear cuantas insignias sean necesarias sin costo alguno.

Makebadges. Este sitio web para la creación de insignias es similar al anterior, ya que también es gratuito, no requiere registro y te permite crear el número de insignias que requieras, la principal diferencia es que las herramientas para crearlas son más limitadas, cuenta solamente con 5 formas para elegir, 30 iconos y 5 tipos de bordes, además de que no cuenta con la opción de texto curvado, ¿la ventaja?, es más sencillo de utilizar.

Classbadges es un sitio web que más que un creador de insignias es un sistema de insignias, para utilizarlo debe realizarse un registro como docente y una vez iniciada la sesión deberán crearse las insignias, después deben generarse las asignaturas y cargar los estudiantes a cada una de ellas, una vez hecho esto, el sitio web ofrece un sistema para ir otorgando las insignias a los estudiantes que vayan logrando las misiones y los desafíos, requiere mayores conocimientos que las dos opciones anteriores, pero es una opción interesante.

Herramientas digitales para la creación de tablas de progresos

Como ya se ha mencionado, las tablas de progreso son un punto clave para brindar reconocimiento a los estudiantes, además; mediante esta estrategia pueden reflejarse los progresos de las dinámicas de la ludificación como son las misiones, los desafíos, los puntos y los niveles –estos últimos mediante su representación visual: las insignias-. Para crear tablas de progresos puede utilizarse programas que permitan crear tablas o imágenes, existen además en Internet paquetes de imágenes de iconos y símbolos de los videojuegos que pueden servir al momento de crearlas, a continuación, se enlistan un ejemplo de un programa y uno de un sitio web para la creación de tablas de progresos.

Microsoft Excel es un software de licencia de la compañía Microsoft que brinda herramientas para crear tablas e incluso gráficas de una manera sencilla, cuenta con estilos de tablas predeterminados, es decir, solamente se elige algún estilo y automáticamente se aplicará un color de sombreado, estilo de borde, fuente, centrado y demás a la tabla seleccionada y también permite la creación de gráficas a partir de tablas de datos que pueden servir para mostrar los porcentajes de progreso de cada jugador (estudiante), una vez creadas las tablas y gráficas necesarias Excel permite guardar en formato de imagen el contenido de nuestras hojas de cálculo.

Photo Editor (https://www.befunky.com/create/): es un sitio web gratuito que permite crear y editar imágenes mediante una interfaz muy sencilla de utilizar, no es necesario registrarse para utilizarlo ni para descargar nuestra imagen final, para crear una imagen debemos primero seleccionar una imagen de fondo con la que deseemos trabajar (después podemos quitar esta imagen y establecer el fondo de nuestra preferencia), posteriormente se habilitan todas las herramientas que nos ofrece el sitio: capas (para trabajar con varias imágenes sobrepuestas, por ejemplo en cada capa podemos agregar la insignia de cada estudiante), editar (edición básica como recortar, efectos de desenfoque, cambiar fondo, rotar, etc.), retoque (herramientas para mejorar la piel, los ojos, boca, cabello), efectos y artes (también podemos conocerlos como filtros), marcos, gráficos, superposición (son formas que se poner sobre nuestra imagen), texto y texturas (son otro tipo de efectos que se pueden aplicar a las imágenes), una vez que se ha terminado de editar la imagen se presiona la opción de guardar y se elige la opción de guardado preferida (ordenador, Google Drive, Dropbox, Facebook o en el mismo sitio BeFunky.

Herramientas digitales para creación de avatares

Los avatares se refieren a representaciones gráficas (por lo general humanas) que se asocian a un usuario con la finalidad de identificarlo en un entorno virtual, puede tratarse de *avatares estáticos* (permanecen en una posición fija dentro de la pantalla y pueden representarse mediante imágenes fijas, fotografías reales animadas o comics/ cartoons, sus movimientos solamente son faciales) o *avatares dinámicos* (son capaces de desplazarse en pantalla y presentan movimientos faciales y corporales), si bien los avatares no son ninguna estrategia de la ludificación ni representan u progreso de las dinámicas planteadas, pueden ser de gran utilidad para diferentes propósitos, por ejemplo: que el estudiante tenga la sensación de identidad, en el caso de que se utilice alguna red social para desarrollar la estrategia de ludificación, como recompensas, como desafíos, como misiones, etc. A continuación, se enlistan diferentes sitios web que permiten crear avatares, las primeras dos opciones permiten crear avatares a maneras de imágenes fijas, la siguiente permite realizar creaciones 3D animadas y existe una opción más que hace referencia a los avatares dinámicos, pero estos se desenvuelven en mundos virtuales o metaversos, los cuales serán descritos en el último punto de estas herramientas digitales.

- Avachara (http://avachara.com/avatar)
- My Web Face (http://home.mywebface.com/)
- Voki (http://www.voki.com/)

Avachara. Este sitio web permite crear avatares a manera de imágenes fijas, posee una interfaz muy sencilla de utilizar, pero a la vez con muchas opciones para personalizar un avatar, como inicio se deberá seleccionar el género (hombre o mujer) que se desea utilizar y posteriormente se podrán modificar los rasgos físicos, la vestimenta, los accesorios y el fondo, una vez realizado esto podrás dar clic en la opción de descargar para guardar tu avatar, para poder descargarlo debes estar registrado en el sitio; lo cual es también un proceso muy sencillo.

My Web Face es un sitio web que permite crear avatares de una manera muy sencilla a partir de una fotografía, su página principal brinda diferentes opciones para crear un avatar:

Caricature Me: se puede crear un avatar a manera de caricatura a partir de una fotografía con dos simples pasos: cargas la imagen que deseas utilizar (solo imágenes de frente), marcar unos puntos que te indica la página para realizar un reconocimiento facial, el sitio crea el avatar con efectos de cómic y posteriormente puedes descargarlo en formato de imagen.

MyZooMe: se puede crear un avatar con las características de algún animal (koala, saltamontes, rana, hámster, zuricata o cerdo), para crearlo cargas la imagen que deseas utilizar (solo imágenes de frente), marcar unos puntos que te indica la página para realizar un reconocimiento facial, eliges el animal que deseas utilizar para crear el avatar (el sitio te va mostrando una vista previa) y una vez elegido, el sitio crea el avatar en formato de imagen para que puedas descargarla y utilizarla.

Voki se trata de un sitio web con una interfaz muy intuitiva que ofrece excelentes resultados, requiere de un registro y una confirmación de cuenta, una vez que se ha ingresado se puede crear un voki (avatar) en cuatro pasos: 1. Elegir un avatar de inicio (pueden entenderse como plantillas predeterminadas de avatares), 2. Personalizar tu avatar (el sitio web brinda una extensa cantidad de opciones para modificar todos los aspectos físicos de tu avatar), 3. Agregar voz (puedes agregar texto, elegir una voz por default y automáticamente el texto se convertirá a voz, también se tiene la opción de cargar un audio desde la computadora o grabar directamente con la ayuda de un micrófono) y 4. Publicar y compartir tu voki (para esta opción debes ser cliente Premium), el sitio cuenta con dos opciones más que son "Voki Classroom" y "Voki presenter", el primero permite crear un tipo de aula virtual donde mediante los vokis el docente puede impartir clases, para esto solamente debe crear sus asignaturas y asignar los estudiantes a cada una de estas (los estudiantes no requieren registro), mientras que la segunda opción permite crear presentaciones con vokis, para ambas opciones es necesario ser cliente Premium, pero el sitio brinda un periodo de prueba de 15 días.

Metaversos como herramientas digitales

De acuerdo con Checa (2011) los metaversos son construcciones de mundos virtuales que buscan reproducir la vida real, en las que los participantes pueden interactuar mediante avatares dinámicos creados por ellos mismos, su utilización en el ámbito educativo ha sido planteada desde su surgimiento ya que pueden ser utilizados como un espacio de aprendizaje (aún existe mucho campo de investigación de los metaversos y su aplicación en la educación), en esta ocasión nos enfocaremos a describir el metaverso más conocido:

Second Life es el metaverso más popular hasta el momento, fue creado en el año 2003 por Linden Lab y como menciona Checa (2011) son varias ya las universidades españolas que han construidos centros de formación que ofrecen cursos en este mundo virtual con una validez en el mundo real, por mencionar algunoas: el Open University en el 2006 fundó el OU que es su institución virtual dentro de Second Life, la Universidad de Salamanca, la Universidad de Barcelona, la Universidad de Granada, la Universidad de Cataluña, la Universidad Pública de Navarra (todas en el año 2007) y la Universidad Europea de Madrid (2011), como ya se mencionó anteriormente son varios los obstáculos a los que hay que enfrentarse al momento de querer utilizar Second Life dentro de nuestro proceso de ludificación (altos requerimientos de hardware, requiere de una curva alta de aprendizaje para desenvolverse lo cual podría desmotivar al estudiante y hacerlo abandonar, son pocas las actividades que pueden desarrollarse de manera gratuita), pero es importante estar al tanto de la evolución de Second Life ya que se están desarrollando en la actualidad proyectos con un enfoque meramente educativo, como lo es Sloodle, que se define en su sitio oficial https://www.sloodle.org/ como: "proyecto [...] cuyo objetivo es unir las funciones de un sistema de enseñanza basado en web [...] con la riqueza de interacción de un entorno virtual multi usuario 3D [...]. Actualmente todo el desarrollo de Sloodle se basa en la integración entre Moodle y Second Life".

El proceso de la ludificación

Para aplicar la ludificación no existe un proceso estandarizado que pueda indicarse, sin embargo, a continuación, se describe la propuesta de una metodología, con la finalidad de que sirvan como guía para el docente que desee modificar conductas, crear hábitos favorables para el estudiante y generar motivación en sus clases (presenciales, mixtas o virtuales) mediante la ludificación, para dicha guía se han tomado como base los siguientes autores: Santamaría; Cortizo (2011), Melchor (2012).

1. Establecer objetivos: como ya se mencionó y de acuerdo con Melchor (2012) el primer paso en el proceso de la ludificación es que el docente tenga planteados los objetivos que persigue claramente, es recomendable tener un objetivo general y objetivos específicos, es importante en este primer paso también obtener porcentajes al momento de iniciar el proceso de ludificación que vayan de acuerdo al objetivo principal, para poder comparar estos con los porcentajes finales al finalizar el curso.

2. Definir estructura: una vez que se han establecido los objetivos, en base a estos mismos, se definirá la estructura que tendrá la ludificación, este paso, más que trabajo, implica comenzar a modificar la manera en que vemos o percibimos la metodología de trabajo, significa empezar a pensar de forma lúdica, nuestro objetivo general se transforma en la meta final y nuestros objetivos específicos en retos o logros por realizar.

3. Elegir estrategias y dinámicas: ya se han definido las estrategias y dinámicas de la ludificación anteriormente, ahora es el momento de elegir cuales se incluirán en la estrategia de ludificación, pero... ¿acaso no es lo más adecuado incluirlas todas?, probablemente la respuesta es "si", pero es importante que el docente tome en cuenta sus habilidades tecnológicas, y... ¿la ludificación no puede aplicarse sin el uso de las tecnologías?, nuevamente la respuesta es "si", pero el enfoque del libro es el uso de herramientas tecnológicas como apoyo a la práctica docente, por lo cual el capítulo se enfoca en la ludificación llevada a cabo mediante el uso de herramientas

tecnológicas; ahora bien, como se mencionaba, es importante que el docente sepa reconocer cuáles son sus habilidades tecnológicas, por lo cual debe considerar si en una primera experiencia con la ludificación desea hacer uso de todas las estrategias y dinámicas.

4. Elegir herramientas digitales: en este punto el docente debe seleccionar las herramientas digitales que utilizará para desarrollar las estrategias y dinámicas seleccionadas en el punto anterior.

5. Realización de materiales y recursos: el docente deberá realizar los materiales y recursos que serán necesarios para su estrategia de ludificación, como los avatares, las insignias y demás.

6. Medición de resultados: la mayoría de las ocasiones que se opta por modificar las estrategias de trabajo que se están utilizando es debido a que se detecta una problemática, por otra parte, la evaluación siempre es parte importante en todo proceso que se realiza, ya sea dentro de un ámbito educativo o no.

Para lograr medir si los resultados de aplicar la ludificación fueron favorables es necesario contar con datos que reflejen la situación inicial del grupo de estudiantes con el que se trabajó (porcentaje de reprobación, porcentajes de estudiantes que no realizaban tareas, porcentajes de participación en clase, etc.), una vez finalizado el curso se deberán analizar y medir estos mismos porcentajes con la finalidad de compararlos con los porcentajes iniciales e identificar si se lograron los objetivos establecidos; si el resultado fue favorable podrá aplicarse nuevamente e incluso servir de referente para otros docentes que deseen utilizarlo y en caso de que el resultado sea negativo, habrá que analizar e identificar las causas (mal uso de herramientas digitales, falta de infraestructura tecnológica, contexto económico, etc.) y realizar una nueva planeación para su aplicación.

A continuación, se muestra una imagen con un ejemplo sencillo de la planificación del proceso de ludificación:

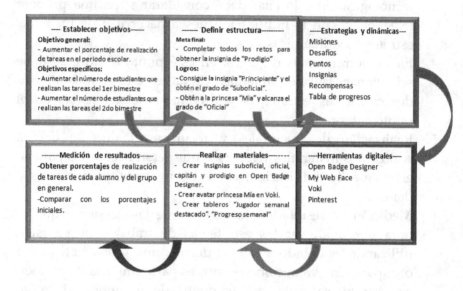

Fuente: Elaboración propia

Conclusiones

Sin duda alguna la ludificación es un tema, una estrategia, un método, una herramienta; que a pesar de no ser nuevo en el ámbito educativo, aún falta mucha investigación por realizar y experiencias por compartir entre instituciones educativas, por otra parte, las tecnologías de la información y la comunicación no pueden seguir excluyéndose de las aulas; y cabe aclarar que el utilizar una computadora portátil para el pase de lista o un proyector para dar la clase no es implementar las tecnologías, se requiere de estrategias que exploten verdaderamente el potencial de las tics en la educación, que se adapten a los nuevos estilos de aprendizaje de los estudiantes, que motiven a los jóvenes a involucrarse en las actividades académicas aún fuera de las horas de clases.

El juego siempre ha sido una manera de relajarse o divertirse; mientras que la escuela para la gran mayoría de estudiantes (de cualquier nivel educativo) siempre ha sido sinónimo de aburrimiento, estrés, esfuerzo, obligaciones y demás, la ludificación brinda la oportunidad de modificar esta manera de ver la escuela, la manera de enseñar, la manera de aprender, si un docente logra cambiar la perspectiva que tienen los estudiantes acerca de su asignatura, si logra plantearles el curso como un juego, como un reto y además generar el sentido de competencia y a la vez de compañerismo con los integrantes de sus equipos, los resultados serán totalmente diferentes a una asignatura que el joven visualice como lecturas interminables, el copiar infinidad de apuntes de diapositivas al cuaderno, escuchar la voz del profesor durante toda la clase y demás.

Ludificar el proceso de enseñanza – aprendizaje no es sinónimo de tomar la educación como un juego y no es exclusivo para niños de educación básica, el que un docente incluya las redes sociales en su metodología de trabajo no significa que "le falte experiencia" o "sea irresponsable", tampoco significa que por incluirlas va obtener excelentes resultados, para que una metodología de trabajo sea eficaz es necesario tener claramente establecidos los objetivos que desean alcanzarse y en base a esto complementar los elementos pedagógicos, didácticos y tecnológicos adecuados al contexto social, cultural y económico.

La ludificación cada día toma mayor auge y es mayor su influencia en la manera de hacer marketing, de hacer periodismo, de tratar problemas de salud y de llevar a cabo el proceso de enseñanza – aprendizaje, por lo cual es importante como docentes seguir su evolución y si consideramos que su implementación podría mejorar la calidad académica de nuestros estudiantes, atrevernos a desarrollar nuestra propia estrategia de ludificación.

Referencias

Alarcón López, I. Y., & Castro Meneses, A. (2015). *Revisión documental sobre el concepto de ludificación en la construcción de referentes educativos para la primera infancia* (Doctoral dissertation, Corporación Universitaria Minuto de Dios).

Barneche Naya, V., López, R. M., & Hernández-Ibáñez, L. A. (2012). *Metaversos formativos. Tecnologías y estudios de caso.* Vivat Academia, (117), 368-386.

Checa García, F. (2011). *El uso de metaversos en el mundo educativo: Gestionando conocimiento en Second Life.* REDU. Revista de Docencia Universitaria, 8(2), 147.

Domínguez-Martín, E. (2015). *Periodismo inmersivo o cómo la realidad virtual y el videojuego influyen en la interfaz e interactividad del relato de actualidad.* El profesional de la Información, 24(4), 413-423.

García, S. G. (2007). *Videojuegos: El desafío de un nuevo medio a la Comunicación Social.* Historia y Comunicación Social, 12, 71-82.

Gamificación (2013) Claves de la gamificación. Recuperado de: http://www.gamificacion.com/claves-de-la-gamificacion

Hernando, M. M., Arévalo, C. G., Mon, C. Z., Batet, L. A., & Catasús, M. G. (2015). *Play the Game: gamificación y hábitos saludables en educación física* (119), 71.

Johnson, T. (2015). *La ludificación frente al aprendizaje basado en juegos.* Hibryd Blended Online. Laureate Education, Inc.

Ledda, R. (2014) 3 *Herramientas para crear badges o insignias.* España. Recuperado de: http://rosalieledda.com/herramientas-para-crear-badges-o-insignias/

Luna-Argudín, M., Macías-Baltazar, R. J., Patiño-Macías, J. D. (2010) *Enfoques Educativos.* México, UAM-A. Recuperado de: http://hadoc.azc.uam.mx/enfoques/menu.htm

Palacios, J. (2014). *La cuestión escolar: críticas y alternativas.* Editorial Laila. Barcelona.

UHMA Consultoría en Salud (2014). *Plataforma de juegos para la salud*. México. Recuperado de: http://www.uhmasalud.com/servicios/juegos

Vilches, D. G. (2014) *Juegos serios, evaluación de tecnologías y ámbitos de aplicación*. (Tesis de pregrado, Facultad de Informática, Universidad Nacional de la Plata)

Villar Hernández, P. (2009). *Uso del mundo virtual Second Life (SL) en la Universidad Española*. Seminario de Investigación. Master Educación y TIC. Universidad Oberta de Catalunya.

Zavahra, B. (2010) *Educar con avatares. Venezuela*. Recuperado de: https://sites.google.com/site/educarconavatares/introduccion

Los REA su dimensión didáctica en el espacio pedagógico

Nali Borrego Ramírez[1], Ma. Del Rosario Contreras Villarreal[2],
Marcia Leticia Ruiz[3], Luis Humberto Garza Vázquez[4]

[1]Universidad Autónoma de Tamaulipas, nborrego@docentes.uat.edu.mx
[2]Universidad Autónoma de Tamaulipas, mcontrer@docentes.uat.edu.mx
[3]Universidad Autónoma de Tamaulipas, mruizc@docentes.uat.edu.mx
[4]Universidad Autónoma de Tamaulipas, lugarza@docentes.uat.edu.mx

Resumen

Tratar de presentar a detalle el desarrollo de la tecnología educativa como disciplina pedagógica hasta la inclusión de los Recursos Educativos Abiertos (REA), considerando sus raíces desde el comienzo hasta el siglo XXI, resulta un poco complicado, por lo cual se recurre a realizar una revisión de algunos planteamientos que intentan concretar una síntesis de hechos sobresalientes que al respecto hacen quienes estudian este campo como Area, (2004), Cabero, (2009) y otros que para lograrlo identifican la cronología, procedimientos característicos y posibilidades que los distinguen unos de otros dentro de una dimensión didáctica en un espacio pedagógico donde inicia la instrucción que hace visible la tecnología dentro y fuera.

Palabras clave: Didáctica, REA, Pedagogía

Introducción

El trabajo de Cabero, (2007) revela que siempre ha existido la tecnología instruccional como antecedente a la incorporación de diferentes medios y recursos a las situaciones de enseñanza al señalar que los sofista fueron los primeros en preguntarse por los problemas asociados a la percepción, motivación, diferencias individuales y evaluación, quienes reconocieron que diferentes estrategias instruccionales producen diferentes resultados, convirtiendo esto en un gran tema de debate para el campo de la tecnología educativa. También refiere que Comenio reclamaba utilizar medios en la enseñanza más amplios que los verbales, incluyendo postulados de Rousseau quien plantea que el acto instruccional de girar en torno al estudiante utilizando estrategias debe adaptarse a las características psicológicas del mismo. Sin embargo en cuanto a el hecho relevante de la evolución de la tecnología educativa en el marco disciplinar de la pedagogía la incorporación de medios audiovisuales y mass-media a la enseñanza Cabero, (2007) y Area, (2009) coinciden en que la primera etapa raíz de la disciplina se ubica en los años cuarenta, cuando se presentó en Estados Unidos de Norteamérica la necesidad de formar a miles de militares para su supervivencia y eficacia militar en la II Guerra Mundial.

Este desarrollo conduce a la segunda etapa entre los años cincuenta y sesenta, de acuerdo con estos estudiosos se distingue por una clasificación de tecnologías en la educación que se refiere a uso de medios instrumentales para trasmitir mensajes en la enseñanza promovidos por una fascinación de los medios audiovisuales y la influencia conductista ya que se asumía que la riqueza y variedad de estímulos elevarían la calidad de los aprendizajes ganado y motivando la atención, la manifestación concreta la evidencian las teorías de la enseñanza programada que inicialmente se presenta en forma lineal, el fragmento de instrucción es dividido en unidades de información muy elementales organizadas en dificultad progresiva para lo cual se utilizaron las máquinas de enseñanza, el material impreso, videos interactivos, programas informáticos, hipertexto, hipermedia y programas multimedia.

Para Area, la década de los setenta se caracteriza por el enfoque técnico racional para el diseño y la evaluación de la enseñanza, aclara Cabero que es una época en la que se aplica la teoría de sistemas por lo tanto un enfoque sistémico se convierte en elemento fundamental de la tecnología educativa, etapa en la que la habilidad de quien trabaja con tecnología no está en el dominio instrumental de técnicas y medios, sino en su capacidad para diseñar situaciones de instrucción, perspectiva desde la cual se contempla objetivos, medios, profesor, alumno, lo económico, lo político y los valores conjunto al que se define como underwear.

También, destaca Cabero que en los años ochenta sufrieron una transformación las disciplinas en que se sustentaba la tecnología educativa como la pedagogía, la comunicación y la psicología que paso por cuatro grandes corrientes, Gestalt, conductista, cognitiva y constructivista, lo que supone pasar de una concepción mecanicista del sujeto a un participante activo, ya no centrado en estímulos y respuesta, sino en construcción de realidades internas, hecho que Area interpreta como una crisis de la perspectiva tecnocrática sobre la enseñanza agudizada por el surgimiento de las tecnologías digitales y su incursión en el ámbito educativo.

Area, (2004) destaca una etapa más en el siglo XXI, la define como eclecticismo teórico influencia de las tesis posmodernas, donde la Tecnología Educativa posmoderna asume que los medios y las tecnologías de la información y la comunicación son objetos o herramientas culturales que los individuos y grupos sociales reinterpretan y utilizan en función de sus propios esquemas o parámetros culturales, lo cual la convierte totalmente en un espacio pedagógico con una dimensión didáctica concretamente la práctica que dota de carácter tecnológico sin que prescinda de carácter científico que proporciona una teoría de la enseñanza y del aprendizaje e incluye aportaciones de otras ciencias, al mismo tiempo le proporciona fundamento, sin olvidar que a su vez la didáctica posee un carácter tecnológico, sin embargo no se debe reducir a un carácter técnico.

Considerando este contexto se puede afirmar que otra etapa de la Tecnología Educativa se distingue por estudiar las relaciones e interacciones de las tecnologías de la información, la comunicación, así como las tecnologías digitales y la educación. La Organización para la Cooperación y el Desarrollo Económico, (OCDE) (2008) manifiesta que son estas formas de relacionarse e interactuar las que han conducido a que esa producción de conocimiento resultado del trabajo de un desarrollo en cada una de las etapas que se guardaba bajo llave, en este momento se esté compartiendo, aun cuando los recursos educativos se consideran a menudo como la propiedad intelectual clave en el competitivo entorno de la educación superior, cada vez son más las instituciones e individuos que están compartiendo los recursos de aprendizaje digitales abiertamente a través de Internet, en la mayoría de los casos sin costo, identificados claramente como recursos educativos abierto

Desarrollo

Se cree que los REA tienen la posibilidad de materializar las interrelaciones durante el proceso de la compartición, misma que ha contribuido a generar la filosofía del conocimiento abierto, se infiere que también está influyendo el auge de la política de software libre con un desarrollo considerable en la actualidad.

Las relaciones de términos antecedentes a los REA

El resultado del análisis al trabajo de Cabero permite identificar como problema antecedente a la aparición de los REA, el representado en las relaciones entre algunos términos como: medios, recursos, materiales, que son confusos, equivocadas y ambiguas, aun así incluyen adjetivos de orientación didáctica, técnico, educativo, de enseñanza y de instrucción. En el caso de los REA La OCDE reconoce la unión dos términos que son materiales y recursos más el adjetivo educativo que consisten en materiales digitalizados ofrecidos libremente y abiertamente para profesores, alumnos y autodidactas a fin de que sean usados y reutilizados para enseñar, mientras se aprende y se investiga. Gimeno, (1991) afirma que los materiales debe servir como recursos manipulables que ofrecen la oportunidad de aprender algo o bien tenga la posibilidad de intervenir en el desarrollo de alguna función de la enseñanza, de la misma manera Zabala, (1990) coincide en que hay materiales curriculares o materiales de desarrollo curricular que son instrumentos y medios que proveen al educador pautas para estimular y dirigir el proceso de enseñanza aprendizaje. Vale la pena retomar la clasificación de los materiales propuesta por Cabero para trasladarla a la interpretación de los REA a fin de obtener una perspectiva didáctica en el marco de la pedagogía.

Los REA y su función curricular

Los REA pueden quedar comprendidos en el campo de la planificación para cumplir la primera función que Area, (1991) explicita al plantear que por material curricular se entiende el conjunto de medio, objetos y artefactos que son elaborados específicamente para facilitar el desarrollo de procesos educativos y una segunda relacionada con la función de diseminación de medios y materiales que se diseñan y se usan para facilitar el desarrollo práctico de los procesos de enseñanza aprendizaje de un determinado programa o proyecto curricular.

El carácter de los REA

De acuerdo a Guerra, (1991) algunos REA tienen un carácter globalizador, articulador, orientador de todo el proceso y estos serían los materiales curriculares, libros de texto con sus respectivos auxiliares que necesariamente deben enmarcarse en un enfoque de enseñanza. Continuando con Zabala, (1983) estos deben poseer dimensión expresiva semántica o denotativa que presenta cuatro categorías de contenido que generan cuatro tipos de aprendizaje por ejemplo:

Contenido figurativo presenta la realidad y dan lugar al pensamiento intuitivo; contenido estructural organiza la realidad y dan lugar al pensamiento técnico; contenido semántico denominan la realidad y dan lugar al pensamiento verbal; contenido conductual referidos al aspecto humano de la realidad que dan lugar al pensamiento social.

Deben poseer también dimensión sintáctica que corresponde a la forma en que se ordenan o relacional los distintos componentes de cada medio. Por último la dimensión pragmática refiere el uso de los medios tanto en tareas instruccionales como no instruccionales.

Los REA instrumentos culturales

Atendiendo a Escudero, (1983) en su advertencia de que los medios no son meros transportes de información, sino más bien instrumentos tecnológicos de pensamiento y de cultura, los REA se convierten en dispositivos de análisis y exploración de la realidad para el sujeto hecho favorecido por el crecimiento del número de instituciones que ofrecen materiales pedagógicos en forma gratuita o abierta a todo el público.

Los REA facilitadores de aprendizaje

Zabala, (1983) especifica que en cuanto a la estructura técnica y la capacidad teórica de los medios para vehicular información lo más importante es el uso didáctico que les dan los alumnos como recurso y el efecto que ocasionan en su proceso de aprendizaje.

Los REA condicionados

La integración de los REA implica una relación técnica que interactúa con el resto de los elementos didácticos en el aula, de esa manera representa solo un medio no un fin, deben estar condicionados por el carácter del contexto curricular que necesariamente se interpreta desde una teoría curricular para lo cual Van Manen, (1977) propone categorías para establecer niveles de reflexividad: a) Racionalidad técnica, corresponde a nivel analítico y a la vez empírico, se enfoca en mostrar la competencia y la eficacia de una enseñanza demostrada y que se explica por procedimientos cuantitativos, se omite el estudio de los fines o del contexto de clase, departamento o universidad que no se problematizan; b) Acción práctica corresponde a un nivel fenomenológico, interpretativo y hermenéutico, en esta dimensión se analizan los fundamentos y disposiciones subyacentes en cualquier práctica y analiza las consecuencias; c) Reflexión crítica, es un nivel dialectico y crítico que incorpora criterios morales y éticos, se preocupara por el valor de los conocimientos y las consecuencias sociales de la acción.

En este contexto el profesor ante los REA puede concebirse como un técnico que utiliza los medios para trasmitir de forma eficiente los contenidos a los alumnos, se propone garantizar que funcione este proceso previa selección de REA con criterios de eficacia y utilidad de la trasmisión. Otra concepción consiste en que el profesor este claro en cuanto a que los REA son vías por las cuales el proceso de aprendizaje es reconstruido significativamente en un intento de representación interna y externa de la realidad de alumno y profesor, la selección de los REA se hace durante la planificación y durante la acción formativa, en las situaciones interactivas en función de las necesidades con una visión práctica, esta última concepción corresponde a la visión crítica del papel que los REA juegan en la transformación de la realidad.

Discusión

La revisión realizada es breve, la evolución de la TE tiene un desarrollo mucho más extenso hasta el momento en que se reconoce por organismos internacionales como la Organización de la Naciones Unidas para la Educación la Ciencia y la Cultura (UNESCO) la existencia de los REA surgidos en el propio seno de la tecnología educativa. Sin embargo la idea es presentar las posibilidades didácticas en el espacio pedagógico y la dificultad que esto representa en el marco de la racionalidad técnica y la racionalidad tecnológica como el riesgo de reducir la práctica de los REA a una actividad instrumental en la cual no aparece el análisis del problema moral y político de los fines de toda actuación profesional que se propone resolver problemas humanos.

La intención también consiste en proponer que tanto profesor como alumno deben asumirse como prácticos reflexivos al momento de utilizar los REA, ya que estos se ciñen en primera instancia a una racionalidad que no es adecuada para abordar problemas sociales como la educación, principalmente en una situación de enseñanza cambiante, incierta, singular, compleja, que conflictúa metas, fines y medios, por ello no es posible reducir el trabajo con los REA a problemas instrumentales o al menos no se debe hacer, pues el profesor tiene la responsabilidad al momento de elegir los medios más adecuados que le ayuden a lograr los fines. Schön, (1983) señala que el conocimiento en la acción significa que la identificación de un problema obedece a un proceso reflexivo que permite nombrarlo y establecer el escenario de acción donde la teoría solo puede ser corregida, mejorada y valorada a las luz de su consecuencias prácticas, Carr, (1983) por su parte señala que la enseñanza es una actividad pràctica cuyo propósito es cambiar aquello que se educa, hecho que nunca es totalmente comprendido pues los juicios prácticos siempre son de racionalidad limitada.

Para Usher, (1991) la práctica normalmente está sub-determinada por la teoría, de manera que en la acción práctica se requiere un proceso interpretativo para lo cual no es suficiente la teoría educacional. De tal manera que desde este enfoque los REA pueden utilizarse para resolver problemas ò ignorar la situación del problema, sin embargo también pueden situarse en el centro del problema de un proceso interactivo, de esta forma queda caracterizada la reflexión en la acción que convierte al profesional en el contexto práctico que no solo piensa sobre lo que hace, sino que piensa en algo más mientras lo hace a partir de conocimiento implícito y explícito deliberadamente generador de un serie de figuras interpretativas de los fenómenos en el espacio pedagógico.

Conclusiones

Al finalizar esta revisión se concluye que independientemente del desarrollo que los REA han alcanzado principalmente en el seno de la Tecnología Educativa, las características que les acompañan como la apertura y la gratuidad los colocan en una dimensión política no solo pedagógica, son estas bases digitales que en este momento se presume pueden generar dividendos en la educación, ya que por ello los beneficios que se les atribuyen según la UNESCO son la calidad, la paz, el desarrollo sostenible de la sociedad, la economía y el dialogo intercultural, beneficios que les permiten pasar a formar parte de la política educativa internacional con un enfoque económico y social, por lo tanto los más interesados en promoverlos son precisamente todos aquellos organismo que están al pendiente del desarrollo económico de los países para orientar las respectivas políticas económicas, como el Banco Interamericano para el Desarrollo (BID)) La Organización para los Estados Americanos (OEA) dispone REA para América Latina y el Caribe, La Organización para la Cooperación y el Desarrollo Económico (OCDE).

En algún momento, estos organismos han otorgado esta misma función a la Educación a Distancia, a la Educación Virtual, a todas aquellas modalidades que por medio de las tecnologías de la comunicación y la información se pueden promover, sin embargo bajo estos postulados de la apertura y la gratuidad al parecer pueden dar un mayor impulso tanto al acceso a cursos de calidad como a la equidad en la educación. No obstan no existe tal seguridad ya que los REA están en proceso de rendir frutos.

Otra dimensión a considerar de los REA, es la posible mezcla de métodos de instrucción para producir conductas variadas, por ejemplo ¿Cuánto descubrimiento producen? ¿Cuánto descubrimiento es preciso para brindarle al sujeto una experiencia deseada? Existe la necesidad de descubrir que cantidad de valores tanto éticos como instrumentales hay que incorporarles a fin de que sean trasmitidos al sujeto.

Aun cuando se ha hecho mención de la necesaria postura reflexiva que el maestro debe asumir ante los REA, el papel del maestro no se examina como para identificar ventajas y desventajas que envuelve este tipo de trabajo, se desconocen las pautas de su participación en el acceso abierto, por ello es preciso indagar cuales son las dimensiones de las diversas situaciones relacionadas, además de la medida en que el profesor es representante de su disciplina que demanda conducción didáctica en un espacio pedagógico.

Referencias.

Area, M. (1991) *Los medios, los profesores y el currículum*. Barcelona: Sendai, pág. 123-125

Area, M. (2004) *Los medios y las tecnologías en la educación*. Madrid, Pirámide, pág.257

Area, M. (2009) *Manual electrónico Introducción a la tecnología educativa*. España: Universidad de La Laguna, pág. 34-36

Cabero, J. (Coord.) (2007) *Nuevas tecnologías aplicadas a la educación*. Madrid: McGraw-Hill.

Cabero, J. y López, M. (2009) *Evaluación de materiales multimedia en red en el Espacio Europeo de Educación Superior (EEES)*. Barcelona: DaVinci, pág. 69

Carr, W. (1983) *Can Educational Research be Scientific?* Journal of Phisofhy of Education, 17:1, pág.35-43

Escudero, J. (1983) La investigación sobre los medios de enseñanza. En Cabero, J. (Coord.) (2007) *Nuevas tecnologías aplicadas a la educación*. Madrid: McGraw-Hill, pág.79

Gimeno, J. (1991) *Los Materiales y la enseñanza*. En Cabero, J. (Coord.) (2007) Nuevas tecnologías aplicadas a la educación. Madrid: McGraw-Hill, pág.80

Guerra, M. (1991) ¿Cómo evaluar los materiales? En Cabero, J. (Coord.) (2007) *Nuevas tecnologías aplicadas a la educación*. Madrid: McGraw-Hill, pág 102

Organización para la Cooperación y el Desarrollo Económico (2008*) El conocimiento libre y los recursos educativos abiertos*. Junta de Extremadura Dirección General de Telecomunicaciones y Sociedad de la Información,

Stallman, R M. (2004) *Free Software, Free Society: Free Software Foundation*, Boston, EE.UU, pág.3

Schôn, D. (1983) *The Reflective Practitioner*. Londres: Temple Smith, pág 104.

Usher, R. (1991) Situación de la educación de adultos en la práctica, *Revista de Educación*, 294, 155-178.

Van Manen, M. (1977) *Linking Ways of Knowing with Ways of Being Practical, Curriculum Inquiry*, vol. 6, núm. 3, pág. 200-208.

Zabala, A. (1990) Materiales curriculares. En Cabero, J. (Coord.) (2007) *Nuevas tecnologías aplicadas a la educación*. Madrid: McGraw-Hill, pág. 76

Zabalza, M. (1983). Medios, mediación y comunicación didáctica en la etapa preescolar y ciclo básico de la E.G.B. En Cabero, J. (Coord.) (2007) *Nuevas tecnologías aplicadas a la educación*. Madrid: McGraw-Hill, pág 80

El video educativo desde la perspectiva de los alumnos de educación superior en línea

Román Alberto Zamarripa[1], Franco Isaías Martínez Trejo[2]

[1]Instituto de Estudios Superiores de Tamaulipas, roman.zamarripa@iest.edu.mx
[2]Universidad Autónoma de Tamaulipas, jelizond@docentes.uat.edu.mx

Resumen

El presente estudio tiene el objetivo de evaluar los videos educativos desarrollados con la metodología YZ, a través de la opinión de los alumnos sobre su uso en clases de educación superior en línea. Se realizó en forma descriptiva y cualitativa, con una muestra de 230 estudiantes y se midieron las variables de opinión sobre el gusto y la utilidad de los videos en las clases en línea. Los resultados muestran que los videos educativos son considerados altamente útiles por los estudiantes de las tres divisiones académicas (89%) lo cual demuestra que la metodología YZ es adecuada para el desarrollo de los videos para las clases en línea de educación superior.

Palabras clave: Tecnología educativa, educación y tecnología, educación superior.

Introducción

En los últimos años, la velocidad de las redes de telecomunicaciones ha permitido que la utilización del video de entretenimiento se haya incrementado a nivel mundial. Existen sitios web como Youtube y Vimeo que registran millones de visitas. Además, los juegos de video conocidos como videojuegos, han sido desarrollados y comercializados en forma amplia por empresas como Microsoft y Nintendo entre otras.

Los videos con fines educativos también se han popularizado a través de sitios de internet que tienen disponibles cursos en línea, tal es el caso de Khan Academy (2016), cuyo acceso es gratuito y su contenido es utilizado en clases formales e informales y grupales e individuales; se muestra en más de 25 idiomas y hay más de 2 millones de videos de matemáticas, ciencias, finanzas y computación, que han sido visualizados más de 400,000,000 de veces. Otro ejemplo es el sitio Lynda (2016), que requiere de un pago para acceder a sus contenidos que están basados en videos educativos. Se ofrecen 100,000 videos distribuidos en cursos de negocios, software, tecnología y creatividad, principalmente en idioma inglés, aunque también ofrecen en español, alemán y francés mediante la marca video2brain.

El desarrollo globalizado de los videos con fines de enseñanza llegó a las instituciones de educación superior, en las que también se han utilizado. En un estudio realizado en estas instituciones, se encontró que el uso del video educativo se está incrementando rápidamente en las universidades en áreas como artes, humanidades y ciencias, aunque tienen barreras tecnológicas y legales, (Clearance Center et al, 2009).

En un sistema de educación superior a distancia impartido por medio de internet, es decir, en línea, es necesario motivar a los alumnos a tomar sus clases virtuales, sin la presencia física de su maestro. Una opción de impartición de las clases es a través de la videoconferencia, sin embargo, esta opción requiere de una conexión a internet, rápida y eficiente, además que tanto los alumnos como el maestro se sincronicen en un mismo lapso de tiempo para impartirla. Otra opción es la utilización del video educativo como un medio para sustituir la presencia física del maestro.

El Instituto de Estudios Superiores de Tamaulipas (IEST) que forma parte de la Red de Universidades Anáhuac, es una institución de educación media y superior. Desde su modelo educativo 2010 y en el presente con el 2015, considera que los alumnos de licenciatura deban cursar materias en línea como parte de su formación. Para la implementación del modelo educativo, se creó en el año 2012, la Coordinación de Tecnologías para la Educación (CTE), que tiene como función principal apoyar a los maestros que diseñan e imparten clases en línea.

Como parte de la infraestructura física y tecnológica con que cuenta la CTE, está un estudio de grabación en el que los maestros graban los videos de apoyo a sus clases en línea. La metodología que se ha utilizado en la grabación de videos es la YZ. Actualmente se cuenta con 312 videos educativos grabados, con un promedio de 5 minutos de duración, los cuales son almacenados en servidores del instituto y en el portal Vimeo. La publicación de estos en las clases se realiza en la plataforma de cursos en línea IEST Desk, que es propiedad del instituto.

La problemática que se plantea es el desconocimiento de la efectividad de la metodología YZ para el desarrollo de los videos educativos, según la opinión de los alumnos sobre su uso en las clases de educación superior en línea, es decir, se requieren contestar las preguntas de investigación ¿Cuál es la opinión de los alumnos de los estudiantes respecto a su gusto y la utilidad de los videos educativos? ¿Las opiniones varían de acuerdo a la división académica y al género de los estudiantes? Por lo tanto, el objetivo es evaluar los videos educativos desarrollados con la metodología YZ, mediante la opinión de los alumnos sobre su uso en clases de educación superior en línea. Esta información será de gran utilidad para el IEST y en general para las Instituciones de Educación Superior que imparten clases en línea, ya que estarán en la posibilidad de considerar el desarrollo de videos educativos en forma efectiva.

Marco Teórico

El video educativo es un medio electrónico que se diseña con el objetivo de transmitir habilidades y conocimientos para propiciar el aprendizaje de los alumnos (Cabero, 2007b) y debe asegurar que los estudiantes comprenden y retienen el contenido, por lo cual es necesaria una estrategia didáctica para su logro, Bravo (2000). Esto es, el video educativo debe ser concebido como un medio para el lograr el aprendizaje y no solo como una tecnología, esto significa que además de cuidar la calidad de la imagen, sonido y almacenamiento, se debe planear su diseño y utilización, definiendo aspectos fundamentales como su objetivo de aprendizaje, guion de contenido, secuencias, ilustración y duración, así como las actividades de aprendizaje, documentos relacionados con el video y finalmente una evaluación.

En relación a las ventajas de utilizar los videos educativos, se identifica la posibilidad de visualizar las veces que se requieren, además de que se puede combinar con otros videos, imágenes y fotografías, así como, la gran variedad de funciones, tales como la de transmisor de información y conocimiento, además como medio de motivación, comunicación e investigación, Cabero (2007a). Otras ventajas identificadas son su ayuda en la motivación de los estudiantes y en la efectividad del profesor, (Corporation for Public Broadcasting, 2004).

En otro estudio se encontró que los estudiantes piensan que es más fácil estudiar con los videos que con los medios impresos, ya que según ellos el libro requiere mayor concentración, Cabero (1989). También, al utilizar los videos educativos para enseñar matemáticas en cinco áreas: operaciones con funciones, resolución de ecuaciones, funciones lineales, exponenciales y logarítmicas, así como funciones trigonométricas, la mayoría de los estudiantes utilizó los videos en forma frecuente y lo evaluaron como muy útil, fácil de usar y como una herramienta efectiva para el aprendizaje ya que encontraron mejoras en los conocimientos de la materia de pre-cálculo, (Kay et al., 2012).

El video educativo, debe considerar aspectos didácticos en su diseño y utilización. Algunas características que deben poseer los videos educativos para lograr sus objetivos son las siguientes: información redundante mediante diferentes símbolos para facilitar el recuerdo y la comprensión de la misma; alto nivel de estructuración y concatenación de ideas; lenguaje audiovisual emotivo; resumen final; gráficos de ilustración, organizadores previos y dificultad progresiva. Por otro lado, en su utilización el maestro debe realizar acciones, antes, durante y después de la actividad de visualización, (Cabero, 2007b).

En relación a la didáctica de su diseño, es muy importante que el video educativo sea direccionado mediante un objetivo de aprendizaje y apuntalado por un mensaje claro, contundente y en el mejor de los casos, emotivo. Debe considerar organizadores previos a manera de introducción y un resumen final como cierre. El contenido se debe mostrar en forma lógica y coherente, avanzando de lo sencillo a lo complejo y de lo general a lo particular.

Asimismo, es necesario ilustrar el video para acompañar el mensaje auditivo con imágenes, texto y otros videos. Estos elementos no deben obstruir ni confundir al alumno sobre el mensaje principal del video. Una posibilidad es acompañar el mensaje auditivo con una melodía de fondo a un nivel bajo de sonido, esto puede ayudar a los alumnos a concentrarse en la visualización del video, pero se debe ser muy cuidadoso de no interferir con el mensaje y la atención del alumno.

Además, es necesario considerarlo como un elemento más de una actividad de aprendizaje, lo cual requiere que se definan lecturas previas, actividades particulares de aprendizaje y actividades de evaluación, que pueden ser realizadas progresivamente a la par del video o después de su visualización.

Otro aspecto muy importante sobre la didáctica del video, es la selección de su tipo en relación a la imagen del maestro, los recursos para la explicación, el lugar donde se graba, las formas de ilustración del video y la utilidad del mismo. Para esto es muy importante considerar las características de la materia y del tema en particular, porque tienen diferentes características generales, es decir, algunas son teóricas y otras prácticas, o bien pueden ser una mezcla de ambas. Otras son de investigación o desarrollo de proyectos.

Además, es importante analizar el objetivo del tema y del video, para identificar cuál tipo de video educativo es más útil, es decir, se podría requerir una exposición magistral, una introducción o un resumen del curso, una narración de ejemplos y experiencias del maestro, la realización de entrevistas, explicación detallada de elementos claves del tema o la demostración de resolución de problemas, prácticas de laboratorio o software.

Por lo anterior, existen diferentes tipos de videos educativos. Algunos tienen como principal elemento al maestro, con su voz e imagen, impartiendo exposiciones magistrales, las introducciones y resúmenes, así como la narración de ejemplos y experiencias de los maestros. Otros se ocupan para explicar detalles del tema, por lo que se debe procurar que en la pantalla se muestre un elemento de apoyo a lo que se desea explicar, como puede ser una imagen, diapositiva, esquema o cualquier otro elemento que permita realizar señalamientos sobre el mismo, esto le permitirá al maestro explicar detalles de ciertos elementos claves. También están los videos que permiten a los maestros demostrar los procedimientos para que los alumnos practiquen la resolución de problemas y la realización de prácticas de laboratorio. Por último, hay videos educativos tutoriales, que permiten enseñar la utilización de un software. De acuerdo con la utilidad de cada video, se debe seleccionar el adecuado conforme a lo que se desea lograr, es decir, al objetivo. La selección del tipo de video educativo, trae consigo decisiones fundamentales sobre el apoyo que se le dará al alumno en el proceso de enseñanza y aprendizaje. En clases de educación a distancia, es recomendable mezclar el video narrativo con los otros tres, ya que el mostrar la imagen del maestro puede ser satisfactorio para los alumnos. Esto se resume en la tabla 1.

Tipo de video	Maestro	Explicación	Lugar	Ilustración	Utilidad
Expositivo	Sale a cuadro de pie o sentado, en pantalla completa.	Con su voz e imagen.	Estudio de grabación Cualquier otro.	Imágenes, video y textos alusivos.	Exposición magistral. Introducción al curso. Introducción y resumen del tema. Narración de ejemplos y experiencias del maestro. Entrevistas
Explicativo	No sale a cuadro o lo hace en pantalla reducida.	Con su voz e imagen y señalamientos en la pantalla.	Estudio de grabación.	Presentación con diapositivas, imágenes, esquemas, planos, entre otros.	Explicación detallada de elementos claves
Práctico	Sale parcialmente a cuadro frente a un pizarrón o equipo de laboratorio.	Con su voz y escritura en el pizarrón o manipulación de equipo.	Estudio de grabación Salón de clases Laboratorio.	Sombreado de textos del pizarrón y textos alusivos.	Demostración de resolución de problemas y prácticas de laboratorio
Tutorial	No sale a cuadro.	Con su voz e imagen y señalamiento en la pantalla.	Estudio de grabación o salón de cómputo.	Software.	Demostración de software.

Tabla 1. Tipos de videos educativos.
Fuente: Los autores.

Otro aspecto fundamental en el diseño del video es considerar a los alumnos a quienes va dirigido, cuya principal característica relacionada es que les gusta utilizar las tecnologías de información (Howe y Strauss, 2000) y según Prensky (2001), ellos son nativos digitales porque crecieron en ambientes altamente cibernéticos, rodeados de dispositivos tecnológicos. En ese sentido, Telefónica (2014), menciona que las personas que actualmente tienen menos de 30 años de edad, son conocidos como millennials o generación Y, son muy independientes, están en constante movimiento geográfico y utilizan la tecnología para su vida personal, laboral y educacional, principalmente los teléfonos celulares inteligentes y las tabletas electrónicas, así como internet y redes sociales. Después de ellos nació la generación Z que ahora tienen entre 15 y 20 años de edad y para quienes el internet es parte de su vida porque son impacientes y requieren resultados inmediatos (Baby Boomer Care, 2007).

Estas características personales de las generaciones Y y Z, favorecen sus habilidades y posibilidades en ambientes educativos. Tienden a ser autodidactas, porque ellos aprenden en ambientes formales y en todo momento en ambientes informales, al utilizar internet en sus dispositivos móviles para investigar desde el funcionamiento de un software hasta cómo configurar su TV inteligente. Este entono de internet, les ofrece videos demostrativos sobre cómo realizar estas tareas, por lo cual, el video se ha convertido en un medio educativo para ellos.

Por lo tanto, los videos educativos deben considerar las características de los alumnos a quienes van dirigidos. Es importante que el video se pueda ejecutar en dispositivos móviles y que no ocupe mucho espacio del mismo, además, debe estar disponible por medio de internet. Dado que los alumnos están en constante movimiento, son impacientes y requieren respuestas inmediatas, el tiempo duración debe ser corto, alrededor de 5 minutos.

Con respecto a la didáctica de su utilización, es muy importante planear el momento en que lo visualizarán los alumnos, es decir, si será como parte de la clase dentro del salón o como una actividad individual de tarea, lo cual también aplica para cursos a distancia; en ambos casos se debe asegurar que el equipo tecnológico es el adecuado en cuanto a velocidad, calidad del sonido y nitidez. Se debe asegurar que se está aislado del ruido y en el mejor de los casos utilizar audífonos. Además es necesario que el maestro de seguimiento a las lecturas previas, así como a las actividades de aprendizaje y evaluación que acompañan al video.

También se debe instruir a los alumnos sobre la visualización de los videos, en cuanto a las herramientas, el uso de audífonos y las ventajas de manipular el mismo a su conveniencia para obtener mejores resultados, tales como la repetición de todo el video o de partes del mismo, así como la pausa para revisar nuevamente algún contenido de lectura previa, realizar una actividad, observar con detenimiento la imagen o contestar evaluaciones. Además pueden manipular el tamaño de la pantalla en que se visualiza.

Por otro lado, según Cabero (2004), para la construcción de los videos educativos, se requiere la aplicación de las siguientes etapas:

a) Diseño. Consiste en la revisión del tema, los objetivos y requerimientos de recursos, plan de trabajo y elaboración del guion.
b) Producción. Se refiere a la grabación del video.
c) Postproducción. Es la edición del video.
d) Evaluación. El video es evaluado.

Esto es, para que un video educativo cumpla con los requisitos de diseño didáctico, debe planearse y diseñarse con anterioridad, considerando el tema con sus objetivos y los objetivos que se pretenden lograr con el video, así como también es muy importante elaborar el discurso y explicación del maestro, esto se realiza en la etapa de diseño. Después en la etapa de producción, el video se debe grabar. En la postproducción se realizan las ediciones necesarias, se cortan partes de videos, se ilustra y se mejora la calidad de la imagen y sonido. El video debe ser evaluado principalmente por los alumnos. Se debe evaluar el interés que tuvieron ellos para ver el video, es decir, si lo visualizaron, les gustó y además si les fue útil en su proceso de aprendizaje. También se debe evaluar el mensaje del video, es decir, si se mostró en forma clara, lógica, de lo fácil a lo complejo. Asimismo, se debe evaluar la imagen del video, como sus colores, imágenes, textos, transiciones, calidad de imagen y audio.

Sin embargo, dado que es un video con fines de enseñanza, antes y después de la versión final del video, se deben analizar otros aspectos necesarios y considerarlos como otras etapas adicionales. Estos aspectos son el contrato con el maestro, capacitación y pruebas, almacenamiento, alojamiento, respaldo, publicación, ejecución, evaluación y mejora. A continuación se explican con detalle.

Contrato. Es necesario explicar al maestro en qué consiste grabar un video educativo, así como cuáles son sus funciones y compromisos que adquiere y cuáles son de la institución educativa, que incluyen el pago al maestro y el ofrecimiento del servicio para el desarrollo del video con los recursos tecnológicos, físicos y humanos. Estos recursos de la institución deben ser profesionales, se debe contar con personal con experiencia en producción gráfica, audiovisual, pedagógica, en redacción y ortografía, así como en tecnologías de la información. Además, un punto muy importante en este inicio, es la estipulación de los derechos sobre el video. Los derechos de autor deben ser del maestro que graba el video y los derechos patrimoniales son de la institución educativa, que le dan el poder de utilizar el video.

Capacitación y pruebas. El maestro debe conocer el estudio de grabación y el funcionamiento de los equipos desde el punto de vista de usuario. Debe saber manipular la computadora y los dispositivos de entrada que estén disponibles, como los micrófonos, pizarrones y tabletas digitales, así como el software necesario. Además se le deben realizar recomendación sobre sus posturas y movimientos durante la grabación, su vestimenta, lenguaje y tono de voz. Es recomendable que el maestro realice pruebas de grabación.

Almacenamiento. Se deben decidir los formatos de almacenamiento del video ejecutable, sin demeritar la calidad de la imagen y el sonido, además considerando que el tamaño de los archivos debe procurar un rápido, económico y eficiente almacenamiento y recuperación.

Respaldo. Existen medios en los cuáles se puede respaldar el video, como los CD, DVD, memorias flash o discos externos. Lo más recomendable es la utilización de discos externos de alta capacidad. Se recomienda respaldar tanto las versiones ejecutables como las editables de los videos.

Alojamiento. Se debe definir en qué servidores quedarán almacenados los videos, pueden ser portales públicos especializados o en el sitio de la institución educativa, el primera es de bajo costo pero de alto riesgo y el segundo es más caro, pero es seguro, por lo cual se debe buscar un término medio. Una cuestión muy importante de este punto es proteger los derechos patrimoniales de la institución y los de autoría del maestro que los grabó.

Publicación. La publicación de los videos debe realizarse en una plataforma de gestión de cursos con apoyo web para asegurar la visualización del video como parte de un contenido general del curso. Cuando el alumno requiera visualizar el video, deberá acceder a esta plataforma. Esto debe realizarse, aunque baste con compartir la dirección electrónica para su acceso, ya que esto puede interferir con el diseño didáctico del video.

Ejecución. El maestro le da las instrucciones al alumno y este visualiza el video y realiza las actividades de aprendizaje y evaluación relacionadas con el curso. El maestro le da seguimiento hasta la evaluación final.

Evaluación y mejora. Los alumnos deben evaluar el video por los alumnos. Se debe considerar el interés que tuvieron ellos por el video (visualización, gusto y utilidad), el mensaje (claro, lógico, de lo fácil a lo complejo) así como la imagen (colores, imágenes, textos, transiciones, calidad de imagen y audio). De acuerdo a los resultados se toman las decisiones sobre acciones de mejora.

En resumen, como se puede apreciar, se deben realizar diversas etapas para la construcción de un video educativo, desde la idea hasta la visualización del mismo por parte de los alumnos. Esto con la finalidad de garantizar el adecuado diseño y utilización.

Metodología.

Para abordar la problemática se realizó un estudio descriptivo y cualitativo. La población estuvo formada por 567 estudiantes de licenciatura que cursaron alguna de las materias en línea en las divisiones académicas de ciencias exactas, económicas, administrativas y de humanidades, en el semestre agosto – diciembre de 2015. Los alumnos estuvieron integrados en 31 grupos con materias en línea, de los cuales 12 fueron totalmente en línea y 19 semipresenciales. Se obtuvo una muestra de 230 estudiantes con un nivel de confianza del 95% y un margen de error del 5%.

Se desarrollaron 110 videos educativos de los diferentes tipos, como narrativo, explicativo, práctico, tutorial. Estos videos fueron producidos por los maestros utilizando recursos humanos y tecnológicos de la institución y el resto fueron de diversos portales públicos. La metodología que se siguió fue la XY creada por los autores que consiste en lo siguiente: a) Contrato: b) Capacitación y pruebas; c) Diseño; d) Producción; e) Postproducción; f) Almacenamiento; g) Respaldo; h) Alojamiento; i) Publicación; j) Ejecución y k) Evaluación y mejora.

Se utilizó un instrumento electrónico con escala tipo Likert para medir las variables de opinión de los estudiantes sobre su gusto por usar los videos y la utilidad en sus clases en línea. Por diversas cuestiones se obtuvieron 220 respuestas. El análisis de los datos se realizó por medio del software *Excel*. Se consideró que un porcentaje igual o mayor al 80% es un nivel alto.

Resultados

Como se puede observar en las figuras 1a y 1b, al 80% (Totalmente de acuerdo y De acuerdo) de los alumnos de educación superior les gusta que los maestros utilicen videos educativos en sus clases en línea. Este porcentaje aumenta a 89% cuando se les pregunta sobre la utilidad de los mismos. Es decir, la mayoría de los alumnos no solo están de acuerdo en su utilización como medio de enseñanza, sino, que además consideran que son útiles en sus clases para lograr su aprendizaje. Los estudiantes identifican las ventajas de los videos educativos.

Fig. 1a y 1b. El gusto y la utilidad de los videos educativos en las clases de educación superior en línea.

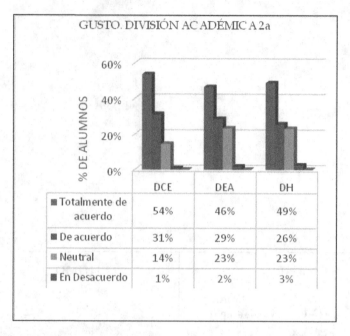

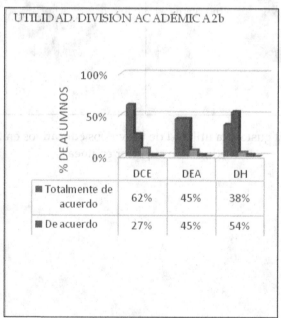

Fig. 2a y 2b. El gusto y la utilidad de los videos educativos en las clases de educación superior en línea por división académica.

Como se puede observar en las figuras 2a y 2b, al 85% (Totalmente de acuerdo y De acuerdo) de los alumnos pertenecientes a la división académica de Ciencias Exactas (DCE) les gusta que los maestros utilicen videos educativos en sus clases en línea, lo cual está arriba del 80% de porcentaje general mostrado en la figura anterior. Las divisiones académicas de ciencias económicas administrativas y humanidades, tienen un 75% de alumnos a quienes les gusta, por lo que están abajo del porcentaje general. Se observa que es mayor el gusto por los videos en los alumnos de la DCE, esto se puede explicar debido a que este tipo de estudiantes de las carreras de ingeniería, utilizan en mayor medida herramientas tecnológicas en sus clases, por lo que están más familiarizados con los videos.

En relación a la utilidad, los estudiantes de las tres divisiones académicas mencionan que los videos son muy útiles (89%, 90% y 92%) todos están igual o arriba del porcentaje general. Al igual que en el porcentaje general, la utilidad se incrementa con respecto al gusto. Los estudiantes consideran que existen ventajas en la utilización de videos educativos en los diferentes tipos de materias de acuerdo a las tres áreas del conocimiento. Esto demuestra la versatilidad del video, que puede utilizarse para explicar un problema matemático, para mostrar un software de diseño gráfico o para una explicación de negocios internacionales.

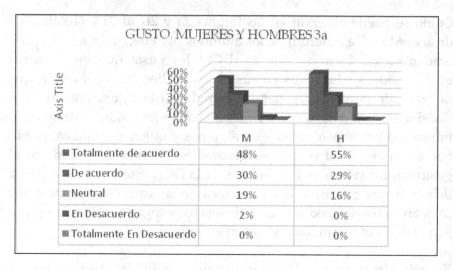

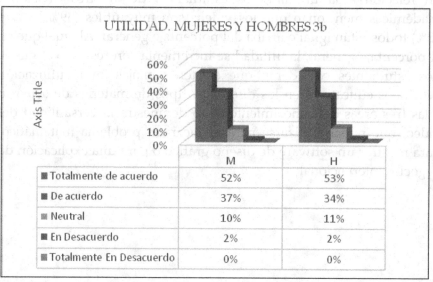

Fig. 3a y 3b. El gusto y la utilidad de los videos educativos en las clases de educación superior en línea por género.

Como se puede observar en las figuras 3a y 3b, al 84% (Totalmente de acuerdo y De acuerdo) de los alumnos de género masculino les gusta que los maestros utilicen videos educativos en sus clases en línea, lo cual está arriba del 80% general. Al 78% de las estudiantes mujeres son a quienes les gustan los videos educativos, por lo que están abajo del porcentaje general. Se observa que es mayor el gusto por los videos en los hombres.

En relación a la utilidad, los estudiantes de ambos géneros mencionan que los videos son muy útiles, sin embargo son las mujeres (89%) quienes tienen un porcentaje igual al general y los hombres están abajo (87%). Al igual que en el promedio general, la utilidad se incrementa con respecto al gusto. Los estudiantes tanto hombres como mujeres consideran que existen ventajas en la utilización de videos educativos. El video educativo es un medio que es valorado tanto por estudiantes mujeres como hombres.

Conclusiones

Se identificó que para asegurar la didáctica en el diseño y utilización del video educativo, es recomendable utilizar la metodología YZ, para el desarrollo de videos educativos en las clases en línea, que consta de las siguientes etapas en el orden mostrado: a) Contrato: b) Capacitación y pruebas; c) Diseño; d) Producción; e) Postproducción; f) Almacenamiento; g) Respaldo; h) Alojamiento; i) Publicación; j) Ejecución y k) Evaluación y mejora. El detalle de las etapas se muestra en la tabla 1.

Etapa	Actividades
Contrato	Se firma el contrato entre la institución educativa y el maestro. Se establecen las responsabilidades de ambos, así como los derechos de autor y patrimoniales.
Capacitación y pruebas	Se capacita al maestro sobre el uso del equipo computacional y software. Además, sobre posturas y movimientos, vestimenta, lenguaje y tono de voz. También se realizan pruebas de grabación.
Diseño	Se planea y diseña el video educativo, considerando los aspectos didácticos, como el tema con sus objetivos, los objetivos del video y las características de los alumnos. Así como también se elabora el guion con el discurso y explicación del maestro. Se selecciona el tipo de video.
Producción	Se graba el video de acuerdo al guion.
Postproducción	Se ilustra el video. Se mejora la calidad y la efectividad del mensaje.

Almacenamiento	Se decide y aplica el o los formatos en que se grabará el video sin demeritar la calidad de la imagen, el sonido y considerando el tamaño de los archivos y su funcionamiento en cualquier tipo de computadora o dispositivo móvil.
Respaldo	Se respaldan en discos externos tanto las versiones ejecutables como las editables del video.
Alojamiento	Se define en qué servidores quedará almacenado el video.
Publicación	Se publica en una plataforma de gestión de cursos con apoyo web, para asegurar la visualización del video como parte de un contenido general del curso. Cuando el alumno requiera visualizar el video, deberá acceder a esta plataforma. La plataforma debe poder accederse desde un dispositivo móvil.
Ejecución	El maestro le explica al alumno las condiciones para visualizar el video y realizar las actividades de aprendizaje y evaluación. También le da seguimiento hasta la evaluación final del alumno.
Evaluación y mejora	Se evalúa el video por los alumnos. Se debe considerar el interés que tuvieron ellos por el video (visualización, gusto y utilidad), el mensaje (claro, lógico, de lo fácil a lo complejo) así como la imagen (colores, imágenes, textos, transiciones, calidad de imagen y audio). De acuerdo a los resultados se toman las decisiones sobre acciones de mejora.

Tabla 1. Metodología YZ para el desarrollo de videos educativos en las clases en línea.

Al evaluar los videos desarrollados con la metodología YZ, se obtuvo que el video educativo es una herramienta que gusta y es útil para los estudiantes de educación superior en línea. En términos generales, existe una alta aceptación por este medio, ya que al 80% les gusta y al 89% les resultan útiles en sus clases. Es mayor el porcentaje de estudiantes que mencionan que son útiles, por lo que hay estudiantes que a pesar de que no les gustan los videos, admiten que son útiles en sus clases. Dentro de la generalización mencionada, se identificó con mayor notoriedad el gusto por los videos educativos en los estudiantes de las materias relacionados a la División de Ciencias Exactas y en los hombres. En cuanto a la utilidad, se identificó que los videos educativos son considerados altamente útiles por los estudiantes de las tres divisiones académicas, pero son las estudiantes mujeres quienes tuvieron una mayor aceptación.

Esto demuestra que la metodología YZ aplicada, que considera los aspectos didácticos en el diseño y utilización del video educativo en clases de educación superior en línea, es adecuada porque permite producir videos educativos que son útiles para los alumnos durante el proceso de enseñanza y aprendizaje de las materias en línea de educación superior.

También se identificó que debido a la naturaleza de las materias y los contenidos, existen los siguientes tipos de videos: a) Expositivo; b) Explicativo; c) Práctico y d) Tutorial. Los cuales difieren en cuanto a la visualización del maestro, los recursos para la explicación del maestro, la ilustración, el lugar en que se graba y la utilidad del mismo.

Referencias.

Bravo, J. (2000). _El video educativo._ Madrid. Recuperado el 10 de febrero de 2016 de: http://www.ice.upm.es/wps/jlbr/Documentacion/Libros/Videdu.pdf

Baby Boomer Care. (2007). _Generación Z Características._ Consultado el 3 de abril de 2016 en http://web.archive.org/web/20130524180447/http://www.babyboomercaretaker.com/Spanish/baby-boomer/generation-z/Generation-Z-Characteristics.html

Cabero, J. (1989). _Tecnología educativa:_ utilización didáctica del vídeo. Barcelona: PPU.

Cabero, J. (2004). _El diseño del video educativo. En Tecnologías para la educación_ Coords. Salinas, J., Aguaded, J. & Cabero, J. Madrid: Alianza Editorial.

Cabero, J. (2007a). _Tecnología educativa._ Madrid: McGraw-Hill Interamericana de España.

Cabero, J. (2007b). _El video en la enseñanza y la formación._ En Nuevas tecnologías aplicadas a la educación Coord. Cabero, J. Madrid: McGraw-Hill Interamericana de España.

Clearance Center, *Intelligent Television* y *Universidad de Nueva York.* (2009). Video Use and Higher Education: Options for the Future. Nueva York: Universidad de Nueva York.

Corporation for Public Broadcasting. (2004). *Television goes to school: The impact of video on student learning in formal education.* Recuperado el 2 de marzo de 2016 en: http://www.cpb.org/stations/reports/tvgoestoschool/

Howe, N. y Strauss, W. (2000). *Millennials Rising: The Next Great Generation. New York: Vintage Books.* Consultado el 3 de abril de 2016 en https://books.google.com.mx/books?hl=en&lr=&id=To Eu9HCNqIC&oi=fnd&pg=PA3&dq=millennials&ots=kbPoXmEU vN&sig=S7Xn709yaoo6KDSeZeKFTdFOOqY#v=onepage&q=mill ennials&f=false

Kay, R., Robin, K., & Ilona, K. (2012). *Evaluating the use of problem-based video podcasts to teach mathematics in higher education. Computers & Education,* 59(2): 619–627.

Khan Academy. (2016). Consultada el 10 de febrero de 2016 en: https://es.khanacademy.org/

Lynda. (2016). Consultada el 10 de febrero de 2016 en: https://www.lynda.com/

Prensky, M. (2001). *Nativos Digitales, Inmigrantes Digitales.* On the Horizon, 9 (6). Recuperado el 2 de abril de 2016 de http://scholar.google.com.mx/scholar_url?hl=es&q=http://files.educunab.webnode.cl/200000062-5aba35bb22/Nativos-digitales-parte1.pdf&sa=X&scisig=AAGBfm2_Icpzy4Tu9hCB6REEDLBbXF3UGg &oi=scholarr&ei=0gMBVPXXCoXv8AHWl4DYAg&sqi=2&ved=0 CBkQgAMoADAA

Telefónica. (2014). *Telefónica Global Millennial Survey.* Consultado el 2 de abril de 2016 en http://survey.telefonica.com/globalreports/

Redes sociales digitales como apoyo al quehacer docente.

Jair Nisan Bajonero Santillán

Universidad Autónoma de Tamaulipas, jbajonero@docentes.uat.edu.mx

Resumen

Al hablar de Tecnologías de la información y de herramientas digitales en la actualidad, es imposible no hablar de redes sociales, ésta forma interactiva que se lleva en tiempo real que es cada vez más presente en el mundo virtual, sincrónico o asincrónico y que suceden cosas a cada segundo. La forma de ver el mundo ha cambiado gracias a las redes sociales y su inmediatez de la información, la interactividad y la participación de cualquier usuario como parte de la noticia o de dar a conocer un suceso. Las redes sociales relativamente nuevas, ofrecen una nueva opción de interacción ya sea formal o informal, en el caso del proceso de enseñanza aprendizaje, se presenta una ventana que se puede aprovechar de manera estratégica para utilizarlas como herramientas educativas que les permitan a los estudiantes y docentes explorar y utilizar este universo virtual.

Palabras clave: Redes Sociales, internet, aplicaciones.

Introducción.

Para conocer acerca de las redes sociales, debemos de iniciar con su definición, la palabra red proviene del latín *rete*, que tiene relación con una estructura, por otro lado, cuando lo aplicamos al término relacionado a las tecnologías, son una serie de equipos interconectados, por otra parte social, perteneciente a la sociedad mediante individuos que interactúan en una comunidad para un beneficio mutuo, hablando de manera general acerca del concepto, podemos definir como una serie de individuos conectados a través de dispositivos electrónicos, "Social media" como se le conoce de manera global,

Respecto a los años que llevan las redes sociales con nosotros, podemos imaginarnos que son de reciente creación, pero no es así, respecto al primer correo electrónico que se mandó de una computadora a otra nos encontramos que fue en 1971, las primeras copias de navegadores de internet usando la plataforma "Usenet" fueron en 1978, posteriormente hasta 1994 se funda la compañía "Geocities" que presenta una estructura parecida a las redes sociales actuales, dejando espacios virtuales para que los usuarios crearan sus propias páginas electrónicas clasificándolas y las compartieran según su contenido, en ese mismo año, surge el primer "Blog" el cual no se conocía como ese nombre, era una especie de diario virtual, no como los conocemos ahora y se le llamó "weblog" años más se dejó solo la palabra "Blog". Respecto a los mensajeros electrónicos la compañía "AOL" lanza en 1997 su "Instant Messenger".

Posteriormente en el año 2002, ya con "amigos reales" como tal, el sitio "Friendster" alcanza tres millones de usuarios en menos de 3 meses, anticipando de alguna manera el fenómeno de inscripción a redes sociales que se presentaría más adelante, en el año 2003 surge una plataforma nueva "Myspace" que en un inicio rompe con las redes sociales que existían hasta la fecha, conectando usuarios de todas partes del mundo, poco a poco se fue presentando como una plataforma adecuada para las personas que creaban música, ya que cualquier persona podía acceder a conocer el material de estos nuevos artistas independientes y desconocidos, así se presentaron varios de los artistas mundialmente famosos de hoy en día.

El año 2004 fue punto de partida para la creación de la red social más grande que se haya creado hasta la fecha "Facebook" que inicialmente fue diseñada para conectar a los estudiantes de la Universidad de Harvard como parte de un juego, logró que más de la mitad de ellos se inscribieran en el primer mes de su lanzamiento, 19,500 usuarios registrados, hablaremos un poco más acerca de esta red social más adelante. Otra de las redes sociales más vistas en todo el mundo en "Youtube" que se creó en el año 2005 como una necesidad de compartir un video que era demasiado largo para mandarlo por correo electrónico, en la actualidad se comparte 65,000 videos diarios.

Posteriormente en el año 2006 la red social "Twitter" surge como un espacio muy delimitado a solo 140 caracteres por cada mensaje enviado, recordando que incluso de un teléfono sin conexión a internet se podía crear contenidos.

Estos datos nos muestran que las redes sociales como tales ya llevan cierto tiempo en el internet y en cada momento surgen más, algunas parecidas, otras especializadas en imágenes, video, buscadores de contenido, gratuitas, de paga, masivas o exclusivas. Las redes sociales han surgido de diferentes maneras, por ideas de sus creadores, por accidente, por exempleados de otras compañías y la mayoría de ellas en sus inicios se pensó solamente en compartir información a través de internet. Pero la manera de hacer negocios y sacar un beneficio económico se presentó después de que tuvieran la aceptación de los usuarios, la web ha permitido mediante publicidad y las redes sociales una fórmula de éxito comercial con ganancias millonarias debido al auge cada vez más presente en cualquier parte de mundo de todas las edades, todos quieren estar presentes en internet y mediante las redes sociales es parte casi garantizada de ello.

Algunas redes sociales tienen más habitantes que cualquier país de los mayormente poblados, se han convertido en un aspecto fundamental para entender el mundo actual, las empresas, gobiernos, escuelas, asociaciones, personas comunes, saben que estar y utilizar las redes sociales a través de las Tecnologías de la información permitirán estar en contacto con los usuarios finales, crear contenidos específicos, compartir información en tiempo real y mantenerlos cautivos en cada una de las redes sociales en que se tenga presencia.

El docente como parte fundamental en el proceso de enseñanza aprendizaje no se podía quedar atrás en este tema tan importante y que cada día no solo los jóvenes acceden por primera vez a una red social determinada, pero para hablar acerca del uso de redes sociales en la educación, debemos de iniciar con el principal problema que enfrentan países como México considerados con economías emergentes, la "Brecha Digital", aquella diferenciación basada en aspectos socioeconómicos y de urbanización que están presentes en distintas partes del país, en regiones que se han catalogado por años como las menos favorecidas. Tomando en cuenta que el uso de la Tecnologías de la información, las computadoras, dispositivos móviles a través de internet, lo han marcado el mercado laboral que se traducen en mayores beneficios sociales económicos, mayor productividad, mejorando procesos gubernamentales, procesos empresariales y mayor participación ciudadana.

La Organización de las Naciones Unidas (ONU) en el año 2012 reconoce como un derecho humano básico el acceso a internet, por lo tanto las políticas públicas también se han modificado, en nuestro país, el Plan Nacional de Desarrollo 2013-2018 y la Reforma Constitucional a las Telecomunicaciones tiene como meta llegar al final del sexenio a un 70 % de hogares conectados a internet, pero las estadísticas muestran un avance lento y con mucha desigualdad en las distintas regiones del país. De acuerdo a las cifras del "Módulo sobre Disponibilidad y Uso de las Tecnologías de la Información en los Hogares (MODUTIH)" del 2013, 9.5 millones de hogares mexicanos están conectados a internet, esto representa el 30 %, pero se presenta un fenómeno muy interesante, ya que el "Estudio de Consumo de Medios entre Internautas Mexicanos" del 2014, 59 millones de mexicanos están conectados a internet a través de dispositivos móviles, esto representa un 59 % del total, significa que no tiene computadora o conexión a internet en sus casas pero si acceden a través de teléfonos o tabletas desde distintos puntos.

La brecha digital tiene como cifra los hogares que cuentan con una conexión a internet, los estudios nos presentan donde el ingreso socioeconómico es mayor como los estados del norte del país y los menos favorecidos como los del sur, existe una brecha de un 30%. Por ejemplo, la Ciudad de México, Baja California Norte y Sur presentan un 50% de conectividad, por otro lado Chiapas y Oaxaca que cuentan con una computadora representan menos del 20% del total de su estado. Por otra parte 15 de los 32 estados cuentan con un promedio de 35.8% por debajo de la media nacional.

De acuerdo con las políticas públicas del gobierno actual y el Operador de satélites internacional SES (NYSE Paris: SESG) (LuxX: SESG) firmaron un acuerdo de capacidad para conectar a las comunidades rurales marginadas con banda ancha de alta velocidad, la meta es llegar a 11 mil escuelas y centros comunitarios, el programa "México Conectado" lleva más de 9 mil lugares con acceso a internet.

Las redes sociales sin conexión a internet no sirven de nada, por lo tanto antes de hablar de la eficacia en todos los aspectos de estas aplicaciones tecnológicas, se debe contar con una conexión confiable y rápida para el óptimo funcionamiento.

Para iniciar con el uso de las redes sociales por parte de los docentes, es necesario conocer el panorama de los internautas en los últimos años, datos, estadísticas, niveles socioeconómicos que a continuación detallaremos.

La penetración del internet en nuestro país ha crecido exponencialmente en los últimos años, pero los dispositivos móviles son los que han marcado la pauta para las conexiones a la red, existen 59.2 millones de mexicanos conectados por algún dispositivo y en cuanto a la composición de internautas por nivel socioeconómico nos encontramos que los niveles D+D crecieron un 53%, en relación al 43% dos años atrás, los niveles ABC+ cuentan con un 73% de conectividad según el Estudio de Consumo de Medios del 2014. Por otro lado el promedio de dispositivos de los niveles ABC+ es de 3 y el nivel D es de 1.78%. Cada vez hay más usuarios conectados, en los últimos 2 años creció un 65%, los usuarios suelen conectarse en sus casas o el trabajo, este dato es muy importante para los aspectos que retomaremos más adelante.

Un dato importantísimo de este estudio nos muestra que las redes sociales son los sitios que más visitan los internautas superando el correo electrónico y buscadores, por otro lado, creció el interés de búsqueda en sitios relacionados con salud y educación, en este apartado, cursos, tutoriales e idiomas. El interés del usuario se incrementa en buscar a través del internet la preparación educativa en alguno de estos aspectos, esto se puede manejar como una gran ventaja para el docente. Otro dato que nos podemos sacar ventaja de ello es que el 88% de usuarios han descargado una aplicación, programa o software determinado de rangos de edad de los 12 a los 32 años, por lo tanto de manera autónoma saben buscar, descargar y utilizar una aplicación para un fin específico.

El tiempo que pasan conectados también se ha incrementado, en los niveles ABC+ el promedio es de 4 hrs. con 5 minutos. La percepción de los internautas nos muestra que el 54% de ellos piensan que el internet es el medio más accesible seguido de la televisión con un 35%, en cuanto a confiabilidad el 46% piensa eso del internet y la televisión con un 23%.

Las estadísticas nos muestran un creciente número de usuarios, internet y redes sociales, los tiempos de conexión han aumentado y los niveles socioeconómicos C-, D+ y D son nuevos usuarios que llegan al internet, el panorama es alentador debido a que ya se encuentran en la red, tiene conocimientos mínimos de navegación y están motivados a buscar páginas relacionadas con educación. Debemos de recordar que este estudio está basado en las edades y niveles socioeconómicos y no educativos, en términos generales el comportamiento general de los internautas.

Hemos conocido aspectos generales sobre el internet, la brecha digital y estadísticas sobre el comportamiento de los usuarios de la web en el país, para centrarnos en una educación formal, en tecnologías de la información y la comunicación relacionadas con la docencia, debemos partir por saber la situación de los jóvenes que cursan educación superior en México y el uso de las redes sociales. A raíz del impacto y avance tecnológico acelerado en la sociedad, constantemente escuchamos hablar sobre la emergencia de que las universidades se adapten a las necesidades de la sociedad actual, haciendo hincapié en que las instituciones de educación superior deben flexibilizarse y desarrollar vías de integración de las Tecnologías de la Información y Comunicación (TIC) en los procesos de formación. Domínguez (2015).

La tecnología ha cambiado a la sociedad en casi todos los aspectos, los llamados nativos digitales desde que son pequeños y pueden articular movimientos con sus manos, identifican los algoritmos programados por los creadores de aplicaciones en teléfonos o tabletas que han diseñado y literalmente los puede usar hasta un niño de 2 años, los avances de las tecnologías son irreversibles, las nuevas generaciones exigen conectividad, rapidez, participación, interacción, en pocas palabras, la Web 2.0, ésta actualización de la red que a través de la velocidad, la banda ancha, nos permite buscar más opciones, "streaming" en tiempo real, videos en demanda, mayor interactividad, software libre, bases de datos, juegos en línea, comunicación y participación, prueba de ello es el imparable crecimiento de internautas y los medios tradicionales como periódicos, radio y televisión cada vez van en un decrecimiento por parte de las nuevas generaciones, les ha costado mucho trabajo adaptarse a las tecnologías y la nueva forma de utilizar los medios de comunicación.

Al referirnos a la Web 2.0, existe un concepto que se utiliza mucho en el entorno del Marketing, el '"Prosumer", es aquel usuario que dejó de ser pasivo, como si estuviera frente al televisor, de pronto apareciera en el estudio donde se graba el programa que está viendo y él empezara a tener una participación en tiempo real, genera participación, contenidos, busca su espacio y los comparte a los demás usuarios, esperando una retroalimentación, dejan de ser simples consumidores a generadores de contenidos, hacia una marca, un producto o un servicio. Los retos son mayores hoy en día, ya que nos enfrentamos a una participación mayor de los internautas y por ende de nuestros estudiantes, ellos demandan presencia y participación en la red.

Cobo y Pardo (2007, 63) mencionan en su propuesta que la Web 2.0 ofrece cuatro tipos de herramientas:

Redes sociales, incluyendo todas las herramientas que promuevan la creación de comunidades de intercambio social: Youtube, MySpace, Twitter, etc.

Contenidos, referidos a los entornos para leer y escribir, como también para distribuir e intercambiar: blogware, blogging, sistema de gestión de contenidos, wikis, editores de texto y hojas de cálculo en línea, fotos, vídeos, calendarios y editores para la presentación de diapositivas.

Organización social e inteligente de la información, que incluye recursos para indizar, sindicar y etiquetar, con el objetivo de ordenar y clasificar la información: buscadores (google, yahoo, etc.), (RSS) y marcadores sociales y nubes de palabras (delicio.us).

Aplicaciones y servicios, cobijando un conjunto heterogéneo de herramientas para «ofrecer servicios de valor añadido al usuario final»: organizadores, aplicaciones webtop (en nube), almacenamiento (dropbox), y reproductores de música.

De acuerdo con el "Estudio de Consumo de Medios entre Internautas Mexicanos" del 2014, los jóvenes entre 19 a 24 años, que están en edad universitaria, son los que más acceden a la red, 5 de cada 10 lo hacen a través de un teléfono inteligente y 9 de cada 10 visitan una red social, también distintos estudios mencionan que los jóvenes que ingresan a la universidad cuentan con un dispositivo móvil, computadora personal o tableta, los estudios entre la redes sociales, educación y jóvenes universitarios en México son mínimos, a pesar de la importancia que significa tener datos estadísticos sobre esto. Existen ciertos documentos digitales de universidades públicas o privadas, algunos organismos, asociaciones y fuentes digitales, pero la mayoría no cuenta con un rigor científico ni la metodología, por lo tanto es poca la información.

En materia de los hallazgos destacó que fueron afines con señalamientos de bajo capital tecnológico del docente; empatía con facebook sobre twitter; consideración de las redes como un área de oportunidad para el desarrollo de estrategias de aprendizaje; así como presentación de datos esencialmente descriptivos. Además, de estas coincidencias, los estudios se plantean hipótesis de tipo correlacional, partiendo de supuestos de cómo el uso de redes sociales ha modificado aspectos relacionados con el ámbito educativo del universitario (desempeño escolar, procesos de enseñanza-aprendizaje, capacidad memorística, comunicación con pares y docente, entre otros). Domínguez (2015).

También se define que los estudiantes universitarios en su vida académica, buscan establecer conversaciones través de chats, compartiendo información o tareas de la clase cuando los docentes crean grupos de estudio en alguna red social, así mismo los estudiantes demandan mayor participación de los maestros en procesos de comunicación por algún medio digital, ya que los maestros no lo propician, esto conlleva a un desánimo para utilizar éstas herramientas por parte los estudiantes ante la baja participación de los docentes en éste aspecto.

Como ya lo habíamos mencionado anteriormente, los estudiantes están predispuestos a participar a través de un canal de comunicación, generar contenidos, participar, mediante opiniones, de manera individual, en equipo, pero, debido al poco uso de las distintas herramientas digitales solo se enfocan en dos redes sociales, dejando de lado participación colaborativa a través de blogs como "blogger", "wordpress", "linkedin" foros, wikis, entre otras.

El internet y las redes sociales están ahí y seguirán adaptándose a las necesidades de los usuarios, el reto académico es incorporarlas en el proceso de enseñanza aprendizaje, lo primero es contar con una infraestructura mínima necesaria en la institución donde el docente pretenda implementar o utilizar las redes sociales, posteriormente la preparación a través de actualizaciones o cursos sobre E-learning o B-learning, una actitud propositiva por parte del docente y por último, la planeación previa de contenidos, herramientas y actividades digitales, ya sea utilizando recursos gratuitos o aplicaciones de paga o sistemas integrales propios que tenga la institución.

También es importante la participación de los directivos de las instituciones conozcan, apoyen y motiven a utilizar la Web 2.0 y las distintas opciones que se presenta para los tiempos actuales, capacitación hacia los docentes, actualización tecnológica, planeación y evaluación de los contenidos y actividades encaminadas a utilizar herramientas tecnológicas a través de redes sociales como una opción. De igual forma, la creación de sistemas de gestión académica en los planteles es necesaria para la los procesos educativos del siglo XXI, se pueden presentar de distintas formas, los existentes en la web, tanto gratuitos o contratados por la misma institución, o la creación de un sistema personalizado, que permita presentar la información académica de los estudiantes, sino que propicie la revisión de actividades, foros de discusión, calificaciones en línea, aplicación de exámenes, herramientas de comunicación sincrónica y asincrónica por parte del docente hacia los estudiantes.

A continuación mencionaremos algunas redes sociales que se han creado para el registro de usuarios, crear y compartir información, contenidos y demás, estas redes han surgido desde el punto de vista social o empresarial, los aspectos educativos se han ido desarrollando a la par para involucrar los procesos de enseñanza aprendizaje.

Los Blogs

Son aquellos sitios web que existen tanto gratuitos como de paga, empresas como "blogger", "blogspot" o "wordpress" son las que dominan el mercado, la ventaja de estos sitios se presenta en la facilidad para crear una cuenta, crear un dominio propio y empezar a publicar del tema que se desee, algunas cifran mencionan más de 200 millones de blogs en la red, esto nos muestra el grado de penetración por parte de los internautas. Las características de las redes sociales son la comunicación e interactividad entre los usuarios, de esta manera, los blogs permiten a los usuarios que tengan cuentas similares de cada plataforma llevar a cabo una interacción mayor. Respecto al uso académico como parte de las estrategias de los docentes, los blogs son una herramienta perfecta para compartir información, archivos, ligas de interés y lo más importante, crear la participación activa de los estudiantes, a través de foros de discusión de un tema en específico, por ejemplo, en la asignatura de Publicidad, se pueden publicar los comerciales más impactantes del último año, en cada entrada se pueden comentar las apreciaciones por parte de los estudiantes, esperando la réplica por parte del profesor o sus demás compañeros, por mencionar un tema o ejemplo para utilizar los blogs.

También a través de páginas, los blogs se pueden clasificar en parciales o contenidos de la asignatura, por salones incluso para una mejor organización. Otro aspecto con el que se puede contar con los blogs, son en asignaturas que requieran de llevar una bitácora, como experimentos o procesos que requieran de la observación continua de resultados, ya que se pueden crear entradas en todo momento, registrando a través de datos, imágenes o tablas comparativas, esto se puede realizar a través del trabajo colaborativo y el docente llevar el seguimiento del proceso desde su computadora. Los blogs son una herramienta adecuada para los docentes, tomando en cuenta que no se cuente con una plataforma institucional, el uso de ellos es una opción idónea.

Youtube Edu

Una de las redes sociales más populares es Youtube con videos en demanda o en "streaming", con más de mil millones de usuarios registrados en esa red social y cientos de videos compartidos que abarcan cualquier temática, desde un video cómico hasta documentales o películas enteras, ésta red social, considerando su grado de influencia, decide crear una opción con fines educativos, el Youtube Edu, que comparte más de 23, 000 videos con contenidos audiovisuales de 3 minutos a 1 hora con contenidos específicos y organizados en distintas áreas de conocimiento, como física, matemáticas, ciencias naturales, ciencias sociales, historia, entre otras. Esta iniciativa fue a cargo de Google y alrededor de 100 universidades en el mundo, se puede acceder desde cualquier buscador con los temas "youtube" académico o directamente tecleando en la barra de direcciones, www.youtube.com/edu.

Dentro del sitio, tiene el acceso a "canales", éstos se dividen en educación primaria y secundaria, universidad y aprendizaje para la vida, cada uno de ellos cuenta con 13 clasificaciones distintas, depende del contenido o temática que se busque. Esta opción de globalizar de manera gratuita los contenidos audiovisuales es ideal para los estudiantes, ya que la mayoría tiene cuenta en ésta red social, es fácil suscribirse a estos canales académicos y posteriormente ver los videos que el docente planeó previamente para la clase o análisis según sea el caso. Temáticas tan variadas como Historia, Arte, Medicina, Derecho, entre muchas otras, nos ofrecen este apoyo visual para compartir en la clase o previamente como tarea, observar, anotar, desarrollar puntos de vista y participación para un tema determinado.

Twitter.

Es la segunda red social más utilizad, con más de 320 millones de usuarios por mes, se basa en "microblogging", permite utilizar solo 140 caracteres por cada "tuit", se presenta como un blog, red social o mensajería instantánea, en un principio, se puede visualizar con mucha información, poco interés o no saber a qué personas "seguir", esta red social, para una mejor organización, funciona con el símbolo "#" para agrupar categorías, de esta forma es más fácil la navegación. Las noticias que se comparten son en tiempo real y se puede encontrar información de cualquier parte del mundo, respecto a las ventajas de utilizar la red social como parte de las estrategias por parte del docente, permite que los estudiantes desarrollen capacidad de síntesis, en comparación de otras redes sociales en menos invasivo a la privacidad, comunicación más simple, permite el trabajo colaborativo.

En la sociedad actual, twitter ha tenido un papel importante, no solo de difusión de noticias, sino de eventos organizados por los internautas llamados "flashmobs" de su vocablo en inglés, que se traduce como "multitud relámpago", las personas se reúnen en un lugar público a una hora determinada a realizar algo específico, posteriormente desaparecen. De igual forma, en ciertos países, ha permitido a los jóvenes organizarse para protestar en contra de ciertos aspectos, últimamente, también ha servido para exhibir a personas con un comportamiento no grato y en muchas ocasiones las autoridades han dado seguimiento en dado caso que amerite una sanción.

Tanto el estudiante como el docente lo pueden utilizar como diario de clase, tablero de anuncios, temas de clase próximos, eventos, recordatorios, debates entre los alumnos, trabajos colaborativos, traduciendo frases, buscando personajes relacionados con la materia, ampliar información, foro de dudas, iniciar una aula virtual y creación de comunidades virtuales entre docentes y estudiantes. De igual forma permite seguir a personajes reales o ficticios de cualquier temática, desde una cuenta histórica basada en Benito Juárez hasta una astronauta que se encuentra en la órbita mandando tuits y fotografías en tiempo real del planeta.

Como parte de una planeación previa por parte de los docentes, twitter permite crear comunidades, compartir ligas, información, fotografías, videos, enlaces relacionados con las asignaturas, actualmente la Real Academia de la Lengua Española ha admitido las palabras relacionadas con ésta red social como parte del español debido al grado de influencia en los países de habla hispana.

Facebook.

La red social más visitada en todo el mundo y en nuestro país, con más de 1,590 millones de usuarios en todo el mundo y según el "Estudio de Consumo de Medios entre Internautas Mexicanos" del 2014, también la más usada en México, con un promedio de mayor tiempo conectados a internet de 4 horas con 5 minutos y los que menos tiempo pasan con 2 horas de conectividad, por lo que sobran razones para justificar el uso de Facebook. Si bien la red social nació en la universidad de Harvard, pero no para fines educativos, sino, como parte del entretenimiento de los estudiantes de esa universidad.

Como se tiene catalogado como una red meramente informativa, sin mucho contenido académico, la mayoría de los usuarios permanecen en ésta red social para "pasar el rato" o "entretenerse". La ventaja que presenta Facebook, aparte de la gran cantidad de mexicanos conectados, es el fácil acceso y el aprendizaje para navegar dentro de la plataforma. Solo se necesita llevar a cabo una planeación estratégica de los contenidos y actividades que se pretenden desarrollar.

Si bien los centros escolares y profesores se muestran reacios a esta idea ya que en general la ven como una distracción en clase, con un poco de ayuda, Facebook puede convertirse en una esencial herramienta de aprendizaje colaborativo. De hecho, la práctica demuestra que cuando se utiliza Facebook en una clase, los estudiantes no sienten la tentación de usarla de forma inapropiada. Viñas (2014).

A continuación se mencionan las razones por las cuales se puede utilizar Facebook por parte de los docentes. Los alumnos ya están en Facebook, compartiendo información con amigos y muy familiarizados con la red, por lo tanto, no se les dificultará utilizarla con fines académicos, la red social te permite crear una página para una clase determinada, incluso puedes nombrarla con el título de la materia y el grupo, la conectividad por parte de los estudiantes es de más de 3 veces por día, por lo tanto tienes garantizada la visualización de las actividades o tareas. La comunicación es asincrónica, esto nos indica que los estudiantes pueden realizar preguntas o dudas fuera del horario de clase, promoviendo la comunicación, la organización de material de clase lo puedes realizar mediante etiquetas, por lo tanto, pueden ser de un tema, un parcial, imágenes o videos relacionados con el examen o guías de estudio incluso.

La inclusión de los padres de familia también se puede dar, ya que se pueden dar cuenta de las actividades que desarrollan sus hijos mediante los grupos de colaboración y estar al pendiente de las tareas asignadas cuando ellos lo requieran, otro aspecto es la gratuidad de la red social, que a diferencia de otras con aspectos académicos generalmente son de paga. Los estudiantes de las generaciones actuales por el hecho de estar conectados si tienen esa facilidad para el uso de las Tecnologías de la información, pero en ciertas ocasiones y debido a las redes sociales, no desarrollan otras habilidades como el uso de editores de texto, de presentaciones multimedia, buscar información en fuentes confiables, entre otras, por lo tanto, Facebook es una herramienta que puedes organizar este tipo de actividades y desarrollar habilidades tecnológicas en los alumnos, ya sea para la entrega de trabajos, desarrollar foros, realizar presentaciones multimedia o algunas otras.

La creación de eventos o recordatorios en Facebook es otra herramienta que se puede utilizar para el aula de clase, ya sea programando una actividad, un debate, una reunión de padres de familia, exámenes parciales o finales o simplemente recordatorios y el docente puede visualizar a quienes les llegó la notificación del evento y quienes todavía no les ha llegado, un aspecto más para utilizarlo en una asignatura.

Pinterest.

La costumbre de tener un tablero generalmente de corcho enfrente, en la oficina o lugar de estudio, recortar imágenes, clavarlas y coleccionarlas era una costumbre muy utilizada desde el siglo pasado, Pinterest funciona de la misma manera, solo que de manera virtual, ésta red social con más de 50 millones de usuarios, permite buscar imágenes, videos, mapas mentales e infografías creando uno o varios tableros de manera privada o pública, tener una colección propia o compartir a través de otras redes sociales como Twitter o Facebook. Es una herramienta totalmente gratuita y se puede acceder a través de computadoras, tabletas o teléfonos inteligentes, la idea de buscar imágenes ya organizadas se puede utilizar fácilmente en aspectos educativos por parte de estudiantes y maestros. Categorías como Arquitectura, Arte, Ciencias, Cine, Música, Libros, Fotografía, Historia, Diseño, Educación, Tecnología, Salud, entre muchas otras se encuentran disponibles en esta red social. Se puede acceder creando una cuenta o entrando con otra red social, es ideal para el trabajo colaborativo, por ejemplo, crear un tablero para la clase, buscar a los compañeros y por equipos ir buscando imágenes, podría ser de la historia de la Segunda Guerra mundial, de Geografía, buscando una población o algún volcán en específico.

Con esta red social al compartir estos tableros o "pins" se fomenta el orden, la responsabilidad, la memoria y organización. También pueden agregar infografías de sus trabajos, fomentando el aprendizaje en línea, recomendaciones de sitios, libros o simplemente los tableros relacionados con la asignatura o curso específico.

Conclusiones

Los cambios generacionales vienen acompañados de las Tecnologías de la información, el mundo ha cambiado, las sociedades están en proceso de cambio, los gobiernos tienen que adaptar sus políticas y la educación tiene un papel fundamental en este proceso. Si bien es cierto que las condiciones socioeconómicas de países desarrollados y los de economías emergentes son totalmente distintas, las condiciones de vida y la movilidad social tiene una estrecha relación con la preparación educativa de los individuos que conforman una sociedad determinada en estos países, por el contrario, las economías emergentes donde se acumula una desigualdad social y económica mucho mayor, se presentan retos distintos tanto para docentes como estudiantes, en este punto es donde las tecnologías, la iniciativa, la planeación y creatividad de las instituciones educativas, gestores y docentes pueden utilizar las distintas herramientas que están disponibles en la red y la mayoría de ellas de manera gratuita.

Las generaciones conocidas como "millenials" están dentro del internet, de las redes sociales, tienen hábitos de consumo distintos y aprenden de manera distinta, las instituciones educativas están obligadas a cambiar el proceso de enseñanza aprendizaje, si bien es cierto que trabajar bajo un enfoque en competencias fue una tendencia global marcada por las empresas que demandaban mayor preparación de sus futuros trabajadores, no podemos continuar con prácticas docentes que llevan más de 50 años de atraso en comparación con países donde el uso de tabletas electrónicas, análisis de películas o videos en estudios de caso o simplemente desapareciendo las bancas individuales dentro del salón y estableciendo un trabajo colaborativo desde que entran al aula y toman asiento están predispuestos al trabajo en equipo.

De acuerdo al Reporte Horizon 2015, las tendencias a corto plazo dentro del aula de clase, es trabajar mediante los dispositivos electrónicos (Bring Your Own Devices, BYOD), los estudiantes de manera colaborativa y como parte de una secuencia didáctica, deben utilizar los teléfonos inteligentes o tabletas para buscar información, resolver un problema, participar en un foro, desarrollar contenidos en blogs, redes sociales o plataformas según sea el caso. Por otro lado, existen todavía instituciones que establecen en el reglamento interno castigar a los estudiantes que traigan sus teléfonos y los saquen dentro del salón de clase, como castigo, se les retira el dispositivo hasta por un mes. De ahí la importancia del cambio de paradigma por parte de todos los involucrados en los proceso de enseñanza aprendizaje de un país, estado o región, desarrollar las competencias digitales por parte de los docentes en el siglo XXI son primordiales para buscar ir a la par en los avances tecnológicos y educativos, cambiar paulatinamente de las Tecnologías de la información y comunicación a las tecnologías del aprendizaje y la comunicación, los docentes tienen la responsabilidad de guiar al estudiante en este andamiaje cognitivo con la ayuda de las distintas herramientas tecnológicas que existen.

Referencias.

Crucianelli Sandra (2013). *Herramientas Digitales Para Periodistas.* Segunda Edición. Centro Knight para el periodismo en las Américas de la Universidad de Texas. (47-53).

Domínguez F, López R. *Uso de las redes sociales digitales entre los jóvenes universitarios en México. Hacia la construcción de un estado del conocimiento (2004-2014).* (Spanish). Revista De Comunicación [serial online]. January 2015; (14):48-69. Available from: Fuente Académica, Ipswich, MA. Accessed May 17, 2016.

Estudio de Consumo de Medios Entre Internautas Mexicanos (2014). 6ta. Edición, IAB México, Millward Brown.

Galvan Lidice (2014). *Conoce La Brecha Digital En México.* Recuperado el 12 de mayo del 2016 de http://universopyme.mx/?p=5417

García Juan Manuel (2016). *Ocho reglas que deben seguir los profesores en las redes sociales.* Recuperado el 9 de mayo del 2016 de http://www.lavanguardia.com/vida/20160429/401454641928/reglas-profesores-redes-sociales.html

Marketing Directo (2011). Marketingdirecto.com. Recuperado el 11 de mayo del 2016 de http://www.marketingdirecto.com/digital-general/social-media-marketing/breve-historia-de-las-redes-sociales/

SES. (0004, April). SES apoya a México en su proyecto para eliminar la brecha digital. Business Wire (Español).

Viñas Meritxell (2015). *15 razones para empezar a usar Facebook en el aula.* Recuperado el 9 de mayo del 2016 de http://www.totemguard.com/aulatotem/2011/08/15-razones-para-empezar-a-usar-facebook-en-el-aula/

Bibliotecas virtuales como apoyo a la enseñanza de la historia

Juan Elizondo García[1], Julio Rodolfo Moreno Treviño[2]

[1] Universidad Autónoma de Tamaulipas, jelizond@docentes.uat.edu.mx
[2] Universidad Autónoma de Tamaulipas, jrmoreno@docentes.uat.edu.mx

Resumen

El presente capitulo tiene como objetivo mostrar un compendio de bibliotecas virtuales que auxilien a docentes y alumnos en la búsqueda de documentos y artículos históricos que coadyuven a lograr el cumplimiento de los objetivos planteados en los programas de estudio de Historia. Cada biblioteca virtual se analizará describiendo sus características principales de navegación, se mencionaran las herramientas con las que cuenta y se detallara principalmente el apoyo que cada una de ellas oferta al área de Historia, ello con la intención de facilitar y mejorar los procesos de búsqueda de información al momento de abocarse a la misma. Adicionalmente se analiza el crecimiento de las tecnologías de la información, su impacto en la sociedad y la necesidad de incorporar éstas a los procesos pedagógicos, especialmente integrándolas al campo de la historia a través de la creación y uso de bibliotecas virtuales, las cuales actualmente cuentan con un gran acervo informativo, exigiendo con ello la necesidad de proporcionar al usuario herramientas que hagan más específicas las búsquedas en sus contenidos.

Palabras clave: Herramientas digitales, bibliotecas virtuales, procesos pedagógicos, tecnología digital

Introducción.

Las actividades cotidianas de los seres humanos han ido evolucionando al paso del tiempo y marcando con ello etapas en el devenir histórico, esto abarca todos los aspectos de la vida, desde como satisfacer las necesidades básicas como por ejemplo la alimentación, el vestido y el hogar donde vivir, hasta las actividades de recreación y esparcimiento o los requerimientos de preparación y superación personal, para comprobarlo basta solo echar un vistazo a los libros de historia antigua a fin de conocer el estilo de vida de nuestros antepasados, en cualesquiera del continente que nos imaginemos la vida diaria era muy diferente, si la búsqueda o la comparación que se pretende hacer no es tan antigua, podemos tomar como referencia la experiencia de la sociedad en las últimas décadas, la cual está mejor documentada gracias a que actualmente existen variadas formas de registrar los acontecimientos, algunos de ellos se pueden mostrar como noticias plasmados en la prensa escrita, otros en galerías de fotos y en secuencias de videograbación, todos estos acontecimientos a fin de cuentas están tremendamente impactados en su rendimiento por la era de la tecnología digital, la cual nos ha permitido almacenarlos para la posteridad en formatos cada vez más accesibles y populares que permiten organizarlos de forma práctica y sencilla, gracias a ellos resulta fácil percatarse de los grandes cambios que el tiempo ha logrado y que sin duda seguirán produciendo en el futuro.

En este sentido la vida en sociedad y las condiciones del desarrollo tecnológico actual, van demandando que estos cambios se den también en los sistemas que rigen nuestra convivencia, uno de los sistemas que gran impacto y trascendencia tiene en las sociedades actuales es el educativo, los actuales procesos pedagógicos que buscan lograr los objetivos planteados en cada uno de los distintos programas de estudio tanto en los niveles de educación media superior como superior, se encuentran en tela de juicio, estableciéndose debates a fin de lograr una sociedad integral más cercana al conocimiento, intervenida por el proceso escolar, buscando que sea adaptable a situaciones de cambio continuo o a evoluciones en la percepción y/o apropiación de la realidad, dichos debates se centran en torno a dos vertientes, por un lado se aborda la capacidad del docente para lograr en los estudiantes la suficiente motivación y atención en la temática que se aborda en clase cada día en el aula, y por otro, el interés del estudiante por disponer y apropiarse de instrumentos óptimos que le permitan desarrollar competencias que lo integren en un entorno competitivo, respondiendo de manera eficiente a los desafíos que la evolución tecnológica, cultural y social le planteen.

En atención a estas dos vertientes, un gran aporte ha sido el crecimiento exponencial de los medios de comunicación y de información, que en los últimos años se ha presentado debido a la aparición del internet y gracias a la masificación de este medio de comunicación. Sin embargo es importante recalcar que la cantidad de información que se puede obtener en una simple búsqueda por el internet, puede dificultar el logro de los objetivos inicialmente planteados, haciendo divagar o perder tiempo tanto del maestro como de los estudiantes en el intento de averiguar sobre algún acontecimiento. De ahí el énfasis de este trabajo sea el de proporcionar instrumentos, aplicaciones y/o herramientas concretas delimitadas al campo o área del conocimiento al cual se pretenda abordar, favoreciendo con ello las acciones relacionadas con el uso y selección de la tecnología en la educación.

Particularmente para este trabajo, la enseñanza de la Historia nos ocupara, tanto en el nivel medio superior y superior, estas asignaturas están enmarcadas por programas que delimitan los contextos a abordar o a investigar, es decir, están determinados los periodos históricos que serán objeto de estudio, en esta separación se considera más pertinente abordar temáticas y conocimientos de los periodos comprendidos desde el inicio de la época contemporánea como los antecedentes de la Revolución Francesa acontecida en el año de 1789 hasta los sucesos más relevantes de nuestros días. Sin menospreciar los periodos y hechos históricos que anteceden a este suceso; se consideran de esta manera con la intención de no atiborrar de información y contenidos a los estudiantes si no confrontar la realidad con algunos eventos y acontecimientos que relativamente son más recientes y que dan muestra de las sociedades organizadas como estados nación ya con sistemas de gobierno que a la fecha tienen vigencia. Y es precisamente este amplio margen de conocimientos lo que usualmente genera que tanto maestros como alumnos se pierdan en un mar de información y se genere incertidumbre sobre el sentido de la misma.

Como ya lo hemos mencionado, la tecnología contribuye a la solución de esta problemática de diversas maneras una de ellas por ejemplo, ha sido a través de la creación y utilización de bibliotecas virtuales, que integran materiales útiles y estructurados de forma que sea accesible, lo que trajo consigo un cambio en los elementos del proceso educativo: curriculum, organización escolar, alumno, profesor etc. La función del profesor cambia de su forma tradicional, al igual que las concepciones mismas de la actividad educativa.... en la cual durante mucho tiempo fue un transmisor de conocimiento, a la de facilitador en la búsqueda del saber, se convierte en guía y tutor académico en la trayectoria del alumno, y de la mano de una herramienta tecnológica que hace más cortas las distancias eliminando obstáculos geográficos, reduce costos económicos y de trabajo en los estudiantes y también en profesores, permite que cada día los alumnos obtengan la misma información que el profesor pero de una manera organizada y específica, ya no es exclusivo el conocimiento para algún sector intelectual de la sociedad ni para algún estudioso del tema en cuestión si no que está disponible para todos, todos los días, todo el día.

Existen muchas fuentes de acceso de información en internet que este medio de comunicación y sus desarrolladores han encontrado la forma de hacer más simple las formas de acceder a cualquier información de una forma que sorprendentemente es cada vez más sencilla. A continuación mostramos algunas bibliotecas virtuales que te ayudaran en tu proceso de enseñanza y aprendizaje de lo histórico, detallando sus principales funcionalidades, recursos y aplicaciones así como los contenidos más interesantes con las que cuenta cada una de ellas.

Biblioteca virtual Miguel de Cervantes

Este es un sitio de libre acceso donde es posible realizar búsquedas de documentos y libros muy útiles en el áreas de las ciencias sociales, historia y humanidades, los materiales se encuentran disponibles en español, cuenta también con la opción de registrarse para tener acceso a algunos específicos tipos de documentos así como solicitar materiales particulares, para ese efecto se solicita darse de alta con un correo electrónico, nombre de usuario y una contraseña. Cabe señalar que la biblioteca en cuestión no cuenta con la totalidad de materiales que muestra en sus menú de opciones si no que en algunas muestra la liga de acceso a otras fuentes de información o bases de datos bibliográficos para que sirvan de referencia y así resolver la necesidad del interesado. El navegador recomendable es Google Chrome sin embargo funciona y hay acceso en otras plataformas como Internet Explorer, Mozilla y Firefox.

Enlace web: http://www.cervantesvirtual.com/

Descripción básica del sitio web:

La Fundación Biblioteca Virtual Miguel de Cervantes se constituyó en el año 2000 por iniciativa de la Universidad de Alicante, Banco Santander (a través de Santander Universidades) y la Fundación Botín, estas asociaciones han sido impulsoras de algunas de las plataformas educativas pioneras en aportes educativos como "INTERNET 2.0" o "WEB 2.0", concepto acuñado por Tim O'Reilly (2005), "El desarrollo de la Web 2.0 ha marcado llegado a muchos niveles: la educación, las empresas, la economía, la política, que las utilizan para sus diferentes intereses. Según Celaya (2008) el principal retorno que buscan las empresas a la hora de invertir en tecnologías Web 2.0 es (en ese entonces) la mejora de la interacción con sus usuarios...." la cual inclusive sirvió de base para el desarrollo de la biblioteca virtual que tiene la Universidad Autónoma de Tamaulipas actualmente.

IMPACT es la sociedad que formada por expertos en digitalización, asesora, coordina y da apoyo a sus miembros al tiempo que involucra a una amplia red de colaboradores que comparten los últimos avances científicos y tecnológicos en este campo. También sirve de puente y canal de comunicación, así como de lugar de discusión y encuentro, para facilitar el acceso y la preservación de textos y documentos históricos.

En lo que respecta a la Sección de Historia, la Biblioteca Virtual Miguel de Cervantes presenta un importante catálogo digital de autores y obras relacionadas con casi todas las etapas de la civilización. Integra portales dedicados a diversas disciplinas y épocas de las ciencias sociales como, Arqueología, Historia Antigua, Edad Media y la Historia Moderna y Contemporánea, con temas y personajes tan variados que van desde Cristóbal Colón, Isabel la Católica, la Monarquía Hispánica, la expulsión de los jesuitas de los dominios españoles, la Constitución de Cádiz o el exilio español independencias de países americanos, la conquista de américa hasta documentos relacionados a la guerra fría en la década de los 60s del siglo pasado. En su sección de Hemeroteca se encuentra también el Boletín de la Real Academia de la Historia que se actualiza periódicamente.

Herramientas:

La Biblioteca Virtual Miguel de Cervantes permite realizar diferentes tipos de búsquedas sobre su fondo ubicándose esta opción en la parte superior derecha de la página dando clic en la palabra ayuda:

En su catálogo general: Permite la búsqueda sobre la información de las obras pertenecientes al catálogo general de la Biblioteca.

En los documentos: Realiza búsquedas en el contenido de las obras de la Biblioteca, exceptuando manuscritos y facsímiles.

En su sección de Archivo: Explora la información catalográfica de los fondos de archivo de la Biblioteca.

Autoridades: Busca entre los autores de obras incluidas en el fondo de la Biblioteca.

Concordancias: Dirigido a estudiantes de literatura e investigadores, permite buscar las apariciones de palabras en contexto, lo que resulta útil a la hora de analizar el uso que un autor hace de ciertos términos dentro de una obra.

Estas opciones aparecen en la pantalla principal.

ÁREAS Y PORTALES

La estructura del catálogo de la Biblioteca Virtual Miguel de Cervantes se detalla en las siguientes áreas:

- Literatura.
- Lengua.
- Historia
- Biblioteca Americana.
- Biblioteca de Signos.
- Biblioteca Joan Lluís Vives.
- Biblioteca Letras Galegas.
- Literatura Infantil y Juvenil.

Cada área está representada por un portal que permite una navegación muy accesible y que organiza la información en sub-áreas, permitiendo al usuario dirigirse desde la información más general hasta la más concreta, desde un área temática o una institución hasta un autor, da la opción de un buscador donde manualmente se escribe el nombre del documento, materia o tema a investigar y así se redirecciona a los catálogos de documentos que tengan coincidencia y así tener acceso a los temas de interés del usuario.

Consulta de obras y otros datos

A través de las fichas de los contenidos, los usuarios pueden acceder, pulsando los distintos iconos, a su información catalográfica o a varios tipos de lectura y consulta de los documentos:

- MARC21: Representa información catalográfica completa de la obra.

- PDF: Un formato especialmente ideado para documentos susceptibles de ser leídos en línea o impresos.
- HTML: Un formato especialmente ideado para la lectura de documentos en computadora.
- JPEG: el documento se ofrece en formato como imagen digital.
- EBOOK: a través de librerías colaboradoras, se puede descargar la obra (gratis o previo pago) para la lectura en e-raders, lectores o portalibros.
- POD: a través de editoriales colaboradoras, se puede realizar la impresión en papel bajo demanda de la obra (previo pago).

Una opción dentro de la búsqueda avanzada es la que te permiten los operadores booleanos (Y, O, NO) los cuales sirven para delimitar la búsqueda y obtener mejores resultados en cada consulta.

Dentro de la página principal se encuentra el área de Historia, al dar clic sobre ella se desplegara una nueva ventana o sub-área que mostrara tres nuevos apartados de búsqueda: Historia, personajes históricos y portales temáticos.

Al dar clic sobre el sub-área Historia se desplegara un portal que te dirigirá hacia el Archivo Histórico de la Provincia de Castilla de la Compañía de Jesús. Esta página web ofrece un repertorio de los documentos conservados en el Archivo Histórico de la Provincia de Castilla de la Compañía de Jesús. Es un fondo documental formado por cartas y manuscritos, que presentados en forma de base de datos y con acceso a las imágenes de los documentos, es el resultado de la labor realizada por el Centro CIL II, uno de los grupos de investigación de la Universidad de Alcalá en España.

Otra opción del catálogo al dar clic sobre Personajes históricos se desplegara un portal que te dirigirá hacia las biografías de personajes históricos destacados. Cada una de ellas te mostrara Imágenes particulares del personaje y de algunos otros que tuvieron relación estrecha con su historia, así también te mostrará los diversos estudios que otros autores han realizado sobre ellos, reseñas biográficas y literatura existente.

Al dar clic sobre el sub-área portales temáticos se desplegara un menú de portales temáticos de la Biblioteca Virtual Miguel de Cervantes que te ofrecerán estudios, monografías, textos, imágenes, bibliografías y enlaces relacionados con los temas señalados, además de apartados con documentos y publicaciones sobre las mismas.

Biblioteca virtual Wikisource.

Este también es un sitio de libre acceso y es el más popular en la actualidad entre la comunidad universitaria donde es posible realizar búsquedas de innumerables documentos, publicaciones, ensayos, tesis o libros muy útiles en el áreas de las ciencias sociales, historia y humanidades cuenta con 113,880 artículos, los materiales se encuentran disponibles en español, cuenta también con la opción de registrarse o darse de alta, para tener una cuenta personalizada y tener acceso a específicos tipos de documentos y organizar historiales de búsqueda personal y también editar una biblioteca con documentos a los cuales se ingresa con mayor frecuencia, así como solicitar materiales especiales, para ese proceso se solicita darse de alta con un correo electrónico, nombre de usuario y una contraseña. Una de las características de este portal es que puedes realizar aportaciones personales en referencia a estudios particulares y compartirlos con la comunidad, previamente cumplir con el carácter de documento científico y siguiendo el patrón o formato establecido para su publicación y acreditar o pasar la revisión que a dicho documento se le hace. La plataforma tiene también acceso a documentos en otros idiomas.

Enlace al sitio web: https://es.wikisource.org/wiki/Portada

Descripción de la plataforma:

Wikisource es un proyecto Wikimedia —al igual que Wikipedia— cuya intención es la de crear un compendio libre wiki de textos de fuentes primarias en cualquier idioma, así como de traducciones de textos. Originalmente se llamó Proyecto Sourceberg (posterior al Proyecto Gutenberg) pero durante el planeamiento de los niveles del proyecto, el sitio fue llamado oficialmente Wikisource, el 6 de diciembre del 2003 mediante una votación del consejo interno.

Herramientas:

En la página principal de la biblioteca se encuentra un apartado especial para el área de Historia, el cual muestra cuatro secciones referentes a documentos históricos, documentos religiosos, otros textos y efemérides.

En la sección documentos históricos se muestra un listado de los documentos con los que cuenta la biblioteca, al dar clic sobre Historia, te redirigirá a un nuevo portal que te mostrará información sobre biografías, imágenes, historia moderna, historia por países las cuales se encuentran ordenadas alfabéticamente.

Discusiones sobre Wikipedia.

Con más de ocho años, Wikipedia es una poderosa herramienta con una comunidad global de más de 150.000 voluntarios -más 20 empleados fijos- que han escrito 11 millones de artículos en 265 idiomas (482.000 de ellos en español, a un ritmo de 400 nuevas publicaciones diarias en promedio). Recientemente se realizó una encuesta en línea en la plataforma para identificar las características del usuario de este sitio siendo como resultado medio, el de un estudiante de entre 19 y 35 años, también participan en ella catedráticos y funcionarios académicos de universidades. Unos son más activos que otros: el 30% de sus habituales realiza el 70% del trabajo. Tan solo en España y México, más de 13 millones de personas la leen y usan mensualmente.

Wikipedia nació con el objetivo de "distribuir gratuitamente la totalidad del saber mundial a cada persona del planeta en el idioma que ésta elija, bajo una licencia libre que permite modificarlo, adaptarlo, reutilizarlo y redistribuirlo libremente.... (Wikisource 2014)

Biblioteca UNAM

Sitio web de libre acceso donde es posible realizar búsquedas de documentos de las diferentes áreas del conocimiento en gran variedad de formatos, los materiales se encuentran disponibles en español, inglés, francés y alemán, cuenta también con video tutoriales que te explican paso a paso como aprovechar toda información con la que se cuenta, así como también con guías y consejos prácticos para el usuario que lo orientaran en su navegar por el sitio. No obstante de ser de acceso libre cuenta la opción de registrarse para tener acceso a documentos específicos, así como solicitar materiales particulares, para ese efecto se solicita darse de alta con un correo electrónico, nombre de usuario y una contraseña. Cabe señalar que en si la biblioteca de referencia no cuenta con la totalidad de materiales que muestra en sus menú de opciones, si no que en algunos de sus portales muestra la liga de acceso a otras fuentes de información o bases de datos bibliográficos que resuelven la necesidad del interesado.

Enlace al sitio web: http://bibliotecas.unam.mx/

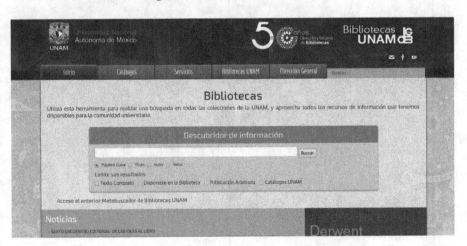

Figura 1. Página principal de la biblioteca UNAM

Sistema Bibliotecario de la UNAM

En esta lista se encuentran todas las bibliotecas que integran el Sistema Bibliotecario y de Información de la UNAM. Puedes consultar el sitio web de cada una de ellas y también acceder a sus catálogos.

Bachillerato

- CCH Azcapotzalco
- CCH Naucalpan
- CCH Oriente
- CCH Sur
- CCH Vallejo
- Dirección General de CCH
- ENP Plantel 1 'Gabino Barreda'
- ENP Plantel 2 'Erasmo Castellanos Q.'
- ENP Plantel 3 'Justo Sierra'
- ENP Plantel 4 'Vidal Castañeda y Nájera'
- ENP Plantel 5 'José Vasconcelos'
- ENP Plantel 6 'Antonio Caso'
- ENP Plantel 7 'Ezequiel A. Chávez'
- ENP Plantel 8 'Miguel E. Schulz'
- ENP Plantel 9 'Pedro de Alba'
- Dirección General ENP

Escuelas y Facultades

- Arquitectura
- Artes y Diseño
- Ciencias
- Ciencias Políticas
- Contaduría
- Derecho
- Economía
- ENES Morelia
- ENES León
- Enfermería y Obstetricia
- FES Acatlán
- FES Aragón
- FES Cuautitlán
- FES Iztacala
- FES Zaragoza
- Filosofía y Letras
- Ingeniería
- Medicina
- Música
- Odontología
- Psicología

Investigación Científica

- Astronomía (IA)
- Biología (IB)
- Biomédicas (IIB)
- Biotecnología (IBT)
- Ciencias Aplicadas y Desarrollo Tecnológico (CCADET)
- Ciencias Físicas (ICF)
- Ciencias Genómicas (CCG)
- Ciencias Matemáticas (CCM)
- Ciencias Nucleares (ICN)
- Ciencias de la Tierra (Biblioteca Conjunta BCCT)
- Ecología
- Ecosistemas (CIECO)
- Energías Renovables (IER)
- Física (IF)
- Fisiología Celular (IFC)
- Geografía (IGG)
- Geografía Ambiental (CIGA)
- Ingeniería (II)
- Matemáticas (IM)
- Matemáticas Aplicadas (IIMAS)
- Materiales (IIM)
- Nanociencias y Nanotecnología (CNyN)
- Neurobiología (INB)
- Química (IQ)

Investigación en Humanidades

- América del Norte (CISAN)
- América Latina y el Caribe (CIALC)
- Antropológicas (IIA)
- Bibliotecológicas (IIBI)
- Económicas (IIEc)
- Estéticas (IIE)
- Estudios de la Diversidad Cultural y la Interculturalidad (PUIC)
- Estudios de Género (PUEG)
- Estudios Regionales (UAER)
- Estudios sobre la Ciudad (PUEC)
- Filológicas (IIFL)
- Filosóficas (IIFs)
- Históricas (IIH)
- Humanidades y Ciencias Sociales (CEPHICIS)
- Interdisciplinarias en Ciencias y Humanidades (CEIICH)
- Lenguas Extranjeras (CELE)
- Jurídicas (IIJ)
- Multidisciplinarias sobre Chiapas y la Frontera Sur (CIMSUR)
- Regional de Investigaciones Multidisciplinarias (CRIM)
- Sociales (IIS)
- Universidad y la Educación (IISUE)

Figura 2. Portal del sistema bibliotecario de la UNAM

Dentro del portal "Sistema bibliotecario de la UNAM" aparecerá un listado de bibliotecas que integran el sistema bibliotecario y de información de la UNAM. En el apartado "Investigación en Humanidades" se encuentra "Históricas", al dar clic sobre la misma te redirigirá al portal de la biblioteca RAFAEL GARCIA GRANADOS la cual te muestra diversos catálogos de libros, revistas, artículos de investigaciones Históricas, folletos, fotografías y catálogos multibase.

Figura 3. Portal hacia la Biblioteca Rafael García Granados 1

Al dar clic sobre "catálogo de libros", te redirigirá a un portal donde se muestran los tipos de búsqueda con los que cuenta la biblioteca. Además de la búsqueda básica, se muestran opciones de búsqueda multicampo y avanzada, pudiendo detallar la localización de los libros por título, autor, tema, editorial, lugar, año, serie, ISBN, Clasificación, palabras o frases, ya sean estos digitales o impresos.

Consideraciones Finales

La integración de las bibliotecas virtuales como herramienta para el cumplimiento de los objetivos de planes de estudios de la asignaturas como lo sería del área de Historia, contribuirá tanto en el profesor como en el alumno en la adquisición de conocimientos sólidos y con el respaldo de fuentes recientes que les permitirán a estos protagonistas dentro del aula asumir una actitud crítica que contribuye a mejorar la calidad de la enseñanza, tal como lo plantean los objetivos escolares.

El uso de alguna de las bibliotecas virtuales que mostramos previamente será altamente positivo y motivara a los estudiantes a la búsqueda de más y mejor información gracias a su estructura que permite la filtración de contenidos inadecuados, elevando con ello la calidad de la información veraz y científica obtenida.

El propósito de incorporar el uso de esta herramienta como apoyo a los procesos pedagógicos se enfoca en lograr en el docente y el alumno, una técnica adecuada en la gestión de la información que contribuya a mejorar la imagen que se tiene del uso de los servicios bibliotecarios, de esta manera los trabajos académicos cumplirán con las expectativas de los estudiantes y maestros, siendo su contenido cada día más pertinentes y confiables.

Por otro lado, otras de las ventajas de esta herramienta virtual será la de colaborar no solo al aprendizaje en el aula, sí que no también, servirá de instrumento de apoyo en la modalidad de enseñanza a distancia, ya que el estudiante en línea dispondrá de toda la documentación que necesita para abordar el aprendizaje de manera autónoma, desarrollando de esta manera las competencias que establecen las instancias educativas.

Ciertamente el uso de las bibliotecas virtuales presentara algunas problemáticas que será necesario atender previamente, como por ejemplo el aprendizaje del uso de las tecnologías de la información y la comunicación (TIC) las cuales complementaran una buena gestión de la biblioteca virtual. Así también, al presentar contenidos globales, otro problema a solucionar en ocasiones podrá ser la barrera del idioma, especialmente el lenguaje universal (ingles) el cual de no ser atendido puede inhibir a algunos usuarios y de esta forma ignorar algunos documentos o publicaciones digitalizados en este idioma. No obstante de estas problemáticas, este artículo proporciona herramientas para desarrollar las habilidades y conocimientos necesarios para manejar adecuadamente estos centros información, con lo cual se obtendrán mejores resultados en los estudiantes mismos que se verán reflejados en sus calificaciones e indudablemente también contribuirán a facilitar cada día más la labor del profesorado.

Referencias.

Biblioteca Virtual Miguel de Cervantes. Recuperado el 19 de mayo del 2016 de: http://www.cervantesvirtual.com/

Biblioteca virtual Wikisource. Recuperado el 20 de mayo del 2016 de: https://es.wikisource.org/wiki/portada

Biblioteca UNAM. Recuperado el 20 de mayo del 2016 de: http://bibliotecas.unam.mx/

Sánchez Vignau, C. S., & Vargas Villafuerte, M. M. (2006). Bibliotecas virtuales adaptables: un desafío de la sociedad de la información. (Spanish). Acimed, 14(4), 1.

Curso en línea ética y valores con base en la plataforma Moodle.

Carmen Lilia de Alejandro García[1], Daniel Desiderio Borrego Gómez[2], Luis Alberto Portales Zúñiga[3]

[1] Colegio de Bachilleres de Tamaulipas, carmen.dealejandro@cobat.mx
[2] Universidad Autónoma de Tamaulipas, ddborrego@uat.edu.mx
[3] Universidad Autónoma de Tamaulipas, lportales@docentes.uat.edu.mx

Resumen

En la actualidad las diversas ocupaciones, la falta de espacios físicos provocado por la sobrepoblación y la globalización entre otros elementos, ha orientado la factibilidad de la enseñanza a distancia, oferta que ha cobrado cada vez más fuerza, aquí se presenta un curso en línea como propuesta educativa para la materia Ética y Valores 2 del nivel medio superior en la modalidad en línea, con base en la plataforma de aprendizaje Moodle, dichas plataformas han sido utilizadas, no solo para formar a estudiantes de nivel superior y de posgrado, sino también para capacitar personal de diversas empresas, al igual que para reafirmar el conocimiento que se adquiere en el nivel básico, siendo el nivel medio superior uno de los niveles educativos que han demorado en implementar esta modalidad, en este artículo se explica la forma de realización del curso de ética y valores 2 que fue diseñada mediante una estructura modular que hace posible su adaptación a la realidad de los diferentes centros escolares y el objetivo es utilizar una plataforma de aprendizaje Moodle para poder generar una oportunidad de formación académica a distancia en su modalidad de aprendizaje en línea.

Palabras clave: Plataformas de Aprendizaje, Moodle, Ética y Valores, Curso en Línea, Educación a Distancia

Introducción.

Desde la llegada de las computadoras personales, en los 80, los materiales de instrucción por computadora han sido usados ampliamente en educación (Cannings y Finkel, 1993). En la actualidad los programas de instrucción, incluyen estrategias de aprendizaje más sofisticadas como preguntas, simulación y colaboración; además de los hypertext/hypermedia, usados para proporcionar poderosas herramientas de enseñanza y aprendizaje. (Berk y Devlin, 1991).

La www (World Wide Web) o Red informática mundial, también conocida como Web es una excitante forma de ver la información y los documentos existentes en Internet, oficialmente está definida como la forma en hypermedia de direccionar y dar acceso universal a una gran cantidad de documentos (Huges, 1994). La Web proporciona a los usuarios de Internet un medio conveniente de acceder a una gran variedad de recursos disponibles en Internet (imágenes, textos, datos, sonidos, videos y una inmensa cantidad de otros contenidos multimedia). Rosario (2006) remarca que en la actualidad las Tecnologías de la Información y la Comunicación (TIC), están sufriendo un desarrollo vertiginoso, esto está afectando a prácticamente todos los campos de nuestra sociedad, y la educación no es una excepción. Esas tecnologías se presentan cada vez más como una necesidad en el contexto de sociedad donde los rápidos cambios, el aumento de los conocimientos y las demandas de una educación de alto nivel constantemente actualizada se convierten en una exigencia permanente.

La educación basada en Web es considerada como una forma de gran popularidad creciente y un efectivo medio para la distribución de educación (Laws, 1996). Este tipo de cursos generalmente hacen uso extensivo de las facilidades de telecomunicaciones de las computadoras e Internet. El uso del Web en los cursos varía entre un rango de cursos efectuados totalmente a través de páginas Web, hasta diversas combinaciones de usos de éstas como apoyo a la distribución de los cursos.

La Universidad Estatal de Oregon propone la siguiente clasificación de los cursos en función del uso que se haga en ellos en las páginas Web:

1. Desarrollado Totalmente en Web: el curso entero con todos sus elementos se realiza sobre ella.
2. Dependiente: la mayor parte de los componentes del curso se desarrollan en la Web.
3. Suplementario: el curso solamente aprovecha algunos recursos disponibles en la Web.
4. Informativo: en la Web solamente existe información general sobre el curso.

Álvarez, (2001) menciona que el desarrollo de los cursos y las páginas Web pueden ser, en forma general, de dos tipos: páginas Web comunes; éstas pueden cubrir información sobre la clase, incluyendo el programa, los ejercicios, lecturas, referencias, biografía del maestro y, páginas Web interactivas; sirven para enviar y recibir información de los alumnos, presentar exámenes, contestar encuestas, registro de los alumnos. Por lo que la educación a distancia en la actualidad, es una modalidad que incluye programas desarrollados en ambientes educativos que implican la separación espacial-temporal de profesores y alumnos, donde se desenvuelven y articulan los elementos del proceso de enseñanza-aprendizaje mediante el uso de materiales didácticos y tecnologías de la información y la comunicación (TIC) para propiciar interacciones sincrónicas y asincrónicas.

La educación a distancia es frecuentemente utilizada en los diversos niveles educativos, siendo la educación superior quien recurre más a la modalidad e-lerning, ya que los estudiantes universitarios tienen habilidades y hábitos formados, que aunados a la propia motivación, los hace capaces de adquirir conocimientos de forma autónoma.

El e-Learning se basa en el uso de una computadora u otro dispositivo electrónico (por ejemplo, un teléfono móvil) para proveer a las personas de material educativo. La educación a distancia creó las bases para el desarrollo del e-Learning, el cual viene a resolver algunas dificultades en cuanto a tiempos, sincronización de agendas, asistencia y viajes, problemas típicos de la educación tradicional, Vaquero (1997) menciona que para que el hombre esté a nivel de su tiempo es imprescindible que domine la tecnología y a la vez aprenda con la tecnología. Se debe tener presente que la e-Learning o educación electrónica, abarca un amplio paquete de aplicaciones y procesos, como el aprendizaje basado en Web, capacitación basada en computadoras, salones de clases virtuales y colaboración digital.

Por otra parte los niveles educativos básicos, hacen uso también de las TIC, pero enfocan el uso de las plataformas más como apoyo, albergando material complementario para el alumno o para el profesor.

De acuerdo con Sandia, Montilva y Barrios (2005), un curso en línea se fundamenta en un proceso de enseñanza-aprendizaje de tipo interactivo, en el que el estudiante tiene la posibilidad de interactuar o comunicarse, a través de Internet, con el contenido, con el profesor o facilitador y con los demás participantes y compañeros del curso, por medio de las asignaciones, charlas, debates, exámenes, pruebas cortas, y otros dispositivos que puedan tomar el lugar de un libro, una unidad o un capítulo del material.

Objetivos

El objetivo de este trabajo es el desarrollo de un curso en línea ética y valores con base en la plataforma Moodle, buscando elevar los índices de rendimiento académico y generar un aprendizaje significativo en los alumnos de segundo semestre del Colegio de Bachilleres del Estado de Tamaulipas. Dicha asignatura está orientada a que el alumno obtenga conocimientos que le sean útiles para la vida y que dirijan su conducta con base en valores cívicos, éticos y de responsabilidad social.

Los alumnos que serán beneficiados con el curso en línea dentro de la institución son 47 los cuales cursan el segundo semestre, al igual que de forma posterior 5 profesores los cuales conforman la plantilla docente. Pudiendo extenderse hacia la totalidad de la plantilla docente del COBAT, en el entendido que deben dejarse claros los aspectos tanto de adiestramiento de profesores como los requerimientos y perfil de los alumnos que hagan uso de la plataforma para que quienes usen este tipo de espacio educativo logren propiciar verdaderos aprendizajes pudiendo así ser una herramienta útil para el quehacer educativo.

En concreto el curso en línea de la asignatura de Ética y Valores 2, pretende ser antecedente para generar un curso de aprendizaje en línea que permita desarrollar más cursos en línea para otras asignaturas del nivel medio superior y así estar a la vanguardia de las necesidades y demandas de la sociedad actual.

Objetivos Específicos.

- Utilizar las TIC para aprender de forma dinámica e innovadora, acceder rápido y a cualquier hora a los materiales didácticos digitales y herramientas interactivas.
- Facilitar el aprendizaje del alumno por medio del uso de las aplicaciones y recursos de la plataforma Moodle.
- Facilitar los procesos académicos de evaluación a los profesores.
- Ser antecedente para generar un objeto de aprendizaje que permita desarrollar cursos en línea para otras asignaturas del nivel medio superior

Las plataformas virtuales y su uso en la EMS

Uno de los niveles más olvidados dentro de las reformas y actualizaciones a nivel tecnológico, ha sido el NMS (Nivel Medio Superior) o bachillerato, ya que inicialmente fueron los estudiantes de nivel superior los primero en ser incluidos en la sociedad del conocimiento, pues éstos por su madurez intelectual cuentan con habilidades y hábitos formados, que aunados a la propia motivación, los hace capaces de adquirir conocimientos de forma autónoma.

El primer ejemplo de la utilización de las plataformas virtuales en el NMS, es el Bachillerato Virtual Universidad La gran Colombia, proyecto realizado en la ciudad de Bogotá, Colombia, para los habitantes de dicho país, tanto jóvenes como adultos, mediante un convenio con la Institución Educativa Luis Eduardo Calvo Cano, solicitando en septiembre de 2002 el permiso para funcionar como bachillerato, dicho convenio fue aprobado en agosto de 2006; aunque no especifica fecha de inicio como bachillerato virtual pues ostenta las fechas anteriormente mencionadas como las de su inicio en funciones en formato digital y muestra como evidencia 192 graduados hasta el año 2014. El Bachillerato Virtual de la Universidad La Gran Colombia toma como fundamento pedagógico postulados del Aprendizaje Basado en Problemas (ABP) y la Enseñanza para la Comprensión (EC). El estudiante desarrolla procesos aprendizaje y construye conocimientos que le permiten establecer relaciones entre el conocimiento científico y su experiencia, comprendiendo e interactuando de forma propositiva y creativa en su entorno. En el Bachillerato las Tecnologías de la Información y Comunicación permiten la interacción entre sus participantes haciendo posible la construcción de significados, el intercambio de información y el trabajo colaborativo.

El estudiante como centro del proceso de aprendizaje inicialmente hace un reconocimiento del Modelo Educativo Institucional y el Aula Virtual, durante el periodo de inducción. Posteriormente lleva a cabo Sesiones Individuales, Sesiones Colaborativas y Acciones de Seguimiento y Evaluación, durante el desarrollo de cada ciclo. Cuenta con un programa que se divide en cuatro ciclos lectivos, los dos primeros con una duración de 40 semanas y dos más con duración de 22 semanas. Dentro de los elementos relevantes con los que cuenta el bachillerato virtual, es la implementación de un proyecto institucional de lectura, escritura, oralidad e imagen (PIIEOI), además cuenta con diversos blogs orientados a difundir contenidos informativos enfocados a la orientación personal y de genero de los alumnos, además de contenidos tecnológicos, a orientar de forma vocacional a los estudiantes, a cumplir con las funciones de tutoría virtual, a difundir la importancia de la activación física y un último blog en donde se alberga un juego de ejercitación y practica de las matemáticas.

Como segundo ejemplo de la utilización de las plataformas virtuales en el NMS en México, se escogió a la Prepa en Línea SEP. La Secretaría de Educación Pública crea el Servicio de Nacional de Bachillerato en línea, mejor conocido como Prepa en Línea SEP, el 30 de septiembre de 2014, este modelo se centra en los estudiantes y se apoya en el enfoque basado en competencias. Dicho modelo retoma los enfoques del aprendizaje social, al propiciar la conformación de comunidades de aprendizaje, el enfoque conectivista, donde los aprendizajes, saberes y competencias se fortalecen y potencian con el apoyo de las TIC; además propicia el aprendizaje significativo a través de la disposición y motivación del estudiante, los contenidos, recursos y materiales digitales y las posibilidades de colaboración e interacción. Esta opción de bachillerato pretende ser una opción en línea que trabaje a nivel nacional, y se ha diseñado para atender principalmente a jóvenes recién egresados de secundaria, así como a personas interesadas en cursar su educación media superior y que por diversas razones no deseen o no puedan continuar estudiando en la modalidad presencial. Por su reciente creación todavía no se tienen resultados, pero oferta cobertura nacional, gratuidad en la formación, accesibilidad desde cualquier dispositivo con conexión a internet, tutoría personalizada en el área psicosocial, tecnológica y administrativa durante toda la trayectoria académica, además de apoyo virtual de facilitadores especializados, materiales disponibles virtualmente para su estudio, formación de comunidades virtuales de aprendizaje y la obtención del certificado de bachillerato en un periodo estimado de 2 años cuatro meses.

Como tercer ejemplo, el Colegio de Bachilleres oferta, mediante el sistema de enseñanza abierta y a distancia cursar el bachillerato en modalidad virtual, incluye de forma gratuita el curso de taller de lectura y redacción I, en donde se pueden observar materiales escritos, actividades de regulación y de autoevaluación, los cuales de forma general pareciera más apegada a la modalidad presencial, puesto que los materiales que se ofertan en la página oficial del Colegio de Bachilleres son más tradicionales, al igual que la descripción del modelo, por lo que se deduce que hay mucho que trabajar para mejorar dicha modalidad. De igual manera la Subdirección de Bachillerato a Distancia de la Secretaría de Educación del Gobierno del Distrito Federal oferta desde el 2012 un bachillerato con modalidad a distancia, en el oferta el Bachillerato Digital de la Ciudad de México y el Bachillerato a Distancia G.D.F; este último es un plan de estudios totalmente gratuito y con validez oficial dependiente del Gobierno del Distrito Federal. Su visión es brindar una formación innovadora centrada en el aprendizaje mediado por las nuevas tecnologías de la comunicación e información y oferta asesorías en línea además de presenciales, además de un centro de contacto vía chat.

Problemática de aprendizaje

Para comprender la problemática que tiene la EMS, es necesario conocer que en Tamaulipas el bachillerato se imparte en 328 escuelas a 108 mil 395 estudiantes con una cobertura del 68.1% y un nivel de deserción del 12.9% (ciclo escolar 2011-212).

El Colegio de Bachilleres del Estado de Tamaulipas cuenta con un estimado de 77 escuelas de las cuales 23 son Planteles, 34 EMSAD y 20 son Telebachilleratos, los cuales se encuentran distribuidos en 35 municipios del estado de Tamaulipas; a nivel nacional tiene en promedio 39.7 alumnos por aula, llegando en primer semestre a tener 50 alumnos por salón, el CEMSADET 12 "La Pesca" es una institución representativa de las estadísticas nacionales. Del 60% de alumnos que aproximadamente son captados en primer semestre a nivel nacional el 15% abandonan la escuela, lo que motiva esta deserción es multifactorial pero dentro de las principales razones que manifiestan los jóvenes son la falta de dinero en el hogar para útiles, pasajes o inscripción, considerar que trabajar era más importante que estudiar, reprobación de materias, tener compañeros que lo molestaban, darle un turno distinto al que quería y problemas para entenderle a los maestros. El 09 de Febrero de 2012 se reformó el artículo 3° constitucional, en el que se establece que la educación media superior es obligatoria y que el Estado debe garantizar dicha obligatoriedad al igual que la paulatina cobertura total, el Programa Sectorial de Educación 2013-2018 visualiza que las instalaciones educativas existentes, su infraestructura física y equipamiento serán insuficientes para lograr dicha cobertura y por ello es fundamental ampliar las oportunidades y la oferta de los jóvenes para cursar este nivel educativo, al igual que diversificar los modelos de atención educativa. Por lo que el Programa Sectorial de Educación 2013-2018, en su Objetivo 2, Estrategia 2.1, Línea de Acción 2.1.10 considera llevar a cabo prácticas de planeación participativa en los planteles de educación media superior, para mejorar los aprendizajes y resultados educativos y De igual forma en la Estrategia 2.6 *Aprovechar las tecnologías de la información y la comunicación para el fortalecimiento de la educación media superior y superior.* Líneas de acción: 2.6.1 Impulsar el desarrollo de la oferta de educación abierta y en línea, tanto para programas completos como para asignaturas específicas, 2.6.2 Promover la incorporación en la enseñanza de nuevos recursos tecnológicos para la generación de capacidades propias de la sociedad del conocimiento, 2.6.3 Llevar a cabo e impulsar las inversiones en las plataformas tecnológicas que requiere la educación en línea, 2.6.5 Impulsar la normatividad pertinente para que la educación abierta y a distancia provea servicios y apoyos a estudiantes y docentes y 2.6.9 Establecer criterios de aplicación general que facilite el desarrollo de unidades de aprendizaje en línea; reflejan la importancia que en la actualidad tienen las TIC dentro del ámbito educativo. Así mismo en el Objetivo 3, Estrategia 3.1, Línea de Acción 3.1.7 determina que se deberán impulsar nuevos modelos de educación abierta y a distancia y garantizar su pertinencia tecnológica y de contenidos.

Por otra parte el plan Estatal de Desarrollo de Tamaulipas, en su apartado El Tamaulipas Humano, en su Objetivo 5 Educación integral, Estrategia 5.1, establece como Líneas de Acción:

> 5.1.4 Implantar políticas que impulsen las reformas educativas con impacto en los indicadores de grado de escolaridad, cobertura y eficiencia terminal.

5.1.5 Fomentar la utilización eficaz de las tecnologías de información y comunicación en los procesos educativos hacia una sociedad del conocimiento.

5.1.7 Fortalecer los procesos de desarrollo curricular, contenidos educativos y materiales didácticos mediante acciones que amplíen las oportunidades de ingreso, permanencia y conclusión entre niveles.

Por su parte el Colegio de Bachilleres del Estado de Tamaulipas tiene como visión la formación basada en valores que amplíe las expectativas de los alumnos desarrollando comunidades de aprendizaje, aplicando los avances científicos y técnicos de vanguardia. Con base en lo anterior se busca integrar las TIC al proceso educativo, con la finalidad de elevar los índices de rendimiento académico y generar un aprendizaje significativo en los alumnos de segundo semestre del Colegio de Bachilleres del Estado de Tamaulipas.

Dentro de las ventajas que pueden vislumbrarse al utilizar una plataforma de aprendizaje son que le permite al estudiante aprender de forma dinámica e innovadora, al hacer uso de las diferentes aplicaciones y recursos que la plataforma Moodle posee, además de acceder rápido y a cualquier hora a los materiales didácticos digitales y herramientas interactivas; los cuales facilitarán el aprendizaje del alumno; en lo que respecta al docente dicha plataforma agilizará los procesos académicos de revisión y evaluación, al igual que la modificación de actividades de ser necesario .

Fundamento teórico que soporta la utilización de plataformas educativas en la educación media superior.

En la gran mayoría de los países hispanoparlantes que han sido influidos por la reforma educativa española, la educación es explícitamente constructivista. México en el Plan Nacional de Desarrollo 2013-2018 especifica la importancia de impulsar la diversificación de la oferta educativa en la educación media superior y superior mediante una política nacional enfocada a que los estudiantes desarrollen sus capacidades de aprender a aprender tomando en cuenta las diversas realidades del entorno escolar y fomentando la creación de nuevas opciones educativas, a la vanguardia del conocimiento científico y tecnológico. La tecnología educativa la cual se define, como un conjunto de procedimientos o métodos, técnicas, conocimientos, instrumentos y medios, derivados de los conocimientos científicos que al ser organizados sistemáticamente busca lograr que el proceso de enseñanza-aprendizaje se lleve a cabo; se ha centrado principalmente en los adultos ya que son quienes tienen habilidades y hábitos formados, que aunados a la propia motivación son capaces de adquirir conocimientos de forma autónoma. A diferencia de los adultos, los adolescentes no tienen hábitos y habilidades desarrolladas en su totalidad, ya que se encuentran en proceso de desarrollo, pero esto no impide que la educación a distancia sea una posibilidad de formación académica para ellos. El proceso de enseñanza-aprendizaje, según Moreira (2002), es un proceso complejo en el que intervienen diversos factores vinculados con el material y la forma en que los estudiantes interaccionan con el material además de la intervención del entorno en el mismo. Para Onrubia (2005), el proceso de enseñanza-aprendizaje en un entorno virtual se basa en la relación de tres elementos que deben ser considerados, ellos son; la actividad mental constructivista de quien aprende, la ayuda sostenida y continua de quien enseña y el contenido el cual es el objeto a aprender y enseñar.

El aprendizaje virtual, es un proceso de (re)construcción personal del contenido que se realiza en función, y a partir, de un amplio conjunto de elementos que conforman la estructura cognitiva del alumno: capacidades cognitivas básicas, conocimiento específico de dominio, estrategias de aprendizaje, capacidades metacognitivas y de autorregulación, factores afectivos, motivaciones y metas, representaciones mutuas y expectativas.

Según Sanz (1998), para Holmberg el aprendizaje es un proceso interno individual y propone la "comunicación no contigua" como una forma de establecer una relación personal entre instructor y aprendiz, la cual es un elemento indispensable en la motivación del estudiante. Esta teoría se apega a las necesidades que un adolescente tiene en su proceso de formación, aunque se debe ir todavía más allá, utilizando dicha relación personal con el aprendiz para desarrollar no solo su lado inteligencia académica, sino también su inteligencia emocional en un afán de lograr establecer una personalidad integra y funcional; no debe olvidarse que según las emociones son el centro que dirige la vida del hombre y que en consecuencia los fenómenos y patrones afectivos determinan profundamente la conducta humana.

Si bien la teoría de las relaciones humanas de Elton Mayo se hace presente en la EaD por medio de los flujos comunicativos, de interacción y dialogo, que son necesarios para lograr el proceso de enseñanza-aprendizaje de forma eficaz, no debe dejarse de lado que Mayo veía que el desempeño de las personas era determinado no solo por el método de trabajo, sino también por su comportamiento, dicho comportamiento es el resultado no solo del grado de desarrollo cognitivo de la persona; sino también por la capacidad que tenga de controlar sus emociones ante las variables que el entorno le proporcione. Para ello es necesario aprender a identificarlas, conocerlas, para poder entenderlas y posteriormente dominarlas. La teoría neohumano relacionista enriquece la teoría de Mayo dando a la motivación una connotación más personal. Lo que se busca mediante esta propuesta académica, es formar alumnos como los que McGregor en su teoría "y" describe como personas que están dispuestas a aprender, a aceptar responsabilidades, autodirigirse, autocontrolarse y aprovechar su potencial de crecimiento y desarrollo de forma automotivada. Por lo que es importante no perder de vista los objetivos a lograr en el alumno bachiller a corto, mediano y largo plazo, ya que como Drucker propone en la APO (aproximación por objetivos), los objetivos deben obedecer a una jerarquía, y es importancia no solo aplicar esta selección de objetivos importantes dentro del desarrollo de la propuesta académica, sino también enseñar al alumno a administrar y jerarquizar sus propias metas de aprendizaje.

Metodología

Se eligió la plataforma Moodle, la cual es un paquete de diferentes tipos de software para producir cursos basados en internet y sitios web, éste fue diseñado y desarrollado con base en la filosofía del aprendizaje, a la cual se le denomina pedagogía construccionista social y ya que éste es compatible con Linux, BSD, Mac OS-X y Windows, además de que no requiere una instalación muy sofisticada, es que se considera como la plataforma óptima para el curso de Ética y Valores 2 dirigido al nivel medio superior ya que en ella se puede diseñar el curos en bloques, cuenta también con gestoría de usuarios con diferentes roles, se puede publicar material en diferentes formatos Word, Powerdpoint, PDF, Flash, audio y videos y además se pueden colocar chat, cuestionario, foro, glosario, encuesta, tareas, consultas, lecciones y wikis. Para el desarrollo del curso se utilizó la metodología ADDIE, en el diseño de materiales educativos, el cuál según Kruse y Keil, (1997), está conformado por cinco pasos: análisis, diseño, desarrollo, implementación y evaluación.

Análisis. En él se define lo que debe ser aprendido, se evalúan necesidades, se analizan las tareas, para definir el perfil del estudiante, las necesidades y probables problemas.

Diseño. Es el proceso de especificar cómo debe ser aprendido, se deben escribir los objetivos, desarrollar los temas a evaluar, planear la instrucción e identificar los recursos para lograr objetivos medibles, estrategias instruccionales y especificaciones del prototipo.

Desarrollo. Es el proceso de autorización y producción de los materiales, se debe trabajar con productores, desarrollar el libro de trabajo, organigrama, y programa, al igual que ejercicios prácticos y ambientes de aprendizaje, para lograr una instrucción en línea, instrumentos de retroalimentación, medición y aprendizajes colaborativos.

Implementación. Se instala el proyecto en el contexto del mundo real, para ello se debe entrenar al docente y crear un entrenamiento piloto, con la finalidad de generar comentarios y datos de la evaluación.

Evaluación de los materiales de aprendizaje y las actividades, su objetivo es lograr la adecuada instrucción, se debe generar datos de registro del tiempo, implementar los resultados de la evaluación, encuesta a los alumnos y revisión de actividades, para generar recomendaciones, un informe de evaluación, revisión de los materiales y del prototipo.

En cuanto al diseño Instruccional se diseñó mediante bloques

Bloque I: Relaciona a la ética con la ciencia y la tecnología, identifica la importancia de la ciencia en el avance de la sociedad, asimismo, compara los elementos favorables y desfavorables de las aplicaciones de la tecnología en diferentes momentos de la historia.

Bloque II: Problematiza conflictos de la práctica médica y la bioética, reconoce las características de la Bioética y sus aportaciones para la vida humana. De la misma forma, evalúa las ventajas y desventajas de los adelantos científicos y tecnológicos del campo de la medicina.

Bloque III: Promueve una educación ambiental para el desarrollo sustentable, se le proporcionan al alumno las herramientas para desarrollar las competencias que permitan relacionar el comportamiento del ser humano con los fenómenos que actualmente ocurren en la naturaleza, analizando causas, identificando problemáticas y proponiendo alternativas de solución.

Bloque IV: Realiza acciones morales que promueven el desarrollo individual y de la comunidad.

En el Bloque IV el alumno analiza la relación entre el individuo y la sociedad para comprender las prácticas sociales que se desarrollan en la misma. Además, participa activamente en acciones enfocadas a la promoción de actitudes éticas y es capaz de actuar para fomentar prácticas sociales de convivencia saludable.

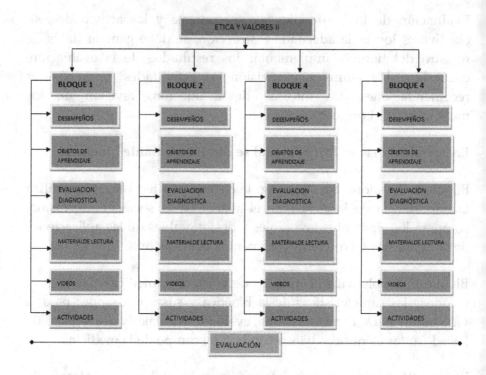

Estructura del mapa de navegación

Servicios y software utilizados

En cuanto a los servicios y software utilizados para la elaboración del curso se utilizó lo siguiente:

Se utilizó el dominio htttp://aprendetic.net/ciencias para el hospedaje de la plataforma Moodle y poder realizar las pruebas necesarias así como la implementación y armado del curso.

Flash.- para la realización de todas las animaciones y banners contenidos en el portal.

Photo Impact y Firework para el tratamiento y desarrollo de collage de imágenes.

Tech Smith Snagit y PicPick.- se utilizaron para recortar y obtener imágenes, posteriormente se utilizaron para el desarrollo de videos.

Además se utilizaron las herramientas propias de Moodle como las Actividades y Recursos que son el chat, cuestionario, encuesta, foro, glosario, tarea, archivo, carpeta, etiqueta, página y URL.

Resultados

En la figura 1 podemos ver la bienvenida y la presentación de la materia, la imagen muestra cómo es que fue armado en plataforma y el desarrollo de los bloques así como el apartado de evaluación, el banner que representa la materia y un glosario.

Figura 1.- Bienvenida y presentación de la materia

En la figura 2 podemos ver la interface del bloque 1 con su objetivo y actividades, así fue como se diseñó cada uno de los 4 bloques, se puede observar los documentos en word y en pdf para el apoyo de los estudiantes también foros para que los estudiantes puedan interactuar con el profesor en cada uno de los bloques además de una evaluación en línea.

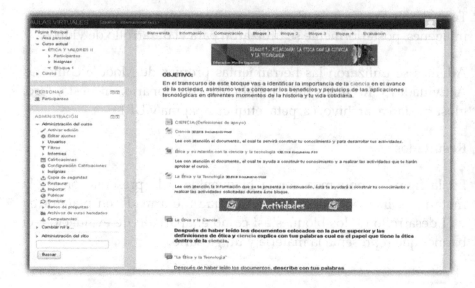

Figura 2.- Interface del bloque 1 con su objetivo y actividades

Esto ha sido desarrollado y con base en los fundamentos de las teorías Cognitiva y Constructivista ya que la teoría Cognitiva en sus fundamentos presenta modelos de procesamiento de información, memoria, pensamiento, aprendizaje, solución de problemas, representaciones mentales y formas de organización y plantea al educando como un sujeto activo procesador de información y la Teoría Constructivista señala que se concibe al sujeto de manera activa durante el proceso de conocimiento, lo que sustenta es de tipo interaccionista-constructivista, donde el alumno es visto como un constructor activo de su propio conocimiento, por lo que debe ser animado a descubrir hechos de tipo físico, a construir o reconstruir los de naturaleza lógico-matemática; en el caso de los conocimientos sociales de tipo convencional a aprenderlos y los conocimientos de tipo social no convencional a apropiarlos o reconstruirlos por sus propios medios.

Referencias

Anónimo (2010). *Moduloinstructional ADDIE*. Consultado el 20 de febrero de 2014. Disponible en http://hermescronida.files. wordpress.com/2010/06/modelo-addie1.pdf

COBAT *Colegio de Bachilleres del Estado de Tamaulipas*. Consultado el 18 de febrero de 2014. Disponible en http://www.cobat.edu.mx/cobat/historia/

GARCÍA ARETIO, L. (1986). *Educación superior a distancia. Análisis de su eficacia*. Badajoz: UNED-Mérida.

GUPTA, S.K. (1990). *Development of distance education in India: problems, priorities and policies.ICDE Bulletin*, vol. 23, pp. 27-33.

Holmberg, B. (1986). *Growth and structure of distance education*. Beckenham: CroomHelm.

INEGI *Instituto Nacional de Estadistica y Geografia. Banco de datos*. Consultado el 18 de febrero de 2014. Disponible en http://www3. inegi.org.mx/sistemas/biinegi/#E

Plan estatal de desarrollo Tamaulipas (2011-2016) Actualización Octubre 2013. Consultado el 23 de febrero de 2014. Disponible en http://tamaulipas.gob.mx/wp-content/uploads/2013/11/PED-TAMAULIPAS-Actualizaci%C3%B3n-2013.pdf

Rosario, Jimmy, (2006), *"TIC: Su uso como Herramienta para el Fortalecimiento y el Desarrollo de la Educación Virtual"*. [Revista en Línea]. Consultado el 23 de febrero de 2014. Disponible en http://www.cibersociedad.net/archivo/articulo.php?art=221

Sandia B. Montilva J. y Barrio J. (2005) *Cómo evaluar cursos en línea*. Revista EDUCERE, año/vol. 9, número 31, Mérida, Venezuela. Consultado el 06 de abril de 2015. Disponible en http://www.scielo.org.ve/scielo.php?pid=S1316-49102005000400013&script=sci_arttext

SEGOB *Secretaría de Gobernación*. Decreto por el que se declara reformado el párrafo primero; el inciso c) de la facción II y la fracción V del artículo 3°., y la fracción 1 del artículo 31 de la Constitución Política de los Estados Unidos Mexicanos Consultado el 25 de febrero de 2015. Disponible en http://www. ordenjuridico.gob.mx/Constitucion/reformas.php

SEGOB *Secretaría de Gobernación. Diario Oficial de la Federación. Artículo 3°*. Consultado el 18 de febrero de 2014. Disponible en http:// www.ordenjuridico.gob.mx/Constitucion/articulos/3.pdf

VAQUERO, A., (1997). *"Las TIC para la enseñanza, la formación y el aprendizaje"* En Revista Novatita 132: Monografía sobre las TIC en la Educación Consultado el 07 de abril de 2015. Disponible en http://www.ati.es/novatica/infonovatica.html

Weiss Eduardo (2014) *El Abandono Escolar en la Educación Media Superior*. Academia.edu. *Informe de Investigación para la Dirección General de Investigación Estratégica* Instituto Belisario Domínguez Senado de la República. Consultado el 07 de abril de 2015. Disponible en http://www.academia.edu/10035157/ El_Abandono_Escolar_en_la_Educaci%C3%B3n_Media_ Superior_M%C3%A9xico

Sistema en línea para la gestión de alumnos en cursos de capacitación en instituciones educativas

Denisse Alejandra Zúñiga Pérez[1], Emilio Zúñiga Mireles[2]

[1] Universidad Politécnica de Cd. Victoria Tamaulipas, denisseale26@gmail.com
[2] Universidad Autónoma de Tamaulipas, ezmireles@docentes.uat.edu.mx

Resumen

En el presente artículo se describe el desarrollo de un sistema web para captura de información de estudiantes que deseen llevar a cabo el cursos o diplomados en el cual se mantiene en constante actualización la información de materiales asignados o exámenes presentados por cada una de las personas registradas al curso. Así mismo, se obtiene un control más específico de la cantidad de personas registradas en este curso, como el índice de aprobados o reprobados en los cursos o diplomados por medio de consultas con bases de datos. Dicho proyecto se enfocó en las herramientas y conocimientos adquiridos en el aula para el desarrollo de sistemas Web, diseño de bases de datos, diseño de interfaces y programación.

Palabras claves: Sistema Web, Bases de datos, Información, JSON, HighCharts, HT

Introducción

No es novedad que el desarrollo de los sistemas Web vaya evolucionando en el mundo empresarial y su forma de hacer negocios por todo el mundo, sin embargo para poder llevar acabo estos grandes avances es necesario incluso en la actualidad ir creando nuevas tecnologías. Pero esta evolución de tecnologías es particular de cada empresa, lo que produce una incompatibilidad entre tecnologías de diferentes empresas. (Berners-Lee, 2004).

Puesto que en los 43 años de la historia de internet, los programadores han tratado de hacer estallar las barreras entre los sistemas tradicionales y sistemas web. El progreso de los últimos años en tecnología, velocidad de descarga, así como herramientas de desarrollo aborda algunas deficiencias. Poco a poco, las aplicaciones Web se están convirtiendo en una funcionalidad más completa, mientras que están siendo fáciles de usar. Los sistemas Web ofrecen la oportunidad de conectar a los usuarios entre sí y las empresas con sus clientes. (O'Reilly, 2012).

Justificación práctica

La propuesta de este proyecto está dirigida a las personas que administran la información de los estudiantes que ingresen a cursos, para que estos con más seguridad y facilidad puedan realizar los registros y consultas de información.

Objetivo general

Desarrollar un sistema web para gestionar la información de los candidatos a inscripción de cursos o diplomados para el apoyo en la gestión escolar basándose en la metodología de cascada.

Objetivos específicos

1) Diseñar la base de datos e interfaces.
2) Codificar los módulos del sistema web.
3) Implementar el sistema web.

Gestión y administración

La intención de incorporar las TIC en la gestión y administración educativa es recabar, organizar y analizar la diversa información que proviene de la gestión escolar de forma más efectiva, de manera que se puedan simplificar los procesos administrativos, y con ello automatizar los procesos.

La palabra automatización proviene de la palabra griega autómatas, que significa "semejante a la forma en que tu mente trabaja" o actuación propia. Automatización es el uso de una máquina o mecanismo diseñado para seguir un patrón determinado y una secuencia repetitiva de operaciones respondiendo a instrucciones predeterminadas, sustituyendo el esfuerzo físico humano o la rutina por la observación o toma de decisiones. En nuestro caso, cuando hablamos de automatización nos referimos a la automatización del proceso de flujo de la información a través de la utilización de sistemas de información (programas o software) (Solares, 2015).

¿Desarrollar o Implantar una solución existente?

Esta es una pregunta muy frecuente que nos hacemos cada vez que tomamos la decisión de automatizar. Lo primero que debemos revisar son los costos de implantar y adaptar versus los beneficios del nuevo desarrollo de sistema. Otro punto importante es preguntarse si hay una solución disponible que se pueda configurar y adaptar a sus necesidades, si esa solución no existe o no cubre una parte importante de los requerimientos nace la necesidad del desarrollo de software (EbizLatam, 2015).

El desarrollo de software ha crecido en los últimos años, las nuevas tecnologías, internet y la velocidad de los mercados amplían la complejidad del desarrollo de software. Cada día se requieren más y mejores programas (software) para mantener o elevar la competitividad, bajar los costos, aumentar las ventas, aumentar la productividad y contar con la información a tiempo para la toma de decisiones.

Sin embargo, es muy fácil caer en la "trampa del desarrollo de software", comúnmente un desarrollo siempre termina siendo más complejo de lo imaginado inicialmente y cuando nos damos cuenta, el desarrollo supera lo presupuestado, no se entrega a tiempo y cuando finalmente se entrega, se descubre que no era lo que se quería, que no se definieron correctamente los requerimientos y que las condiciones que dieron pie al desarrollo ya cambiaron o no existen.

Desarrollo de software a su medida y sus necesidades, no es fácil, es más complejo de lo que parece... las estadísticas de los proyectos de desarrollo de software son alarmantes, menos de 20% de los proyectos se completan en los costos, plazos, alcance y nivel de calidad deseados.

The Standish Group dice que el 31.1% de los proyectos son cancelados antes de ser completados, el 52.7% sobrepasan un 189% del costo original estimado y sólo el 16.2% de los proyectos son entregados dentro del costo y el tiempo estimado (EbizLatam, 2015).

A lo largo de la historia el ser humano siempre se preocupó por recopilar y almacenar la información que generaba, ya fuera de índole histórico, cultural, científico o económico. Con el cursar de los años, la evolución de la humanidad y las revoluciones científico técnicas, ha ocurrido un aumento considerable en el volumen de esa información generada. La informática como disciplina indisoluble del hombre ha proporcionado herramientas que no sólo permiten automatizar la obtención de información sino además, mejorar la organización y calidad en su almacenamiento.

Ejemplos de estos logros son la disponibilidad de diversas herramientas, tal es el caso de las base de datos (cuya abreviatura es BD) o los almacenes de datos (DATAWAREHOUSE). Una base de datos proporciona a los usuarios entre otras Funcionalidades el acceso a datos, su visualización o actualización, siempre en concordancia con los privilegios de acceso que posea. Entre otras características pueden ser locales, es decir que puede utilizarla sólo un usuario en un equipo, o pueden ser distribuidas, es decir que la información se almacena en equipos remotos y se puede acceder a ella a través de una red. La principal ventaja de utilizar bases de datos es que permite el acceso de múltiples usuarios a la información al mismo tiempo.

Algunos ejemplos que utilizan los sistemas automatizados.

Módulo de Gestión Escolar Web es una solución completa de comunicación Centro Educativo - Padres de Familia. Hace posible que los padres de familia puedan estar atentos a la situación de sus hijos en el Centro Educativo desde Internet. Asimismo los alumnos también pueden acceder a consultar su situación académica, consultar horarios y realizar consultas académicas a sus docentes. Los docentes por su parte podrán subir archivos de calificaciones, tareas o enviar notificaciones a sus alumnos (Developer, 2012).

Eskolare

El sistema sirve como herramienta para iniciar un proceso nuevo de gestión para el docente, que en este caso también administra. En la medida que cada institución educativa tenga mejores dinámicas en los procesos administrativos, irá mejorando su calidad educativa.

El sistema posibilita la carga de registros con distintos niveles de acceso y claves de usuario que eliminarán la costosa tarea manual de carga informativa. Ello permitirá la obtención de datos administrativos y escolares de forma automática y sin acudir a archivos (Eskolare, 2012).

Sistema Webparacolegios Fue creada con el fin de que exista una relación más estrecha entre la Institución Educativa y los Padres, los cuales depositan su confianza para la formación de sus hijos.

Es conocida la frase que dice que EL COLEGIO es la continuación del hogar en lo que respecta a la formación de la persona, y que EL HOGAR es la continuación del colegio, en lo que respecta a la educación (Webparacolegios, 2014).

Sistema de control Web UTL

Este sistema permite manejar la captura de las calificaciones de los alumnos por parcial. Para obtener un mejor control de la información.

El sistema cuenta con los siguientes modulos: Modulo de (A, B, M): Alumnos, Libros, Carreras, Ciclo escolar, Turnos Modulo de búsquedas: Búsqueda por autor o título, búsqueda por ISBN o tema. Cuenta con reportes en PDF, los cuales nos permiten poder guardar la información o poderla imprimir si así lo desea el usuario, además cuenta con graficas las cuales se pueden visualizar en 2D y 3D (Linares, 2012).

Programación Web

Programación web es un término amplio que define la creación de sitios web para Internet o una intranet. Para conseguirlo se hace uso de tecnologías de software del lado del servidor y del cliente que involucran una combinación de procesos de base de datos con el uso de un navegador web a fin de realizar determinadas tareas o mostrar información (Pérez Valdés, 2007).

Desde los inicios de Internet, fueron surgiendo diferentes demandas por los usuarios y se dieron soluciones mediante lenguajes estáticos. A medida que paso el tiempo, las tecnologías fueron desarrollándose y surgieron nuevos problemas a dar solución. Esto dio lugar a desarrollar lenguajes de programación para la web dinámica, que permitieran interactuar con los usuarios y utilizaran sistemas de Bases de Datos (Pérez Valdés, 2007).

Lenguajes de programación para la Web

Lenguaje HTML

Desde el surgimiento de internet se han publicado sitios web gracias al lenguaje HTML. Es un lenguaje estático para el desarrollo de sitios web (acrónimo en inglés de HyperText Markup Language, en español Lenguaje de Marcas Hipertextuales). Desarrollado por el World Wide

Web Consortium (W3C). Los archivos pueden tener las extensiones (htm, html) (Pérez Valdés, 2007).

Lenguaje Javascript

Este es un lenguaje interpretado, no requiere compilación. Fue creado por Brendan Eich en la empresa Netscape Communications. Utilizado principalmente en páginas web. Es similar a Java, aunque no es un lenguaje orientado a objetos, el mismo no dispone de herencias. La mayoría de los navegadores en sus últimas versiones interpretan código Javascript.

El código Javascript puede ser integrado dentro de nuestras páginas web. Para evitar incompatibilidades el World Wide Web Consortium (W3C) diseño un estándar denominado DOM (en inglés Document Object Model, en su traducción al español Modelo de Objetos del Documento. (Pérez Valdés, 2007).

Lenguaje ASP

Es una tecnología del lado de servidor desarrollada por Microsoft para el desarrollo de sitio web dinámicos. ASP significa en inglés (Active Server Pages), fue liberado por Microsoft en 1996. Las páginas web desarrolladas bajo este lenguaje es necesario tener instalado Internet Information Server (IIS).

ASP no necesita ser compilado para ejecutarse. Existen varios lenguajes que se pueden utilizar para crear páginas ASP. El más utilizado es VBScript, nativo de Microsoft. ASP se puede hacer también en Perl and Jscript (no JavaScript). El código ASP puede ser insertado junto con el código HTML. Los archivos cuentan con la extensión (asp) (Pérez, 2013)

Lenguaje ASP.NET

Este es un lenguaje comercializado por Microsoft, y usado por programadores para desarrollar entre otras funciones, sitios web.

ASP.NET es el sucesor de la tecnología ASP, fue lanzada al mercado mediante una estrategia de mercado denominada .NET (Pérez, 2013).

El ASP.NET fue desarrollado para resolver las limitantes que brindaba tu antecesor ASP. Creado para desarrollar web sencillas o grandes aplicaciones. Para el desarrollo de ASP.NET se puede utilizar C#, VB.NET o J#. Los archivos cuentan con la extensión (aspx). Para su funcionamiento de las páginas se necesita tener instalado IIS con el Framework .Net. Microsft Windows 2003 incluye este framework, solo se necesitará instalarlo en versiones anteriores.

Lenguaje JSP

Es un lenguaje para la creación de sitios web dinámicos, acrónimo de Java Server Pages. Está orientado a desarrollar páginas web en Java. JSP es un lenguaje multiplataforma. Creado para ejecutarse del lado del servidor.

JSP fue desarrollado por Sun Microsystems. Comparte ventajas similares a las de ASP.NET, desarrollado para la creación de aplicaciones web potentes. Posee un motor de páginas basado en los servlets de Java. Para su funcionamiento se necesita tener instalado un servidor Tomcat (Pérez Valdés, 2007).

Lenguaje Python

Es un lenguaje de programación creado en el año 1990 por Guido van Rossum, es el sucesor del lenguaje de programación ABC. Python es comparado habitualmente con Perl. Los usuarios lo consideran como un lenguaje más limpio para programar. Permite la creación de todo tipo de programas incluyendo los sitios web.

Su código no necesita ser compilado, por lo que se llama que el código es interpretado (Pérez, 2013).

PHP como solución para los ambientes web

El lenguaje de programación PHP Hypertext Pre-processor, fue desarrollado puntualmente para diseñar páginas web dinámicas programando scripts del lado del servidor. El lenguaje PHP siempre va incrustado dentro del HTML y generalmente se le relaciona con el uso de servidores linux.

Originalmente diseñado por el programador danés-canadiense Rasmus Lerdorf, en el año 1994 en base a la escritura de un grupo de CGI binarios escritos en el lenguaje C. En un comienzo, PHP sólo estaba compuesto por algunas macros que permitían trabajar más fácilmente en la creación de páginas web (González E., 2015).

En el año de 1995 Rasmus Lerdorf le añadió el analizador sintáctico y se llamó PHP/F1 Versión 2, sólo reconocía texto HTML y algunas directivas de mySQL. Después de esta fecha la contribución al código fue pública.

PHP es la solución para la construcción de Webs con independencia de la Base de Datos y del servidor Web, válido para cualquier plataforma.

Características del lenguaje

1. Velocidad: PHP no solo es rápido al ser ejecutado sino que no genera retrasos en la máquina, por esto no requiere grandes recursos del sistema. PHP se integra muy bien junto a otras aplicaciones, especialmente bajo ambientes Unix.
2. Estabilidad: PHP utiliza su propio sistema de administración de recursos y posee de un sofisticado método de manejo de variables, conformando un sistema robusto y estable.
3. Seguridad: PHP maneja distintos niveles de seguridad, estos pueden ser configurados desde el archivo .ini
4. Simplicidad: Usuarios con experiencia en C y C++ podrán utilizar PHP rápidamente. Además PHP dispone de una amplia gama de librerías, y permite la posibilidad de agregarle

extensiones. Esto le permite su aplicación en múltiples áreas, tales como encriptado, gráficos, XML y otras.

Ventajas del lenguaje

- PHP corre en cualquier plataforma utilizando el mismo código fuente,
- La sintaxis de PHP es similar a la del C, por esto cualquiera con experiencia en lenguajes del estilo C podrá entender rápidamente PHP.
- PHP es completamente expandible y modificable. Está compuesto de un sistema principal, un conjunto de modulos y una variedad de extensiones de código.
- Muchas interfaces distintas para cada tipo de servidor. PHP actualmente se puede ejecutar bajo Apache, IIS, AOLServer, Roxen y THTTPD. Otra alternativa es configurarlo como módulo CGI.
- Permite la interacción con gran cantidad de motores de bases de datos tales como MySQL, MS SQL, Oracle, Informix, PostgreSQL, etc.
- PHP es Open Source, (código abierto) esto significa que no depende de ninguna compañía comercial y que no requiere de licencias (Latinoamerica, 2013).

Seguridad en el lenguaje

PHP es un poderoso lenguaje e intérprete, ya sea incluido como parte de un servidor web en forma de modulo o ejecutado como un binario CGI separado, es capaz de acceder a archivos, ejecutar comandos y abrir conexiones de red en el servidor. Estas propiedades hacen que cualquier cosa que sea ejecutada en un servidor web sea insegura por naturaleza.

PHP está diseñado específicamente para ser un lenguaje más seguro para escribir programas CGI que Perl o C, y con la selección correcta de opciones de configuración en tiempos de compilación y ejecución, y siguiendo algunas prácticas correctas de programación.

Herramientas y tecnológicas utilizadas

A continuación, se menciona cada una de las herramientas utilizadas para llevar a cabo el proyecto:

HTML5

HTML5 es un lenguaje diseñado para organizar contenido Web. Tiene por objeto facilitar el diseño y el desarrollo Web, mediante la creación de una IU estandarizada e intuitiva para lenguaje de marcación. HTML5 proporciona los medios para diseccionar y compartimentar sus páginas, y le permite crear componentes discretos que no sólo están diseñados para organizar su sitio lógicamente, sino también para darle a su sitio capacidades de sindicación. El HTML5 podría llamarse el "enfoque de correlación de información al diseño de sitios Web" porque incorpora la esencia de la correlación de la información, dividiendo y etiquetando la información para hacerla fácil de entender y de utilizar. Este es el fundamento de la dramática utilidad semántica y estética del HTML5. El HTML5 da a diseñadores y desarrolladores de todos los niveles la capacidad para publicar cualquier cosa al mundo, desde simple contenido de texto, hasta rica en interactiva multimedia (Walker, 2011)

Wamp 2.5

WampServer es un entorno de desarrollo web de Windows. Te permite crear aplicaciones web con Apache 2, PHP y una base de datos MySQL. Al lado, PhpMyAdmin permite administrar fácilmente sus bases de datos (WampServer, 2015).

PHP 5.5

El lenguaje de programación PHP Hypertext Pre-processor, fue desarrollado puntualmente para diseñar páginas web dinámicas programando scripts del lado del servidor. El lenguaje PHP siempre va incrustado dentro del HTML y generalmente se le relaciona con el uso de servidores linux.

MySQL 5.6.17

MySQL es la base de datos de código abierto de mayor aceptación mundial y permite la oferta económica de aplicaciones de bases de datos fiables, de alto rendimiento y fácilmente ampliables basadas en la web e integradas, que incluyen los cinco sitios web principales (Oracle, 2015).

Librerías

Highcharts

HighCharts es una librería escrita en Javascript que permite la creación de gráficas. La librería ofrece un método fácil e interactivo para insertar graficas en su sitio web o aplicación web. No es comercial, no se necesita el permiso de los autores para su implementación en sitios web personales o sin fines de lucro. Es abierto, todas las características pueden ser personalizadas permitiendo una gran flexibilidad además HighCharts está escrito solamente con código Javascript, sólo se requiere incluir el archivo highcharts.js y cualquiera de los tres frameworks más populares de Javascript (jQuery, MooTools o Prototype) (Alvarado, 2013).

JSON

JSON (JavaScript Object Notation - Notación de Objetos de JavaScript) es un formato ligero de intercambio de datos. Leerlo y escribirlo es simple para humanos, mientras que para las máquinas es simple interpretarlo y generarlo. Está basado en un subconjunto del Lenguaje de Programación JavaScript, Standard ECMA-262 3rd Edition - Diciembre 1999. JSON es un formato de texto que es completamente independiente del lenguaje pero utiliza convenciones que son ampliamente conocidos por los programadores de la familia de lenguajes C, incluyendo C, C++, C#, Java, JavaScript, Perl, Python, y muchos otros. Estas propiedades hacen que JSON sea un lenguaje ideal para el intercambio de datos (Introduccion a JSON, 2014).

Lumzy

Lumzy es una rápida herramienta que permite realizar prototipos y maquetas a los diseñadores y desarrolladores de software. Como herramienta de boceto, puede utilizarla para crear un esbozo de cómo el sitio final o aplicación se verá (CompraCLOUD, 2015)

Desarrollo del Proyecto

En este apartado se muestran las actividades realizadas durante el proyecto, las cuales están divididas en secciones. A continuación en la Figura 1 se presenta una gráfica representativa de las actividades que se realizaron durante el desarrollo del proyecto, se muestra el orden y el porcentaje de tiempo invertido en cada una de ellas, el porcentaje de tiempo para las actividades es proporcional a la duración del periodo de Estadías:

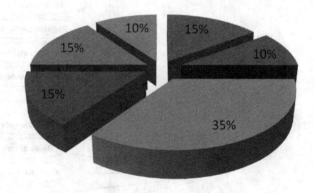

Figura 1. Representación de las actividades realizadas durante el proyecto

15 % Análisis de requerimientos (Diagramas UML).
10% Diseño de base de datos e interfaces del sistema.
35% Programación de los módulos del sistema.
15% Implementación del sistema.
15% Pruebas de funcionalidad.
10% Documentación.

En las siguientes secciones se detallan cada una de las actividades realizadas para el desarrollo del sistema.

Análisis de requerimientos (Diagramas UML).

En esta sección se encuentran algunos diagramas UML, que describen el aspecto y funcionamiento del sistema, los cuales fueron obtenidos de la planeación del proyecto.

Diagramas de Casos de Uso

Los siguientes diagramas de caso de uso modelan la funcionalidad del sistema.

En la Figura 2 se muestra el diagrama de casos de uso del comportamiento general del sistema, donde se muestran todas las funciones que puede realizar el usuario.

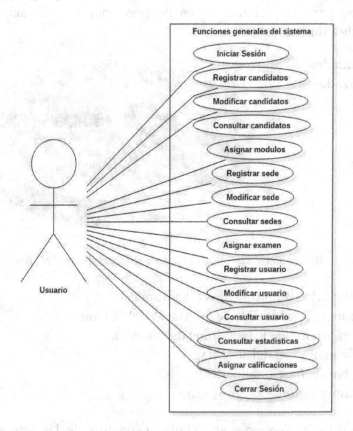

Figura 2. Diagrama de caso de uso general.

En la Figura 3 se muestra el caso de uso de la opción consultar candidatos, donde el usuario tiene tres opciones para buscar, ya sea por nombre, apellido o por nrc, ya que conociendo cualquiera de estos tres datos será más rápida la búsqueda.

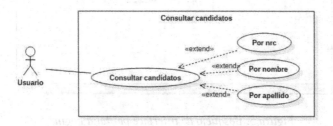

Figura 3. Diagrama caso de uso Consultar Candidatos.

En la Figura 4 se muestra el caso de uso de la opción consultar Sede, donde el usuario tiene una opción para buscar: Por nombre ya que conociendo este dato será más rápida la búsqueda.

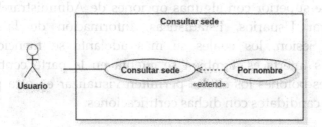

Figura 4. Diagrama caso de uso Consultar Sede.

Interface Login

Esta es la pantalla de inicio figura 5 y la primera que se muestra al iniciar el sistema la cual está compuesta por dos textField uno para que el usuario ingrese su nombre de usuario y otro para la contraseña, ya que si no cuenta con esto no podrá ingresar al sistema, y un botón Entrar el cual se encarga de autenticar el inicio de sesión.

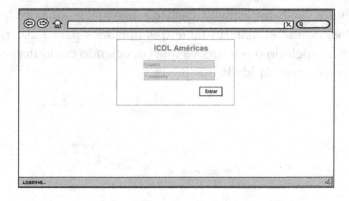

Figura 5. Bosquejo de interface pantalla Login

Interface Página Principal

Esta es la página principal, la cual se muestra al haber iniciado sesión en el sistema. La Figura 6 muestra el bosquejo de la interface de la Página Principal, la cual está compuesta por una barra menú en la parte superior con algunas opciones de Administrar Usuarios, Administrar Usuarios, Estadísticas, Información de la empresa y Cerrar Sesión, los cuales se más adelante se mencionan sus respectivas interfaces, también se cuenta en la parte central de la página tres botones los cuales permiten visualizar en otra página el listado de candidatos con dichas certificaciones.

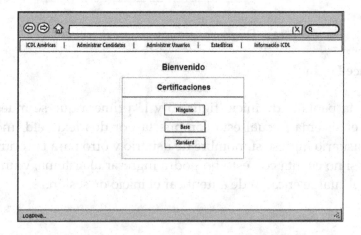

Figura 6. Bosquejo de interface Página Principal.

Esta es la página donde se muestra el listado de candidatos, la cual se muestra al haber seleccionado una de las opciones de certificaciones del menú de la página principal. La Figura 7 muestra el bosquejo de la interface de la Página del Listado de Candidatos, la cual está compuesta por una tabla donde se muestran cada uno de los candidatos con su NRC y con un botón el cual permite al usuario poder ingresar calificaciones, este apartado se mencionara más adelante.

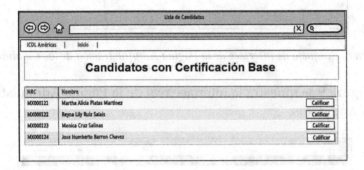

Figura 7. Bosquejo de interface de la Página Listado de Candidatos.

Interface Administración de Candidatos

Esta es la página para Administración de los Candidatos del curso. La Figura 8 muestra el bosquejo de la interface de la Página Administración de Candidatos, la cual está compuesta por un menú en la parte superior izquierda el cual contiene las opciones para poder Registrar Candidatos, así como Asignar Módulos o Exámenes, estas mismas opciones se muestran en la página en diferentes apartados, con su respectivo botón y una imagen relativa a la opción. Enseguida, se muestran las interfaces de cada una de los apartados que en esta interface se muestran.

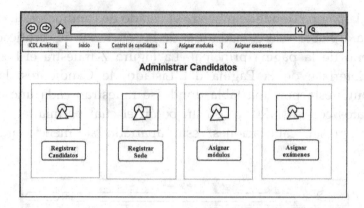

Figura 8. Bosquejo de interface de la Página Administración de los Candidatos.

En la Figura 9 se muestra la interface real de la Página Administración de los Candidatos.

Figura 9. Interface real de la Página Administración de los Candidatos.

Interface Registro de Candidatos

Esta pantalla tiene el propósito de mostrar el listado de los candidatos registrados en el sistema. En la Figura 10 se muestra el bosquejo de la interface de la Página Control de Candidatos. Está compuesta por un botón de búsqueda ubicado en la parte superior derecha el cual le permite al usuario buscar algún candidato ya sea por nrc, nombre o apellido, también cuenta con un botón llamado Registrar Nuevo Candidato.

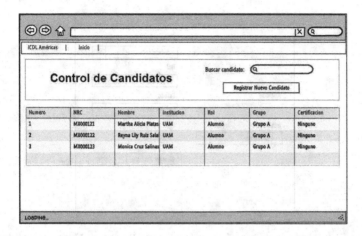

Figura 10. Bosquejo de interface de la Página Control de Candidatos.

En la Figura 11 se muestra la interface real de la Página Control de Candidatos.

Figura 11. Interface real de la Página Control de Candidatos.

En la Figura 12 se muestra el bosquejo de la ventana de dialogo que se abre al dar clic en el botón Registrar Nuevo candidato, para registrar un nuevo candidato al sistema, el cual cuenta con tres textfield diferentes donde se pide ingresar el NRC, nombre y apellido del candidato, así como cuatro diferentes combobox, donde debe elegir la institución, grupo, rol y estado del candidato a registrar, y por último esta pantalla cuenta con dos botones, uno para guardar el registro y otro para cerrar si no se desea registrar nada.

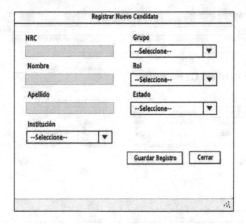

Figura 12. Bosquejo de interface de la ventana Registrar Nuevo Candidato.

En la Figura 13 se muestra la interface real de la ventana Registrar Nuevo Candidato.

Figura 13. Interface real de la ventana Registrar Nuevo Candidato.

Interface Asignar Módulos

Esta página tiene el propósito de mostrar los módulos asignados a cada uno de los candidatos del curso, así como da la opción de asignar un nuevo módulo, como se muestra en la Figura 14 el bosquejo de dicha página. Está compuesta por un botón de búsqueda ubicado en la parte superior derecha el cual le permite al usuario buscar algún candidato ya sea por nrc, nombre o apellido o algún módulo, para saber cuántas personas tienen asignado dicho módulo, también cuenta con un botón llamado Asignar Modulo.

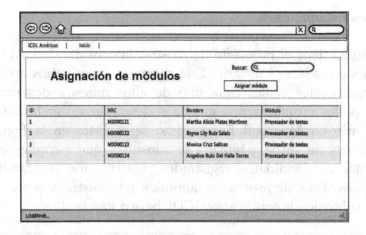

Figura 14. Bosquejo de interface de la Página Asignación de módulos.

Interface Asignar Exámenes

Esta página tiene el propósito de mostrar los exámenes asignados a cada uno de los candidatos del curso, así como da la opción de asignar un nuevo examen, como se muestra en la Figura 15 el bosquejo de dicha página. Está compuesta por un botón de búsqueda ubicado en la parte superior derecha el cual le permite al usuario buscar algún candidato ya sea por nrc, nombre o apellido o algún examen de módulo, para saber cuántas personas tienen asignado dicho examen, también cuenta con un botón llamado Asignar examen.

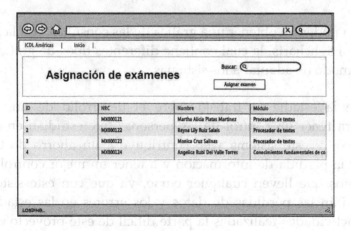

Figura 15. Bosquejo de interface de la Página Asignación de exámenes.

Interface Estadísticas

Esta página tiene el propósito de mostrar la consulta de Estadísticas que puede realizar el usuario. Está compuesta por varios apartados de consultas, los cuales cada uno de ellos muestra dos opciones ya sea poder visualizar una gráfica o descargar un archivo CSV y visualizarlo en Microsoft Excel, como se muestra en la Figura 16 el bosquejo de dicha página. Las consultas que permite realizar son Total de candidatos registrados, Distribución de candidatos registrados, Total de profesores, alumnos, administrativos o externos que han obtenido la certificación ICDL base o standard.

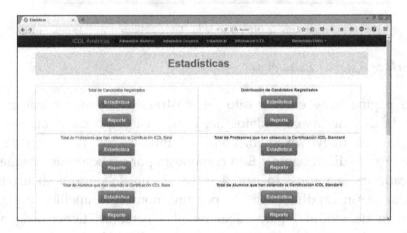

Figura 16. Interface real de la Página Estadísticas.

También podemos obtener una gráfica de las consultas, con la librería llamada Highcharts, la cual contiene diferentes tipos de gráficas y es muy cómodo de adaptar a los sistemas.

Durante la estadía se trabajó sobre el desarrollo de un sistema web para tener un control de las personas que estudian en centros educativos y este sistema web contribuye a un ahorro de tiempo, a evitar la pérdida de información y a tener un mejor control de los candidatos que lleven cualquier curso, ya que con este sistema se disminuirán las pérdidas de datos y los errores en las estadísticas. De las actividades realizadas la parte difícil de este proyecto en gran medida fue el implementar las gráficas y la realización de archivos en

Microsoft Excel por medio de códigos, ya que las librerías utilizadas contienen funciones y variables que aún no son reconocidas en PHP o se escriben de diferente manera, para resolver esto se optó por realizar investigaciones más a fondo en blogs y en foros de programación. Como trabajo futuro se puede contemplar el desarrollo de un módulo más, para poder realizar consultas de acuerdo a los datos que especifique el usuario, también se puede agregar la parte visual como usuario, ya que por el momento solo se requirió hacer la parte de administrador, además se puede incorporar un diseño atractivo para el sistema, incluyendo principios de usabilidad como un diseño minimalista, la consistencia, la flexibilidad y eficiencia del sistema. De este proyecto se obtuvo mucho en cuanto a conocimiento ya que se utilizaron elementos y herramientas del más reciente lenguaje de programación HTML5 y PHP.

Referencias

Alvarado, J. (2013). *Soluciones en internet*. Obtenido de Highcharts: https://enboliviacom.wordpress.com/2013/03/01/highcharts- libreria-para-creacion-de-graficos/

Américas, I. (2013). Obtenido de MAnual de Centros Autorizados de Exámenes ICDL.

Berners-Lee, T. (2004).

C., C. (2008). *TIC y prácticas educativas. Realidades y expectativas.* Obtenido de http://www.fundacionsantillana.com/upload/ficheros/paginas/200906/xxii_semana_ monografica.pdf

CompraCLOUD. (2015). Obtenido de http://www.compracloud.com/servicios/lumzy

Developer, G. C. (2012). *Grupo CF Developer*. Obtenido de http://www.grupocfdeveloper.com/modulo_de_gestion_escolar_web.htm

Distancia, D. d. (2015). *Universidad Autónoma de Tamaulipas.* Obtenido de http://www.uat.edu.mx/SACD/EAD/Paginas/Antecedentes.aspx

EbizLatam. (Agosto de 2015). *GRIP impulsa automatización de respaldo de información en empresas CrashPlan.* Obtenido de http://www.ebizlatam.com/news/131/ARTICLE/24097/2015-09-11.html

Eskolare. (2012). *Eskolare.* Obtenido de www.eskolare.com

González, E. (2015). *¿Qué es PHP? y ¿Para qué sirve? Un potente lenguaje de programación para crear páginas web.* Obtenido de http://www.aprenderaprogramar.com/index.php?option=com_content&id=492:ique-es-php-y-ipara-que-sirve-   un-potente-lenguaje-de-programacion-para-crear-paginas-web-cu00803b&Itemid=193

González, F. (2014). *Algún título.* Cd. Victoria: McGraHill.

ICDL. (2015). *La certificación de competencias digitales ICDL en la educación: La*

Opinión de los expertos. Obtenido de

http://www.learningreview.com/blogs/item/140-   la-certificaci%C3%B3n-de-competencias-digitales-icdl-en-   la-educaci%C3%B3n-la-opini%C3%B3n-de-los-expertos

IICD. (Noviembre de 2007). *Las TIC para el sector educativo.* Obtenido de http://www.iicd.org/files/Education-impactstudy-Spanish.pdf/

Introduccion a JSON. (2014). Obtenido de http://www.json.org/json-es.html

Latinoamerica, R. (2013). *El lenguaje de programación PHP.* Obtenido de http://redgrafica.com/El- lenguaje-de-programacion-PHP

León Martínez, J., & Tapia Rangel, E. (2013). *Educación con TIC para la sociedad del Conocimiento.* Obtenido de Revista Digital Universitaria: http://www.revista.unam.mx/vol.14/num2/art16/art16.pdf

Linares, U. T. (2012). *Universidad Tecnológica Linares.* Obtenido de http://www.suriutl.edu.mx

Manuel, F. (Febrero de 2012). *Sublime Text, un sofisticado editor de código multiplataforma.* Obtenido de http://www.genbeta.com/herramientas/sublime-text-un-sofisticado-editor-de-codigo-multiplataforma

Oracle. (2015). *Oracle.* Obtenido de http://www.oracle.com/es/products/mysql/overview/index.html

Pérez Valdés, D. (Noviembre de 2007). *Los diferentes lenguajes de programación para la Web.* Obtenido de http://www.maestrosdelweb.com/los-diferentes-lenguajes-de-programacion-para- la-web/

Pérez, J. (Septiembre de 2013). *Principales lenguajes de programación web, ventajas y desventajas.* Obtenido de http://www.registrodominiosinternet.es/2013/08/lenguajes-programacion-web-ventajas.html

Piedras, E. (2015). *Las TIC en la Educación.* Obtenido de Periódico El Economista online: http://eleconomista.com.mx/columnas/columna-especial-empresas/2012/12/26/las-tic-educacion

SINED-UAT, N. (2015). *Universidad Autónoma de Tamaulipas.* Obtenido de http://www.uat.edu.mx/SACD/EAD/Paginas/Misi%C3%B3n.aspx

Solares, F. (Septiembre de 2015). *¿Automatizar todo?* Obtenido de http://www.kentron.com.ve/novedades/automatizar_todo.htm

Walker, G. (Junio de 2011). *Fundamentos HTML5*. Obtenido de http://www.ibm.com/developerworks/ssa/web/library/wa- html5fundamentals/

WampServer. (2015). Obtenido de http://www.wampserver.com/en/

Webparacolegios. (2014). *Web para Colegios*. Obtenido de http://www.webparacolegios.com.ar/index.php

Herramientas digitales como apoyo al aprendizaje del idioma inglés

Enrique Bonilla Murillo

Universidad Autónoma de Tamaulipas, ebonilla@docentes.uat.edu.mx.

Resumen

En este capítulo se describe Duolingo como una plataforma con múltiples herramientas digitales que auxilian a los alumnos a gestionar su propio conocimiento del idioma. Se describen sus características y desventajas, pero se enfatiza en sus ventajas y como estas pueden ser utilizadas por los alumnos y docentes de inglés para desarrollar las competencias lingüísticas necesarias para comunicarse efectivamente en el idioma inglés. Además, se describe Duolingo como una tecnología de aprendizaje apta para el enfoque por competencias y el aprendizaje centrado en el alumno, así mismo, las posibilidades de evaluación que ofrece. Posteriormente se argumentan los resultados y percepciones de los alumnos en su utilización. Se describe la percepción del docente y perspectivas de su utilización a nivel institucional. Finalmente, se analiza cómo la integración de este tipo de herramientas podría ser una opción viable para que los alumnos alcancen los niveles establecidos de inglés y a la par, ayudarlos a desarrollar sus competencias.

Palabras clave: idiomas, inglés, tecnologías de aprendizaje, herramientas digitales

Introducción

El sistema de educación tradicional fue implementado en la era industrial y ha funcionado bien en los últimos cien años para algunos alumnos, pero no para todos. Hay evidencia que muestra que las necesidades de los alumnos no han sido cubiertas (Sullivan, 2015). En este sistema tradicional la estandarización sobre salía en todas sus formas, en las características de los estudiantes, la forma de enseñarles y evaluarles. Más aun en la organización del salón de clase (Christensen, 2008). Desafortunadamente para los alumnos, en muchas instituciones de educación superior estos elementos tradicionales prevalecen. A pesar que las tecnologías de aprendizaje tienen una larga historia en la educación. Todavía no han logrado cambios significativos en el proceso de enseñar y aprender (Zepeda & Ramírez, 2010).

Las tecnologías de la información y de la comunicación han cambiado el estilo de vida de las personas. La globalización y el rápido desarrollo de la tecnología en todo el mundo nos ha llevado a integrar herramientas y tecnologías digitales en nuestras vidas en todos los sentidos (Vorobel & Kim, 2012). Además de facilitar la interacción entre las personas y simplificar el comercio, la ciencia, el entretenimiento y la educación. Estas tecnologías son tan importantes que se utilizan para medir el desarrollo de los países (Cobo, 2009). En las economías basadas en el conocimiento de hoy en día, las personas requieren aprender y desarrollar habilidades constantemente para adaptarse a los cambios que se están produciendo. Cobo (2009) argumentó que las tecnologías de aprendizaje desempeñan un papel importante en el rendimiento de los individuos en el siglo 21, ya que facilitan el aprendizaje y desarrollan habilidades.

Sin embargo, el uso de la tecnología en el proceso de enseñanza aprendizaje no es suficiente. Debe haber una integración estratégicamente planeada para que sea eficiente y pueda causar los cambios que se requieren para facilitar a los alumnos el desarrollo de habilidades (Bates & Sangrà, 2011). Conjuntamente, Garner (2013) argumentó que la planeación estratégica en las instituciones de educación superior es usada para enfrentar los cambios que ocurran. Por esto, las universidades deben buscar formas de motivar e involucrar a los alumnos a ser responsables de su propio aprendizaje. Es responsabilidad de las escuelas proveer ambientes que aceleren el aprendizaje y creatividad (Johnson, Adams Becker, Estrada, 2015).

Ahora, los alumnos deben tener un papel más autónomo en su proceso de aprendizaje. El papel del docente es ser promotor de estrategias de aprendizaje diversas y en contextos ricos para ayudar al desarrollo de los estudiantes. Las TIC no son solo herramientas para lograr una meta particular, tampoco son la panacea. Sin embargo, proporcionan mejores posibilidades de comunicación e interacción. Crean ambientes de aprendizaje favorables y oportunidades de colaboración y generación de conocimiento (Bates & Sangrà, 2011). Las instituciones educativas se encuentran en un proceso de cambio constante. Sus tecnologías de aprendizaje y recursos requieren ser actualizados de igual forma. Por otro lado, los docentes necesitan competencias pertinentes para integrar las tecnologías de aprendizaje de manera más eficiente. También es imperativo que existan comités responsables de monitorear el uso de estas tecnologías.

En este capítulo se describe Duolingo como una plataforma con múltiples herramientas digitales que auxilian a los alumnos a gestionar su propio conocimiento del idioma. Se describen sus características y desventajas, pero se enfatiza en sus ventajas y como estas pueden ser utilizadas por los alumnos y docentes de inglés para desarrollar las competencias lingüísticas necesarias para comunicarse efectivamente en el idioma inglés. Posteriormente se argumentan los resultados y percepciones de los alumnos en su utilización. Se describe la percepción del docente y perspectivas de su utilización a nivel institucional. Finalmente, se analiza cómo la integración de este tipo de herramientas podría ser una opción viable para que los alumnos alcancen los niveles establecidos de inglés y a la par ayudarlos a desarrollar sus competencias.

La relación de la tecnología con la educación

La tecnología ha impactado de manera diferente a las distintas instituciones educativas. Han permitido mejorar sus sistemas de administración y ampliar su plan de estudios más allá del aula. El papel de las tecnologías de aprendizaje en la educación es facilitar la comunicación, la interacción y el trabajo colaborativo en clases presenciales, semipresenciales, y en línea. Para ayudar a los alumnos a desarrollar habilidades y darles la posibilidad de participar e influir positivamente en la sociedad. Beaudoin (2015) aseveró que todas las universidades tienen que pensar en el futuro estratégicamente y proveer educación de diferentes maneras. Sin embargo, es un gran desafío para muchas instituciones que no tienen la infraestructura para ofertar este tipo de servicios educativos. La tecnología y el aprendizaje en línea en la educación superior tienen un papel clave. Al igual que en la vida cotidiana, las instituciones de educación superior utilizan la tecnología para simplificar los procesos administrativos, mejorar la comunicación y reducir los costos en diferentes áreas (Bates y Sangrà, 2011). Asimismo, en los últimos años, la tecnología se ha convertido móvil, interconectada y disponible debido a su precio.

La sociedad del conocimiento requiere que las instituciones ofrezcan cursos mediados a través de la tecnología, ya sea mixtos o totalmente en línea (Vorobel & Kim, 2012). Empero, Baran (2014) mencionó que el uso de entornos de aprendizaje en las escuelas sigue siendo bajo. Hoy en día, los alumnos tienen diferentes características y diferentes necesidades. Bates y Sangrà (2011) mencionaron que estos alumnos están más familiarizados y se sienten más cómodos con la tecnología digital. Además, están más conectados con el mundo y sus amigos a través de la tecnología. Por otro lado, realizan tareas simultáneamente y responden adecuadamente a las comunicaciones. Entre otras cosas, estos alumnos prefieren aprender experimentando e interactuando socialmente. Por lo tanto, prefieren trabajar en equipos o grupos, además, son más visuales y activos. Del mismo modo, las instituciones están todavía en el proceso de adaptación, al parecer no todas han sido capaces de superar esta etapa. Las universidades han integrado tecnologías de la información y comunicación en algunos aspectos, pero esta integración es sólo para mejorar los procedimientos ya existentes, es decir, la creación de versiones académicas en línea de lo que se imparte en modo presencial, sin el proceso de innovación y el uso de la tecnología educativa (Michael, 1999).

El propósito fundamental de las instituciones de educación superior es empoderar a las personas para que adquieran y generen conocimiento. También, que reflexionen sobre el impacto y la complejidad de su comportamiento en la toma de decisiones con perspectiva global y responsabilidad. Por esto, las instituciones educativas deben participar en la discusión de nuevas formas de vivir y trabajar de manera sostenible (Barth, 2007). Las instituciones educativas deben ser mejoradas constantemente para anticipar el desarrollo del sector productivo y prepararse para los cambios que puedan surgir (Zepeda y Ramírez, 2010). Mientras tanto, las tecnológicas de aprendizaje en línea ofrecen una solución a estas cuestiones. Siempre y cuando se implementen herramientas digitales con ese propósito. Robinson y Hullinger (2008) comentaron que es responsabilidad de las instituciones y profesores el diseño de actividades significativas que favorezcan la interacción y la comunicación. La realidad de hoy en día, en el que las naciones son más interdependientes, la globalización de la cultura, la política y la economía, se requiere que las instituciones educativas proporcionen cursos y certificaciones a través de la tecnología (Bates, 2015).

Las instituciones tienen la oportunidad de ayudar a los alumnos a través de la tecnología en el desarrollo de habilidades, conocimientos y actitudes, porque propician la creatividad y la innovación (Robinson y Hullinger, 2008). En un artículo sobre tecnologías para la enseñanza de inglés, Munzur (2013) concluyó que el proceso de aprendizaje se extiende más allá del aula con la tecnología digital. La tecnología ofrece a los alumnos flexibilidad al realizar tareas. Tienen más oportunidades de tener éxito en su realización, porque les permite aprender dentro y fuera del aula. Por consiguiente, la tecnología y el aprendizaje en línea permiten construir mejores instituciones de educación superior. La integración de la tecnología puede beneficiar positivamente en la satisfacción de las necesidades de los alumnos y de la sociedad. Del mismo modo, provee oportunidades flexibles, mejores resultados de aprendizajes, y alumnos mejor preparados. Por otro lado, permite mejores sistemas de comunicación e interacción entre la administración, docentes y alumnos (Bates y Sangrà, 2011).

El aprendizaje del idioma inglés y su relación con las competencias del siglo XXI

El aprendizaje del idioma inglés forma parte de las habilidades del siglo XXI. La capacidad de comunicarse efectivamente en otros idiomas permite a las personas acceder a diferentes fuentes de información. De la misma forma, interactuar con individuos de distintos ámbitos culturales y sociales, también, fomenta el aprendizaje del idioma inglés. De igual forma, el idioma inglés sirve como medio para comunicarse internacionalmente y por ende conectar con personas con intereses mutuos. Por esta razón, aprender inglés es esencial para alumnos y docentes. El rol de la tecnología digital es imperativo en el aprendizaje de inglés porque las herramientas digitales para el apoyo al aprendizaje son muy diversas y ofrecen características adecuadas a la educación centrada en el estudiante y al enfoque de educación basado en competencias. También porque son convenientes para una gran variedad de alumnos de la sociedad actual.

En un análisis sobre la educación del siglo XXI, Shank (2000) mencionó que la tecnología permite el diseño de una educación en la que los estudiantes aprenden haciendo. Por otro lado, Christensen (2008) apuntó que el aprendizaje basado en la computadora provee oportunidades al alumno de adaptar y adecuar contenidos de acuerdo a sus necesidades. Las *flipped classrooms* o clases invertidas, *learning analytics* y la educación basada en competencias son ejemplo de nuevos enfoques que pueden hacer una diferencia y proveer lo que los alumnos necesitan. Precisamente, una educación con base en la provisión de elementos esenciales que requiere el ser humano para colaborar y aprender como: seguridad, respeto y confianza. Especialmente porque el enfoque basado en competencias reorienta el proceso de educación hacia el dominio y aplicación de conocimientos y habilidades en el mundo real, más aun, porque con este enfoque los alumnos pueden aprender a su propio paso y con el apoyo de recursos siempre disponibles, reusables y efectivos (King, 2015). El papel del docente en es facilitar el proceso de aprendizaje de los alumnos. Esto implica planear, organizar, mediar, orientar, y evaluar el desempeño de los alumnos de manera constante y progresiva.

El aprendizaje móvil y su relación con la enseñanza y aprendizaje del idioma Inglés

El aprendizaje del idioma Inglés es una tarea que lleva tiempo, esfuerzo y mucha motivación para lograrlo. El factor que más influye en el aprendizaje del idioma Inglés es la motivación. Una persona motivada tiene la capacidad de establecerse metas y cumplirlas para alcanzar sus objetivos de aprendizaje. En estas condiciones es capaz de disminuir la ansiedad y eliminar barreras para aprender (Cheng, Hwang, Wu, Shadiev, & Xie, 2010). El aprendizaje de una lengua se debe practicar con situaciones reales de la vida cotidiana a través de más actividades de comprensión auditiva y expresión oral. La mejor manera de aprender el idioma Inglés es a través de la interacción que se da entre los estudiantes y el docente. Es por ello que se requiere de diseñar estrategias que propicien la interacción. Un aspecto de la teoría de Vygotsky (citado por (Abdullah, Hussin, Asra, & Zakaria, 2013) establece que los estudiantes aprenden cuando interactúan, pero esta interacción que se da entre los contenidos debe ser mediada por docentes capacitados en aprendizaje móvil ocurre de manera similar (Abdullah et al., 2013).

A simple vista, se percibe que muchos alumnos tienen un dispositivo móvil, comúnmente es el teléfono inteligente. Por lo tanto, se puede utilizar para aprender en cualquier lugar y a cualquier hora. Con el uso de aplicaciones los estudiantes pueden descargar contenido y administrarlo desde su dispositivo móvil, además existen aplicaciones educativas con componentes lúdicos que pueden potenciar el aprendizaje del idioma Inglés. El informe de la UNESCO sobre El Futuro del Aprendizaje Móvil de 2013, reportó que el número de aplicaciones instaladas relacionadas a la educación va en aumento, de 270 millones en 2011 a diez veces más que en 2009. En la actualidad esto es una gran ventaja, por la variedad de aplicaciones que existen para estos dispositivos móviles. A pesar de que han surgido tantas aplicaciones e ideas de cómo utilizarlos e integrarlos en los salones de clase, todavía falta mucho que descubrir en cuanto a las mejores estrategias de su utilización (A. Khrisat & Saleem Mahmoud, 2013). Sin embargo, Kolb comenta que es un error no integrar a la clase una tecnología que los estudiantes están dispuestos a usar (A. Khrisat & Saleem Mahmoud, 2013).

De acuerdo al estudio de Khrisat (2013) el uso de aparatos móviles tiene una aceptación favorable en la mayoría de los casos, sin embargo, apunta la importancia de identificar qué tan eficiente son las estrategias didácticas mediadas por este tipo de tecnología. Del mismo modo el estudio, indica que el uso del teléfono inteligente otorga un sentido de libertad más amplio y que el proceso de aprendizaje es personalizado, espontaneo, informal y continuo (Khrisat et al., 2013) En el proceso del aprendizaje móvil es sumamente importante considerar las actitudes de los estudiantes en relación al uso de sus dispositivos móviles para desarrollar competencias lingüísticas eficientes. Por lo tanto, si se requiere una actitud positiva en cuanto a su uso, y sobre los beneficios que trae consigo la implementación en la educación.

Estudios realizados en 2012 por Wang, Chen, y Fang, citado por (Khrisat et al., 2013) demostraron que la integración del aprendizaje móvil en las clases tradicionales de Inglés, los estudiantes disfrutaban las actividades dado que no existía ansiedad relacionada con el uso de la tecnología móvil. El estudio observó las siguientes actitudes: preparación tecnológica, aprendizaje percibido y percepción sobre el diseño apropiado de las actividades. En otras palabras, no se percibió ansiedad en los estudiantes y su actitud hacia el aprendizaje fue más favorable. Otros estudios también demuestran que el aprendizaje es más efectivo y motivante cuando la aplicación móvil tiene un componente lúdico.

Además, cuando los usuarios perciben que la actividad es efectiva y eficiente, es porque cuenta con esa parte relacionada a actividades divertidas o de juegos (R. Huang, 2014). En otras investigaciones se han demostrado un mayor grado de percepción en mujeres sobre el uso de tecnología móvil, ellas percibieron haber alcanzado mejores resultados gracias a la disponibilidad, accesibilidad, portabilidad y versatilidad de los dispositivos móviles. También se encontró que no obstante que los estudiantes encuentran grandes beneficios sobre el uso de dispositivos móviles, establecen la importancia de la supervisión y consejo de sus docentes para tener éxito en el uso de la tecnología móvil (Oz, 2015). Aunado a esto para poder influir en el proceso de aprendizaje y en la educación en general los docentes necesitamos comprender los cambios que surgirán en el futuro en cuanto al desarrollo tecnológico y al aprendizaje móvil, y así poder influir en las innovaciones tecnológicas que vayan surgiendo (C. Shuler, N. Winters, 2013).

El reto más significativo en la implementación de herramientas digitales es el involucramiento de los alumnos (Montogomery, Hayward, Dunn, Carbonaro, & Amrhein, 2015). En efecto, la motivación es lo que encamina a los alumnos a tomar el control de su aprendizaje. De acuerdo con Yañez y Okada (2015) la tecnología puede ayudar a las personas a aprender toda su vida, pero es necesario adaptar el contenido para crear experiencias de aprendizaje más enriquecedoras. Por otro lado, Munzur (2013) mencionó que la tecnología provee herramientas más coloridas y con materiales más dinámicos y contenido rico en contextos reales. La idea de este tipo de estrategias de aprendizaje mediada por tecnología necesita ser capaz de motivar a los alumnos a querer seguir aprendiendo de forma ubicua durante sus vidas.

De acuerdo a opiniones de los propios alumnos que han utilizado este tipo de herramientas, las encuentran muy motivantes porque pueden trabajar a su propio ritmo. Comentan que prefieren este tipo de actividades a estar respondiendo un libro de ejercicios como normalmente se hace en las escuelas. Les agrada que pueden trabajar los contenidos en su teléfono inteligente. Por otra parte, les parece retador que contenga el componente lúdico. También, que aparte de aprender inglés se motivan a aprender otros idiomas en la misma plataforma. Les gusta el hecho que sea una red social de aprendizaje porque se puede interactuar con otros usuarios alrededor del mundo. Han comentado que es adictivo en el buen sentido de la expresión, porque los tiene enganchados en cada lección, además, porque tiene una estructura clara y sencilla en la que pueden verificar su avance de una manera muy gráfica. En términos generales siempre han mostrado disposición para su uso. Sin embargo, si necesitan motivación extrínseca para incentivar su uso regularmente. Es decir, su motivación aumenta cuando los docentes toman en cuenta el uso de estas herramientas en las evaluaciones y calificaciones. No obstante, lo ideal es que los alumnos desarrollen competencias de trabajo independiente.

Duolingo como herramienta digital para aprender y enseñar el idioma inglés

Duolingo una plataforma basada en la web y aplicación móvil lanzada en 2012. Actualmente tiene versiones completas del idioma español, francés, italiano, alemán, portugués e inglés y muchos otros idiomas que están en proceso de creación. Duolingo se encuentra en www.duolingo.com. Duolingo es muy similar en cuanto a los niveles y la organización de los temas de cualquier idioma. Se tiene la opción de realizar unidad por unidad o exonerarse con un examen en cada nivel.

Las lecciones cuentan con audio y explicaciones. Es muy motivante ya que tiene el formato de un video juego, donde les dan "vidas" para terminar una lección. También, el software tiene la opción de realizar traducciones de documentos, que ayudan a los alumnos a practicar el idioma. Así mismo, otorga dinero virtual "lingots" que se acumula con el uso diario de Duolingo. Lo primero que se realiza es una cuenta con un correo electrónico. Una vez que se realiza el registro se elige el idioma que se quiera aprender, en este caso Inglés. El idioma que se elija se podrá practicar para aprender o para enseñar.

Para crear un grupo y agregar alumnos, se puede ingresar a https://schools2.duolingo.com/ en esta plataforma se administra los contenidos y grupos de alumnos agregados. Una vez que se haya agregado a los alumnos se podrá monitorear su avance en la plataforma. Se puede asignar actividades y establecer fechas de entrega.

De igual manera, se puede utilizar Duolingo para realizar ejercicios con alumnos de forma presencial. Docentes y alumnos pueden realizar las actividades de Duolingo en la página web o en la aplicación móvil de cualquier plataforma Android, IOS, o Windows.

No hay un límite de alumnos a monitorear y se puede utilizar durante un semestre o semestres que cursen la asignatura de inglés. O bien, se puede seguir utilizando aún después de terminado los cursos regulares. Sin embargo, se recomienda utilizarlo periodos más cortos en los que el docente pueda evaluar su avance.

Cabe mencionar que la misma plataforma ofrece un apartado de evaluación que se ubica en: https://testcenter.duolingo.com/ sin embargo, esta tiene un costo para quienes deseen evaluarse.

La plataforma Duolingo y sus herramientas digitales pueden ayudar a los alumnos a desarrollar competencias del siglo 21, como habilidad para aprender independientemente, pensamiento critico, conocimiento de gestion y administración de información, solución de problemas, habilidades sociales, felxibilidad y adaptabilidad (Sullivan, 2015). Esto es porque su enfoque se relaciona con aprendizaje centrado en el alumnos y propicia el aprendizaje autonomo. (Christensen, 2008) afirmó que el aprendizaje centrado en el alumno permite aprender en formas que son consistentes con sus estilos de aprendizaje, en lugares y al ritmo que ellos prefieran. Por otro lado, Cela, Fuertes, Alonso and Sánchez (2010) mencionaron que las herramientas web 2.0 pueden ser adaptadas a este tipo de aprendizaje porque se adaptan a las necesidades de los alumnos.

Consideraciones finales

La globalización y el rápido desarrollo de la tecnología en todo el mundo nos ha llevado a integrar herramientas digitales a nuestras vidas en todos los sentidos. Muchas instituciones educativas han tenido la necesidad de ofrecer cursos mediados por la tecnología, ya sea de forma mixta o totalmente a distancia. La educación actual no se puede concebir sin tomar en cuenta los avances de la tecnología, desde el proceso de enseñanza-aprendizaje, hasta los procesos administrativos de la clase y de la institución. Numerosos estudios han encontrado que la educación a distancia de lenguas como segundo idioma puede tener la misma o mejor eficiencia que la presencial (Vorobel & Kim, 2012). Para esto se requiere diseñar estrategias mediadas por la tecnología, adecuadas a los diferentes entornos. De acuerdo con (Munzur, 2013) el uso de materiales auténticos como podcast, videos, blogs y materiales basado en la web, ha remplazado la enseñanza exitosamente. Es decir, los estudiantes son más responsables de su aprendizaje utilizando estas herramientas digitales.

Existen muchos factores que influencian el uso de herramientas digitales en el salón de clases, el éxito de su aplicación depende de los docentes y la institución. Por parte de la institución se requiere que provea la infraestructura tecnológica necesaria para fomentar su uso, de igual forma se requiere que capacite a los docentes en temas relacionados a la aplicación de herramientas digitales innovadoras para entornos presenciales, mixtos y virtuales. En cuanto a los docentes, es imperativo que se formen en el uso de herramientas digitales para enseñar y aprender inglés. También, es muy importante que los docentes muestren una disposición favorable en la aplicación de la tecnología en los procesos de enseñanza-aprendizaje.

Las herramientas tecnológicas proveen materiales más dinámicos, más coloridos, con contenidos más ricos y en contextos reales. Con el uso de la tecnología se pueden presentar ideas de diferentes maneras y nos da la oportunidad de visualizar ideas abstractas. La utilización de la plataforma Duolingo como herramienta digital ofrece una amplia variedad de oportunidades de aprendizaje. Por otro lado, el rol que debe desempeñar el docente en este enfoque, es el de un docente participativo, creador de ambientes que propicien el aprendizaje, además, que tenga una visión clara de las necesidades que demanda la sociedad para seguir preparándose como docente y propiciar experiencias que sean verdaderamente significativas.

La implementación y uso de esta herramienta implica darles la oportunidad a los estudiantes de integrar actividades de auto-aprendizaje, donde ellos puedan regular su propio tiempo y espacio. Así mismo, requiere por parte del docente de diseñar instrumentos adecuados donde demuestren el dominio de las competencias y del conocimiento del idioma. El reto es diseñar instrumentos de evaluación eficaces y eficientes que comprueben el desarrollo de las competencias lingüísticas. Igualmente, que estos instrumentos de evaluación se adapten a las herramientas de seguimiento que se incluyen en la plataforma Duolingo. Para lo anterior, se requiere del trabajo colegiado, donde los docentes trabajen colaborativamente para la planeación, desarrollo, aplicación y evaluación de estrategias de aprendizaje pertinentes al enfoque por competencias.

De acuerdo con Duolingo (2016) esta es una aplicación divertida y adictiva porque los usuarios adquieren puntos cuando obtienen respuestas correctas, es contra reloj y van subiendo de nivel. Por otro lado, Vesselinov y Grego (2012) aseguró que el programa es más eficiente que un curso en una universidad y estiman que 34 horas usando Duolingo equivale a la instrucción proveída en un semestre de 16 horas. Sin embargo, estudios realizados sobre el uso de Duolingo en las universidades, Munday (2016) sugirió que Duolingo promueve el auto-aprendizaje más allá de los requisitos de los cursos, además que se requiere más investigación en esta área. También, concluye que los alumnos dejan de usar la plataforma una vez que se terminan los cursos formales. Y demuestra que alumnos de nivel A1 son los más interesados a utilizarlo, por el contrario, los alumnos de nivel B1 tienden a tener una percepción menos positiva sobre su uso.

En términos generales Duolingo como herramientas de enseñanza y aprendizaje ofrece aprendizaje móvil básico, conveniente y gratis para todo tipo de alumnos. Contiene características de aprendizaje basado en el juego que permite a los usuarios mantenerse enganchados. Sin embargo, Cunningham (2016) apuntó que su estructura curricular es lineal, y carece de lenguaje autentico, es limitado. Por otro lado, las actividades no presentan una realización completa, relevancia y utilidad. Pero, su diseño ofrece una opción para material suplementario. También, como un repaso a una experiencia más completa. El éxito en la implementación y uso de este tipo de herramientas para aprender y enseñar depende totalmente del usuario. Tanto docentes como alumnos con la motivación adecuada pueden tomar ventaja de lo que ofrece el internet y las herramientas digitales "gratis".

Referencias

Bates, A. (2015). Teaching in a Digital Age. Retrieved January 20, 2016, from http://opentextbc.ca/teachinginadigitalage/

Bates, T., & Sangrà, A. (2011). *Managing technology in higher education: Strategies for transforming teaching and* (Blau & Hameiri, 2010) *learning*. San Francisco, CA: Jossey-Bass.

Baran, E. (2014). A Review of Research on Mobile Learning in Teacher Education Research methods, *17*, 17–32.

Barth. (2007). Developing key competencies for sustainable development in higher education. *International Journal of Sustainability in Higher Education, 8*(4), 416–430. http://doi.org/10.1108/14676370710823582

Beaudoin, M. F. (2015). Distance Education Leadership in the Context of Digital Change, *16*(2), 33–44.

Blau, I., & Hameiri, M. (2010). Implementing Technological Change at Schools : The Impact of Online Communication with Families on Teacher Interactions through Learning Management System, *6*.

Cobo, J. (2009). El concepto de tecnologías de la información. Benchmarking sobre las definiciones de las TIC en la sociedad del conocimiento.

Duolingo. (2016). Recuperado September 8, 2014, 2014, de http://www.duolingo.com

Flavián, C., Longás, L., & Lozano, J. (2013). E-learning and market orientation in higher education. *Education and Information Technologies, 18*(1), 69–83. http://doi.org/10.1007/s10639-011-9176-6

Gregory, S. (2015). Barriers and Enablers to the Use of Virtual Worlds in Higher Education: An Exploration of Educator Perceptions,

Attitudes and Experiences. *Educational Technology & Society*, *18*(1), 3–12.

Holland, J., & Holland, J. (2014). Implications of Shifting Technology in Education. *TechTrends*, *58*(3), 16–25. http://doi.org/10.1007/s11528-014-0748-3

Johnson, Adams Becker, Estrada, and F. (2015). *Horizon Report: 2015 Higher Education Edition. Reading.* http://doi.org/ISBN 978-0-9906415-8-2

Malik, S. K. (2015). *STRATEGIES FOR MAINTAINING QUALITY*, (January), 238–249.

Michael, P. (1999). Academic technology and the future of higher education : Strategic paths taken and not taken.

Munzur, Z. (2013). Technology is Our Friend : Using Technology to Teach English Learning Strategies, 51–64.

Munday, P. (2016). The case for using DUOLINGO as part of the language classroom experience. RIED. Revista Iberoamericana de Educación a Distancia, 19 (1), 83-101. doi: http://dx.doi.org/10.5944/ried.19.1.14581

Nguyen, F., & Frazee, J. P. (2009). Strategic technology planning in higher education. *Performance Improvement*, *48*(7), 31–40. http://doi.org/10.1002/pfi

Robinson, C. C., & Hullinger, H. (2008). New Benchmarks in Higher Education: Student Engagement in Online Learning. *Journal of Education for Business*, *84*(2), 101–109. http://doi.org/10.3200/JOEB.84.2.101-109

Sclater, N. (2008). Web 2 . 0, Personal Learning Environments, and the Future of Learning Management Systems. *Management*, *2008*(13), 2008–2009. Retrieved from http://net.educause.edu/ir/library/pdf/ERB0813.pdf

Shuler, N. Winters, M. W. (2013). El futuro del aprendizaje móvil, (ISSN 2305-8617), 49.

Vorobel, O., & Kim, D. (2012). Language teaching at a distance: An overview of research. *CALICO Journal, 29*(3), 548–562.

Vesselinov, R., & Grego, J. (2012). Duolingo effectiveness study. Retrieved from Duolingo website:http://static.duolingo.com/s3/ DuolingoReport_Final.pdf

Zepeda, B. G. P., & Ramírez, G. M. (2010). Educación Superior basada en Competencias. *Fel.Uqroo.Mx*, (Fel), 494–510. Retrieved from http://fel.uqroo.mx/adminfile/files/memorias/paredes_ zepeda_bertha_guadalupe__marquez_ramirez_gabriel.pdf

Herramientas digitales para el fortalecimiento de la enseñanza en ciencias sociales

Claudia Rita Estrada Esquivel [1], Jesús Roberto García Sandoval [2]

[1] Universidad Autónoma de Tamaulipas, crestrada@docentes.uat.edu.mx
[2] Universidad Autónoma de Tamaulipas, jrgarcia@docentes.uat.edu.mx

Resumen

El objetivo de las ciencias sociales es desarrollar conocimientos y habilidades en el estudiante que le permita comprender el entorno social, orientarlo para actuar de forma crítica y responsable. El propósito de este capítulo es exponer herramientas digitales para fortalecer la enseñanza y el aprendizaje en las distintas disciplinas del área de las ciencias sociales. La tecnología ofrece herramientas particularmente valiosas que han transformado la enseñanza en gran medida en la educación, las cuales resultan motivadoras para el estudiante. El tipo de herramientas digitales que se proponen en este capítulo están orientadas a las ciencias sociales, las cuales se clasifican en herramientas digitales como recursos didácticos y herramientas digitales para crear recursos didácticos.

Palabras clave: Herramientas digitales, ciencias sociales, recursos didácticos.

Introducción

Las ciencias sociales en el Sistema Educativo Mexicano juegan un papel importante ya que la integración de estas desde la educación básica hasta el nivel medio superior prepara al estudiante para vivir en sociedad. Esta área del conocimiento se ha visto beneficiada con la integración de las TIC, las cuales han evolucionado considerablemente en las últimas décadas. El uso y la implementación de las TIC en el proceso de enseñanza aprendizaje han sido de diversas formas, desde dispositivos de apoyo para impartir una clase, hasta comunicarse por medio del correo electrónico o las redes sociales. En las disciplinas correspondientes a las ciencias sociales la implementación de las TIC ha sido de gran utilidad, puesto que al ser ciencias que estudian la evolución y comportamiento del hombre en sociedad, se requiere de grandes cantidades de información para su análisis tanto del pasado como del presente, la cual gracias al uso de las TIC se pueden encontrar de una modo práctico y oportuno en la red de Internet. Actualmente el uso de herramientas digitales como apoyo en la enseñanza de las ciencias sociales permite que la información se clasifique de forma ordenada, ya sea en plataformas virtuales o en bibliotecas virtuales. Las primeras tienen el objetivo de almacenar videos, documentales y audios; mientras que las bibliotecas virtuales se pueden encontrar libros online clasificados por temas o bien herramientas que permiten la elaboración de videos, de mapas digitales, ejercicios, exámenes, cuestionarios, audios, presentaciones con animaciones e incluso música. La gran diversidad de herramientas y recursos que se pueden utilizar con el apoyo de las TIC, consiente que el docente pueda diseñar o retomar material didáctico para atender los diversos estilos de aprendizaje creando recursos didácticos para las actividades de aprendizaje de los estudiantes ya sean de forma autónoma o colaborativa.

El análisis que sigue a continuación de las ciencias sociales tiene el objetivo de introducir al lector desde una perspectiva general del estudio de estas ciencias, siendo necesario realizar una conceptualización e identificar su objeto de estudio y su integración en la estructura del sistema educativo mexicano en los diferentes niveles educativos así como la relevancia de sus aportaciones en la educación en México. Se presenta una breve descripción sobre los objetivos y estrategia en la educación del país para el fortalecimiento de las Tecnologías de la Información y Comunicación, para finalmente concluir con una selección de herramientas digitales que por una parte contribuyen para la creación de recursos didácticos y otros que ya se encuentran elaborados en internet que sirven como material de didáctico de apoyo en las diferentes disciplinas correspondientes al campo de estudio de las Ciencias Sociales.

Conceptualización sobre las Ciencias Sociales

Ciencia, es el conjunto de conocimientos organizados, universales, susceptibles de comprobarse que elaboran leyes o teorías. Las ciencias se dividen en ciencias naturales y ciencias sociales la que nos ocupa en este capítulo son las ciencias sociales.

Para comprender de forma pertinente la definición de las ciencias sociales, a continuación se muestran algunos conceptos:

Las ciencias sociales estudian, desde diferentes perspectivas teóricas y metodológicas, los diversos aspectos del comportamiento humano, de alguna manera observable e interpretable de los seres humanos considerados en conjuntos significativos, esto es, seres humanos en sociedad. Las ciencias sociales analizan tanto la creación o estructuración de la sociedad como su reproducción o transformación; de igual manera dan cuenta de la construcción de significados por parte de los diferentes sujetos sociales. (Ramírez Saiz, 1999; Paoli Bolio, 1990). En el informe de la UNESCO (2010), menciona que "las ciencias sociales proporcionan las herramientas y técnicas de clasificación, descripción y análisis que nos permiten ver, nombrar y explicar los acontecimientos sobrevenidos a las sociedades humanas. Gracias a ellas podemos descodificar conceptos, hipótesis y mapas mentales subyacentes en el debate sobre esos acontecimientos. Además, proporciona los instrumentos necesarios para calibrar las políticas y las iniciativas, y determinar lo que funciona y lo que no funciona en la sociedad actual". De acuerdo a lo señalado en los conceptos anteriores las ciencias sociales son un conjunto de disciplinas académicas que estudian el origen y desarrollo de la sociedad, de las instituciones y de las relaciones que configuran la vida social, es decir estudia al hombre en sociedad y su interacción con los demás hombres e incluso con el medio ambiente. Por lo tanto son necesarias para entender las acciones humanas e influir en ellas. Del mismo modo son esenciales para lograr objetivos del desarrollo del siglo XXI, desde la reducción de la pobreza hasta la promoción de la igualdad de género. Asimismo son necesarias para hacer frente a desafíos relacionados al cambio climático, que son de índole social como natural.

Integración y relevancia de las Ciencias Sociales en el Sistema Educativo Mexicano

Las ciencias sociales en la educación juegan un papel importante en los diferentes niveles educativos, su relevancia consiste en que, por medio de ellas podemos entender todos los sucesos que han transcurrido en la sociedad a través de los años. Estudian problemas existentes en la sociedad que posteriormente ayudaran a mejorar la calidad de vida de la sociedad en general.

A través de las ciencias sociales, se adquieren conocimientos sociales y humanistas, se sitúan hechos históricos fundamentales de diferentes épocas y lugares, se diferencian aspectos legales, sociales, políticos, económicos, étnicos, culturales, democráticos, geográficos y sociológicos. Sin las ciencias sociales estos fenómenos no se entenderían o no serían analizados oportunamente.

Dentro de la estructura del sistema educativo mexicano en el nivel básico las asignaturas que se imparten tienen como propósito fundamental organizar la enseñanza y el aprendizaje con contenidos básicos donde el niño desarrolle conocimientos y habilidades cognitivas en la lectura, escritura, matemáticas, así como aprender sobre fenómenos naturales; prevención de salud, protección del medio ambiente y recursos naturales. En el área de las ciencias sociales el objetivo es que el niño sea capaz de obtener una visión organizada de la historia y la geografía de México. En el plan de estudios de la educación primaria los conocimientos básicos correspondientes al área de las ciencias sociales se adquieren por medio de las materias de historia, geografía y educación cívica.

En el caso del nivel educativo de secundaria, el propósito principal del plan de estudios en relación a los contenidos es la integración de conocimientos, habilidades y valores que permitan a los estudiantes continuar con el aprendizaje de forma autónoma, la solución de problemáticas en la vida cotidiano y que participe activamente en el ámbito social, político y cultural. En este sentido las prioridades del plan de estudios de secundaria es desarrollar conocimientos sobre las diferentes disciplinas como lo es el español, las matemáticas, física, química etc. En el área de las ciencias sociales su objetivo es profundizar la formación de los estudiantes por medio del análisis de la historia, geografía y civismo con el propósito de que adquieran los elementos necesarios para comprender los procesos de desarrollo de las culturas humanas adquirir una visión global del mundo contemporáneo, inducir a la participación, social, regirse por los valores de la legalidad, el respeto a los derechos, la responsabilidad social y promover el aprecio por la soberanía nacional.

Por lo que se refiere a la educación media superior que es el nivel bachillerato, su principal objetivo es ofrecer una cultura general básica, que comprenda aspectos de la ciencia, el pensamiento lógico, pensamiento crítico, con una actitud participativa y propositiva en su comunidad, proporcionar conocimientos, métodos y técnicas para continuar los estudios superiores y en algunos casos prepararse para actividades productivas en la sociedad.

A este nivel educativo se le otorga un papel importante en el desarrollo de nuestro país en virtud de que debe de promover la participación creativa de las nuevas generaciones en la economía, el trabajo y la sociedad. Cabe mencionar que en este nivel educativo se estableció la Reforma integral del nivel medio superior dentro del Programa sectorial de educación 2007-2012, cuyo objetivo es elevar la calidad de la educación de los estudiantes, señalando que es necesario definir un perfil básico del egresado, estableciendo competencias básicas que se incorporen a los planes de estudio. En este nivel educativo queda establecido el campo disciplinar como Ciencias Sociales y las disciplinas que lo integran son; historia, derecho, sociología, política, antropología, economía y administración. En el caso del nivel superior, el objetivo que se presenta en el Programa Sectorial de Educación 2013-2018 es que, las instituciones deben fortalecer la formación profesionista capaces de generar, aplicar e innovar conocimientos de la ciencia y la tecnología con el propósito de consolidar un sistema nacional de educación superior con proyección y competitividad internacional que permite a los egresados dar respuesta a las necesidades del entorno regional y nacional. En relación a la estructura curricular de los planes y programas se desarrollan de acuerdo al perfil profesional de la carrera universitaria, en este sentido cabe mencionar que las ciencias sociales se integran según sea el caso o las necesidades del programa educativo.

Las TIC en el actual Sistema Educativo Mexicano

En la actualidad las tecnologías de la información y la comunicación en la educación han tomado un lugar preponderante tanto en México como en el resto del mundo, su incorporación en los procesos educativos ha sido desde la inclusión en el currículo hasta la implementación de estrategias pedagógicas y recursos didácticos apoyados en las TIC para el desarrollo de aprendizajes, destrezas, habilidades y conocimientos.

Incorporar las TIC en la práctica docente para que incluyan en su quehacer educativo cotidiano el uso de recursos multimedia novedosos atractivos y facilitadores del aprendizaje ha sido un gran reto para las autoridades educativas ya que la tecnología y sus herramientas avanzan de manera exponencial. En este sentido el sistema educativo mexicano pretende ofrecer a los estudiantes una formación donde desarrolle habilidades actitudes, conocimientos y valores que fortalezca su participación en la sociedad del conocimiento del siglo XXI y que le permita su inserción en el mundo laboral.

En el Programa Sectorial de Educación 2012-2018 se prevén seis objetivos para el fortalecimiento educativo; uno de los objetivos relacionado con las TIC es el número seis, el cual expresa: "Impulsar la educación científica y tecnológica como elemento indispensable para la transformación de México en una sociedad del conocimiento", en el que se menciona que para acceder como país a la sociedad del conocimiento es necesario instruir en la población, desde la educación básica, una actitud creativa mediante el conocimiento científico y el desarrollo tecnológico, ofrecer una educación moderna y de calidad a los niños, niñas y jóvenes de hoy, el cual implica facilitarles el acceso a las herramientas que proveen las nuevas tecnologías de la información y las telecomunicaciones, así como fomentar el desarrollo de destrezas y habilidades cognitiva asociadas a la ciencia y la tecnología.

En relación al Plan estatal de desarrollo de Tamaulipas 2011-2016 por una Educación Integral algunas de las estrategias son; fomentar la utilización eficaz de las tecnologías de información y comunicación en los procesos educativos hacia una sociedad del conocimiento, establecer programas de formación continua, pertinentes y de calidad para docentes y directivos, que consoliden sus competencias profesional y desarrollen sus habilidades en el uso de tecnologías de la información y comunicación. A grosso modo estos son los objetivos y algunas estrategias que se proponen en la educación del país y en el estado, para el fortalecimiento de las Tecnologías de la Información y la Comunicación a fin de dar continuidad a esta era de la tecnología educativa, que desde hace algunas décadas ha evolucionado significativamente.

Las herramientas digitales en el área de las ciencias sociales

La integración de las herramientas digitales en la educación no ha sido suficiente, para la innovación de las prácticas pedagógicas de los docentes. El que se hayan integrado en las aulas de clases computadoras, pizarrones electrónicos interactivos y proyectores, favorecen a la impartición de cátedra, más sin embargo la clave está en la forma que las utilizan los docentes. La pertinencia de la aplicación de las herramientas, depende de los procedimientos pedagógicos didácticos, que motiven el aprendizaje de los estudiantes de forma innovadora y atractiva. Continuar con la misma práctica docente, solo que ahora por medio de una simple proyección no es suficiente para mejorar e impactar en los procesos de enseñanza y aprendizaje.

Para el uso adecuado de las herramientas digitales en el aula es necesario; el buen funcionamiento de los recursos informáticos digitales disponibles, el acceso a internet, las estrategias pedagógicas y las habilidades digitales del docente como del alumno, sin duda alguna la metodología para el aprendizaje del estudiante no cambia, el objetivo es que aprendan mejor de una forma innovadora y pertinente.

A continuación se presenta una gama de herramientas digitales para el fortalecimiento de la enseñanza y el aprendizaje en el área de las ciencias sociales:

a) Herramientas digitales como recursos didácticos
b) Herramientas digitales para crear recursos didácticos

Herramientas digitales como recursos didácticos

Las herramientas digitales forman parte importante en los procesos del aprendizaje del estudiante independientemente del nivel educativo que se encuentre cursando, permitiendo acceder a millones de sitios para obtener conocimientos que complementan los aprendizajes adquiridos en el aula de clase. Estas herramientas se consideran como aquellos programas que se encuentran en las computadoras y los dispositivos con los cuales se pueden llevar a cabo distintas actividades de aprendizaje. Por otro lado hay gran cantidad de sitios web con materiales ya diseñados que sirven como recursos didácticos en la impartición de cátedra o en las actividades de aprendizaje dirigidas a los estudiantes, en este sentido, se proponen algunos sitios web donde se encuentra, podcasts, videos, documentales, plataformas virtuales, atlas interactivos y mapas, con información relacionada a las diferentes disciplinas del área de las ciencias sociales.

Podcasts

Un podscast es un archivo de audio, en el cual se puede incluir; voz y efectos de sonido. Estos pueden incluir desde charlas, tutoriales, narraciones históricas, bibliografías, entrevistas, etc. Son de gran utilidad en el aprendizaje de los estudiantes, se pueden utilizar como repaso, como material de apoyo en determinado tema, para fomentar el aprendizaje colaborativo produciendo en equipo audios, grabar entrevistas, etc. Existen una gran cantidad de plataformas donde puedes encontrar podscast de tu interés de estos se seleccionaron dos de los cuales son los más pertinentes para encontrar temas relacionados con el área de las ciencias sociales, pero además de poder escuchar estos audios, también tiene la opción de crear y publicar podcasts.

- Ivoox https://www.ivoox.com/
- Poderato http://www.poderato.com/

Ivoox

Es una plataforma gratuita donde se pueden reproducir, descargar y compartir audios de todo tipo de temáticas y géneros, desde programas de radio, podcasts, audiolibros, conferencias etc., Puede suscribirte a los podcasts preferidos, y en base a tus escuchas, se te sugieren nuevos audios para escuchar. Además de que se puede descargar la aplicación móvil de forma gratuita en los smartphone, otra de las ventajas es poder publicar gratuitamente cualquier audio, sin límite de almacenamiento ni transferencia. La clasificación de las temáticas con mayor relevancia para el área de las ciencias sociales son las siguientes; historias y creencias, ciencia y cultura, actualidad y sociedad, empresa y tecnología. Dentro de estas clasificaciones se encuentran audios desde derecho, psicología, antropología, economía, historia universal, historia de México, entre otras.

Poderato

Al igual que Ivoox, es un sitio gratuito, donde se pueden reproducir y compartir audios, se otorga de manera gratuita 1GB para subir episodios y si se requiere de mayor capacidad es necesario enviar un correo a support@poderato.com, este sitio está regido por sus términos y condiciones así como por su política de privacidad, para publicar los podscat es necesario registrarse en el siguiente link http://www.poderato.com/_register/podcaster, cuenta con el top ten de audios el cual es determinado por medio de la votación de los usuarios. La clasificación de las temáticas relacionadas a las disciplinas de las ciencias sociales son; tecnología, sociedad, cultura, noticias, política, religión, arte, salud, educación, negocios y organizaciones.

Videos educativos en canales de YouTube

Un video es un material audiovisual que puede ser de gran utilidad en el proceso enseñanza aprendizaje ya que es un recurso didáctico que sirve como material de apoyo para el desarrollo de una clase o para la elaboración de una actividad de aprendizaje de forma independiente, ahora bien los videos pueden ser elaborados por los docentes o solicitar a los estudiantes que los elaboren, o simplemente presentar a los estudiantes videos relacionados con la asignatura, de los que ya se encuentran en sitios web como es el caso de YouTube.

Este es un sitio web que permite a los usuarios ver, subir, publicar, buscar almacenar y compartir videos. Actualmente es uno de los mayores almacenes de videos en la red, se ha convertido en un motor de búsqueda de contenidos multimedia web. Se pueden exportar los contenidos, organizar colecciones y suscribirse a canales.

En este sentido se proponen algunos canales que se encuentran en dicho sitio con temas relacionados al área de las ciencias sociales; historia, sociología, psicología, economía y derecho, en este sitio además de poder observar los videos, permite registrarte para crear un canal en el que puedas subir videos que hayas elaborado.

- Canal de videos sobre Historia
  https://www.youtube.com/watch?v=SPCYjGlq5lI&list=PL0L drypt8h3HUrQJXgYeUHffS5I0fKl_&index=1

- Canal de videos sobre Historia Universal
  https://www.youtube.com/watch?v=g6IfhhfdAaI&list=PLF3
  F32D0D72E50738&index=21
- Canal de videos sobre Sociología
  https://www.youtube.com/watch?v=S8FtxtBzwII&index=9
  &list=PLUsZpGJu8sgwn7in0DcggspUI8zmcNRoq
- Canal de videos sobre psicología general
  https://www.youtube.com/user/andrespaola/featured
- Canal de videos sobre economía
  https://www.youtube.com/user/seconomiamexico
- Canal de videos sobre derecho
  https://www.youtube.com/watch?v=McwY5FYrwFI&index=
  5&list=PL59CF4EA87F6130F1

Documentales online

El documental es de los géneros televisivos y cinematográficos donde se toma conciencia de la realidad de los fenómenos sociales, culturales, ambientales, etc., que suceden en diferentes épocas de la historia, generalmente se contempla lo que esta desestructurado, lo que es rechazable y que debe arreglarse, por esta razón se propone utilizar los documentales como apoyos didácticos en la impartición de cátedra en el área de las ciencias sociales, el documental enfrenta cara a cara la realidad social y política del pasado y del presente y ahora con su adaptación al formato web resulta más interesantes, la variedad de recurso con que puede acompañarse como los sonidos, imágenes, infograficos interactivos, etc., facilita su puesta en escena en el internet. Sitios web han concentrado gran cantidades de documentales de diferentes temáticas, a continuación se presenta una selección de sitios web que almacenan documentales relacionados con las ciencias sociales.

- ADNstream   http://www.adnstream.com/canal/Documentales/
- Docu-tube   http://www.documentalesgratis.es/video/
- Ciberdocumentales   http://www.ciberdocumentales.com/videos/2/historia/2/

ADNstream

ADNstream es un sitio web creado para concentrar materiales con buenos contenidos como los son canales temáticos, series, telenovelas, contenidos para niños, documentales y cine. Se puede descargar la aplicación móvil en Smartphone. Para tener acceso a diversas películas, series y novelas se debe de pagar una suscripción, en el caso de los documentales se puede ingresar de forma gratuita y estos son relacionados con la historia, la política y el derecho.

Docu-tube

Es un sitio web que almacena de forma gratuita una gran cantidad de documentales clasificados de la siguiente manera; ciencia y tecnología, deportes, enigmas y misterios, historia, música, naturaleza, animales y sociales. Tiene documentales de interés para las disciplinas de historia y sociología. En su página de inicio se presenta una lista de los documentales más buscados.

Ciberdocumentales

Es uno de los sitios web con mayor cantidad de documentales online, además que tiene una excelente organización, se encuentran clasificados por categorías, y dentro cada categoría se divide por temas, las categorías relacionadas con el área de las ciencias sociales son las siguientes:

Historia: Invasiones, militares, documentales de Hitler, reinas, bombardeos, holocausto, creencias, testimonios, conquistadores, depredadores, construcciones, Roma, imperios, conflictos, decadencias, Vietnam, primer guerra mundial, segunda guerra mundial, conquistas, barbaros, armas, Germania, guerra fría, genocidios, Japón, China, misterios, Dioses, África, Inglaterra, Egipto, Naufragios, política, Napoleón, religión, cristianismo, URSS, antropología, judíos, tribus, viajes, guerreros, y cristianismo.

Política: Democracia, terrorismo, espionaje, manipulación política, dictadores, países, armas, comunismo, presidentes, Israel, economía, política e historia.

Psicología: Autismo, estrés, mente, biología, cerebro, salud, meditación, esquizofrenia, asesinos en serie, crímenes, fobias, trastornos mentales, superdotados, sicópatas y psicología empresarial.

Sociología: Delincuencia, mafia, pobreza, sociedad, bancos, criminología, etnias, costumbres, protestas, familias, mujeres, crisis, globalización y seguridad.

Arte y cine: Arquitectura, pintura, edificios, efectos especiales, dibujantes, biografías, catedrales, innovaciones, artistas, enigmas, arqueología, pirámides, antigüedad y creatividad.

Plataformas virtuales de organismo internacionales

Plataforma virtual, es un programa que lleva una logística para llevar a cabo una formación online, ella requiere de una gestión de contenidos, para crear, almacenar y publicar documentos de formación, a través de lo que se denomina una herramienta de autor, en estas plataformas se pueden tener experiencias verdaderas de enseñanza y aprendizaje. Tres plataformas virtuales de organismos internacionales, que sirven para obtener información actualizada para los profesionales y estudiantes de las ciencias sociales son:

- UNESCO   http://www.unesco.org/new/es/
- CEPAL   http://www.cepal.org/es
- CLACSO   http://www.clacso.org.ar/

UNESCO: Organización de las Naciones Unidas para la Educación la Ciencia y la Cultura, es el centro de documentación de ciencias sociales y humanas, viene realizando desde hace décadas un sistemático levantamiento de instituciones de ciencias sociales en el mundo. Su misión consiste en contribuir a la consolidación de la paz, la erradicación de la pobreza, el desarrollo sostenible y el dialogo intercultural mediante la educación, las ciencias, la cultura, la comunicación y la información.

CEPAL: Comisión Económica de América Latina, este directorio de red de instituciones sociales de América Latina y el Caribe, contiene sitios web de instituciones especialmente del área social en temas de educación, salud, seguridad social, trabajo y vivienda de diferente naturaleza que se encuentra abierto al público. Se fundó para contribuir al desarrollo de América Latina, coordinar las acciones encaminadas, a su promoción y reforzar las relaciones económicas y promover el desarrollo social de los países entre sí y con las demás naciones del mundo.

CLACSO: Consejo Latinoamericano de Ciencias Sociales, es una red académica, de mayor alcance, desde su creación desde 1967 viene realizando levantamientos sistemáticos para facilitar un mejor conocimiento de las instituciones de las ciencias sociales que integran su red. Es una institución internacional no-gubernamental con status asociativo en la UNESCO. Actualmente, reúne 542 centros de investigación y posgrado en el campo de las ciencias sociales y humanidades en 41 países de América Latina, Estados Unidos, Canadá, Alemania, España, Francia y Portugal.

Mapas y atlas

En relación a las disciplinas relacionadas con la geografía se exponen tres herramientas básicas que son de gran utilidad para la ubicación geográfica de los países de una forma digitalizada e interactiva.

- Google Eart   http://www.google.com/intl/es_es /earth/
- GeaCron   http://geacron.com/home-es/?lang =es&sid=GeaCron241475
- Atlas didáctico   http://www.ign.es/atlas_didactico/
- Mapa digital de México http://gaia.inegi.org.mx/

Google Eart

Herramienta de Google que permite viajar por la Tierra y observar de cerca accidentes geográficos, construcciones, maravillas naturales, monumentos históricos en 3D o imágenes en alta resolución del fondo marino. La potencialidad didáctica de este enorme atlas de geografía permite la búsqueda por topónimos de forma que podemos localizar un país, ciudad, calle, edificio, hotel, etc. De la misma forma localiza cualquier océano, cadena montañosa, formación geológica. Dentro de las funciones permite alejar o a cercar las imágenes, trazar rutas entre puntos, calcular coordenadas geográficas, medir distancias, visualizar meridianos, paralelos trópicos. Para ingresar se debe de descargar desde Google, es una herramienta gratuita.

GeaCron

Es un atlas histórico interactivo online de forma gratuita, la base de datos es vectorial. Las principales virtudes son que cuenta con botones y con las líneas temporales, para poder visualizar épocas determinadas y la evolución de las fronteras, también se pueden buscar por periodos o civilizaciones históricas determinadas. Otra función muy práctica es que al darle click sobre los nombres enlaza a Wikipedia presentando una breve reseña correspondiente al país seleccionado.

Atlas didáctico

Es un atlas interactivo con información pertinente donde se puede consultar todo tipo de cartografía mundial y profundizar en las características del universo. Se divide en cuatro módulos los cuales cada uno tiene un personaje diferente.

Módulo 1. Una mirada al universo.- Información sobre el universo sobre la Teoría Big Bang, cuerpos celestes, galaxias, la vía láctea, la tierra, la luna como satélite de la tierra, etc.

Módulo 2. La Tierra.- Se puede encontrar información sobre geografía física y humana.

Módulo 3.- Cartografía.- Tipos de mapas, escala de mapa, elaboración de mapas, interpretación de mapas, etc.

Módulo 4.- Tu país. Información sobre el medio natural, clima, actividades económicas, población y riesgos naturales del país que haya elegido.

Mapa digital de México

Es una herramienta que contiene información geográfica generada por el INEGI y que sirve como medio para promover la cultura geográfica en el país. Sirve al usuario para realizar consultas sobreposición de capas de diferentes temas con manejo de niveles de transparencia, búsquedas sobre establecimientos económicos, domicilios, vías de comunicación, localidades, municipios, rasgos geográficos, servicios, etc. También cuenta con una herramienta llamada línea del tiempo donde se muestran los cambios sobre el suelo y vegetación desde 1983 hasta el 2011.

Herramientas digitales para crear recursos didácticos

En este apartado se proponen algunas herramientas que son útiles para crear recursos didácticos, estas pueden ser utilizadas en cualquier área disciplinar ya que por medio de estas herramientas se puede crear, administrar y publicar contenido digital, con presentaciones interactivas que contengan animaciones, música, grabación de voz, integrar videos, comics, cuentos, etc. Existen también herramientas para crear actividades de aprendizaje online dirigidas al estudiante como cuestionarios, ejercicios e incluso exámenes así como líneas del tiempo, carteles etc., Todas y cada una de estas se pueden utilizar de forma oportuna en disciplinas relacionadas con las ciencias sociales.

- TimeRime   http://www.timerime.com/es/
- Tonndoo   http://www.toondoo.com/Home.do
- Storybird   http://www.storybird.com
- Edcanvas   http://www.edcanvas.com

- Glogster   http://www.glogster.com/#music
- 1, 2, 3 tu WebQuest   http://www.aula21.net/Wqfacil/
                            webquest.htm
- MyStudiyo   http://www.quizrevolution.com/

TimeRime

Es una herramienta para elaborar líneas del tiempo multimedia en nube de forma gratuita, es necesario crear una cuenta si se quiere explotar más esta herramienta, tiene varios tipos de cuentas de pago para cada tipo de usuario, en la página de Timerime.com también se pueden realizar búsquedas de diferentes temas ya que la pagina cuenta con una gran cantidad de líneas del tiempo almacenadas. Las líneas del tiempo que elabores pueden ser públicas o privadas.

Sparkol VideoScribe

Es una herramienta web para crear presentaciones animadas que se pueden exportar y guardar en la computadora o compartir en redes sociales. Elabora presentaciones creativas y profesionales en video utilizando un potente programa que nos ofrece las herramientas necesarias para crear atractivos videos en el que los contenidos ya sea textos imágenes o formas van apareciendo progresivamente dibujados por una mano y que pueden ser acompañados de música de fondo o por una grabación descriptiva que vaya narrando los contenidos de la presentación.

Una de las ventajas de esta herramienta es que ya contiene un gran banco de imágenes y de música, además que permite crear gráficos y grabar voz. Para poder utilizar VideoScribe es necesario registrarse y descargar el programa en página http://www.videoscribe.co de forma gratuita por solo siete días después de estos siete días puedes obtener la licencia por aproximadamente $190.00 pesos mensuales. La aplicación está disponible para smartphone.

Tonndoo

Es una herramientas que sirve para crear comics online, es totalmente gratuita solo tienes que crear una cuenta. Está al alcance de cualquier persona que tenga internet, la resolución de los comics es reamente alta, se pueden cambiar la expresión y los movimientos de la caricatura o crear un personaje, además que dispone de varios escenarios y los accesorios para personalizar el comic.

Storybird

Es una herramienta que sirve para crear cuentos e historias online basándose en ilustraciones e imágenes de buena calidad que se pueden compartir en la red. Es una herramienta muy bien organizada ya que las imágenes con las que cuenta están clasificadas por categorías, lo que hace más práctico su uso. Es una herramienta donde se puede trabajar la escritura, la lectura y la creatividad. Para utilizarla se debe de crear una cuenta personal, la cual te permite dar de alta a usuarios y trabajar de forma colaborativa.

Edcanvas

Es una herramienta web online que permite crear multimedia y clases con contenido de apoyo, se pueden integrar una gran cantidad de elementos como videos YouTube, diapositivas, audios, presentaciones de otras web como slideshare, prezi, documentos pdf, etc. Es una herramienta gratuita, solo se tiene que registrar utilizando cuenta de Facebook o Google, una vez registrado ofrece un video donde explica cómo crear un primer proyecto facilitando la utilización de la plataforma.

Glogster

Es una herramienta web que sirve para crear y compartir pósters, carteles y murales multimedia utilizando imágenes, texto y música. Se pueden cargar plantillas, modificarlas o crearlas, también permite grabar audio y video. Para poder usar la herramienta debes de registrarte y crear una cuenta de usuario de forma gratuita. Una vez creado el pósters, mural o cartel te da la opción de imprimir al click al botón derecho del ratón y elegir la opción print glog.

1, 2, 3 tu WebQuest

Es una herramienta gratuita con la cual puedes elaborar webquest, esta herramienta genera actividades sobre búsquedas en internet en forma de página web. Con la webquest se pueden e elaborar tareas de investigación, aplicaciones prácticas, tareas de análisis, tareas de producción creativa, tareas de diseño, etc.

MyStudiyo

Es una herramienta gratuita para elaborar cuestionarios o exámenes multimedia sin tener que instalar ningún programa, los cuestionarios quedan almacenados en un canal personal por lo cual debes de registrarte, permite que a los cuestionarios o exámenes se les incluya imágenes, links, o videos. Se pueden insertar en una web o un blog, compartir en las redes sociales o enviar por correo electrónico, las repuestas pueden ir asociadas a puntuaciones.

Consideraciones Finales

El estudiante debe de adquirir conocimientos del área de las ciencias sociales desde la educación primaria hasta el nivel medio superior según se indica en la estructura del Sistema Educativo Mexicano. Las Ciencias Sociales son necesarias para comprender las acciones humanas e influir en ellas, por medio de estas, se adquieren conocimientos, actitudes y valores que le permiten participar en el ámbito social, político y cultural así como prepararse en actividades productivas. La integración de las TIC en la educación en México no solo ha sido en los procesos educativos y estrategias pedagógicas sino que también en el currículo. Uno de los principales objetivos de la educación en nuestro país; es impulsar la educación científica y tecnológica. El docente como el estudiante, requiere de adquirir conocimientos habilidades y destrezas para utilizar las herramientas digitales de forma pertinente. Las herramientas digitales en el área de las Ciencias Sociales, son innovadoras y motivadoras para los estudiantes, ya que son una forma diferente de aprender y comprender los nuevos conocimientos, sus principales características es que se utilizan animaciones, imágenes, audios, videos, música, etc., lo que es más atractivo. Es necesario crear ambientes de aprendizajes motivadores por parte del docente para lograr atraer la atención del estudiante teniéndose que adaptar los materiales didácticos a los diversos estilos de aprendizaje; esto último en donde se debe poner mayor atención por la diversidad de aprender de los estudiantes. Cabe mencionar que las herramientas digitales son un medio con el cual se pueden de motivar a los estudiantes para lograr aprendizajes significativos, en el sentido que permiten incorporar habilidades de orden superior al momento de procesar la información, logrando desarrollar aprendizajes instrumentales procedimentales y conceptuales.. Es ineludible que el docente del presente siglo desarrolle competencia básicas necesarias orientadas al uso de las TIC y tenga conocimiento básico de los conceptos y lenguaje de las TIC lo que le permitirá comprender y adaptarse a los cambios sociales, pero sobre todo a los cambios de prácticas de los estilos de vida que llevan los estudiantes, los cuales su desarrollo va de la mano del uso de dispositivos, recursos y herramientas digitales que utiliza para su comunicación y formación. Para concluir el presente capitulo, podemos mencionar que las herramientas digitales que se proponen no son las únicas ya que hay gran cantidad de estas en Internet, son una selección de las herramientas más pertinentes y sencillas de utilizar para el diseño de recursos didácticos o estrategias de apoyo en el área de las Ciencias Sociales.

Referencias

Acevedo, J. Psicología General. (2006). Origen y Evolución de la Psicología. En: Psicología General. Ed. Publicaciones Cruz, México. 7-18.

Azinian, Herminia. (2009). Las TIC y el Conocimiento. En: *Las Tecnologías de la información y la comunicación en las prácticas pedagógicas*. Ed. Novedades Educativas, México. 45-80.

Gutiérrez, C. (2004). Las Ciencias Sociales. En: *Introducción a las Ciencias Sociales* Ed. Limusa, México. 321-346.

Magaña, C. Mas Araujo, M. Gutiérrez, R. (2001). La Ciencias Sociales. En: *Introducción a las Ciencias Sociales*, Ed. Porrúa, México. 120-143.

Programa Sectorial de Educación 2013-2018. (18 de Mayo 2016). Impulsar la educación científica y tecnología como elemento indispensable para la transformación de México en una sociedad el conocimiento. Recuperado de: https: www.sep. gob.mx/work/models/sep1/Resource/4479/4/images/PROGRAMA:SECTORIAL:_DE_EDUCACION_2013_2018WEB. PDF

Plan Nacional De Desarrollo 2013-2018 (19 de Mayo 2016) Recuperado: http://pnd.gob.mx/

Robbins, S. Coulter, Mary. (2005) Introducción a la Administración y las Organizaciones. En: *Administración.* Ed. Pearson Educación. Ed. Limusa, México. 3-24.

Spiegel, A. (2008). La computadora como recurso para la composición. En: *Planificando clases interesante.* Ed. Novedades Educativas, Argentina. 143-167.

UNESCO. (19 de mayo del 2016). TIC en Educación. Recuperado de: http:// en.unesco.org/themes/ict-education

UNESCO. (16 de mayo del 2016). *Informe Mundial sobre las Ciencias Sociales.* Recuperado de: http://www.unesco.org/new/es/social-and-human-sciences/resources/

Velásquez, G. (2008). Génesis de la Sociología. *Sociología de la Organización.* Ed. Limusa, México. 27-66.

Herramientas digitales para el desarrollo de habilidades para estudiar

Jesús Roberto García Sandoval[1], Luis Aldape Ballesteros[2],
Virginia N. Araguz Lara[3]

[1] Universidad Autónoma de Tamaulipas, jrgarcia@docentes.uat.edu.mx
[2] Universidad Autónoma de Tamaulipas, laldape@uat.edu.mx
[3] Universidad Autónoma de Tamaulipas, naraguz@docentes.uat.edu.mx

Resumen

El presente capitulo tiene como objetivo exponer herramientas digitales que auxilian al docentes para desarrollar habilidades para estudiar en sus estudiantes, descritas desde tres perspectivas; pensamiento analítico, pensamiento sintético y pensamiento integrador; con la intención de generar procesos cognitivos superiores al momento de analizar o construir el conocimiento. Adicionalmente se analiza el uso de la tecnología como herramienta mediática utilizadas por docentes para aproximar a los estudiantes de una manera motivadora a la escuela, a través de procesos educativos seleccionados, dirigidos y valorados para desarrollar competencias básicas necesarias en el proceso de aprendizaje.

Palabras clave: Herramientas digitales, habilidades para estudiar, aprendizaje, competencias digitales.

Introducción

La habilidad es una característica del ser humano que se desarrolla cuando se exterioriza la necesidad de realizar actividades o quehaceres que se practican periódicamente, perfeccionándose a través de la práctica y la misma experiencia; de tal manera que este proceso cognitivo de asimilación, relación y aplicación de conocimientos se hace propio y por lo tanto consciente del individuo; logrando interiorizar las soluciones, estrategias o herramientas que fueron utilizadas y/o seleccionadas durante el proceso de práctica. Las habilidades no son propias del hombre como especie, las habilidades son características que se comparten con los animales, tanto unos como otros las van perfeccionando para sobrevivir, ya sea como necesidad primaria –alimentación en los animales- o en el caso del hombre poder subsistir en sociedad ante los cambios vertiginosos del presente siglo.

Con frecuencia al observar un programa de televisión en el cual presentan documentales sobre chimpancés - por citar esta especie como ejemplo- logramos percibir que desarrollan habilidades del tipo social que les permitan vivir en comunidad para encontrar protección en su grupo; además de desarrollar habilidades de cazar, recolectar frutos para cubrir su necesidad de alimentarse etc. Un elemento a distinguir -y por ello del ejemplo citado sobre esta especie- es sin duda alguna el uso de herramientas para conseguir alimento, tal es el caso de ramas de un árbol para cavar o introducirla en un hormiguero y extraer el delicioso manjar de las hormigas o por otra parte del uso de piedras, palos y ramas gruesas para defenderse de grupos rivales. Este ejemplo descriptivo tiene la intención de destacar en el lector el cómo las habilidades se van desarrollando conforme las exigencias del medio se presenten y como los animales utilizan herramientas para poder solucionar esas necesidades básicas

Por contraparte al ejemplo anteriormente citado, el hombre con el avance de la tecnología en pleno siglo XXI, tiene que desarrollar habilidades que en una década atrás no imaginaba; en educación al igual que la sociedad los cambios son vertiginosos y demandan que se desarrollen nuevas habilidades donde se utilicen herramientas las cuales no son de uso propio de nuestros primos evolutivos chimpancés, sino más bien herramientas del tipo tecnológico que permitan desarrollar habilidades de comunicación, de información y sobre todo de conocimiento. (Area, Hernández y Sosa, 2016; Guerra, González y García, 2010; Santiago, Navaridas y Andía, 2016)

Las habilidades de comunicación se pueden señalar como los procesos actuales de intercambiar ideas de forma individual y/o colaborativa, ya sea a través de redes sociales o plataformas educativas específicas para participar con sentido de responsabilidad y ética profesional. En las habilidades de información se destaca la búsqueda, selección y valoración de la información con el objetivo de construir y compartir conocimiento. La habilidad de obtener conocimiento tiene el objetivo de identificar sucesos, nociones teorías, procesos y principios para comprender y solucionar problemáticas de su entorno social y profesional, desarrollando habilidades de como investigar en algunas bases de datos especializadas o uso de MOOCS para actualización. (Ramos, Herrera y Ramírez, 2009)

Al relacionar lo señalado previamente con el ámbito educativo independientemente de la modalidad de estudio -presencial o a distancia- las habilidades que tiene que desarrollar un estudiante para aprender a ser, desarrollar procedimientos y comprender saberes, dispone de diversas herramientas didácticas apoyadas en las Tecnologías de la información y Comunicación – en adelante TIC-, que se fueron adaptando de aquellas convencionales; algunas de ellas incorporando elementos más dinámicos, creativos e innovadores que permiten desarrollar habilidades para estudiar.

Habilidades de Estudio y Herramientas Digitales

En años recientes hemos sido testigos de la evolución de la tecnología en todas las vertientes y la aparición de un gran número de productos –máquinas, computadoras, dispositivos móviles etc.– y servicios -software, aplicaciones y programas- que han proporcionado mayor comodidad a los seres humanos y los han liberado o facilitado las tareas de ciertas servidumbres, mejorando notablemente –en ese sentido– la calidad de sus vidas. (Fernández y Fernández, 2016)

El ámbito educativo es participe de estos procesos de inclusión de la tecnología en todos sus sectores, modificando con ello las prácticas de enseñanza y aprendizaje e incorporando la innovación tecnológica a los procesos formales de educación. Las TIC constituyen parte de los procesos de innovación, aplicación y desarrollo para lograr aprendizajes significativos a través de metodologías activas fundamentadas en el diseño de material didáctico digital en las actividades docentes, estableciendo ambientes de aprendizaje acordes a las necesidades, periodos o etapas de la sociedad.

La UNESCO en el marco de competencias docentes señala la importancia del uso de las TIC para lograr aprendizajes más eficaces en los estudiantes; él docente tiene que estar consciente de esta evolución y por tanto de los cambios de roles que ha traído consigo la inclusión de la tecnología en la vida diaria, utilizándola como herramienta mediadora entre los saberes y el estudiante para lograr estar en la misma frecuencia de los educandos; consiguiendo que se interesen, participen y construyan conocimientos aprendiendo a aprehender con el apoyo de las diversas herramientas digitales, para desarrollar habilidades metacognitivas, que regulen su proceso mental de aprendizaje con la intención de mejorar el rendimiento académico.

Pocas nociones han hecho circular tantos torrentes de tinta y charlas en pasillos de las escuelas por parte de docentes como lo son el de habilidades para estudiar; se pueden definir como aquellas capacidades, herramientas, técnicas, recursos y/o metodologías que tiene que desarrollar y utilizar un estudiante para poder cumplir un objetivo específico alineado al aprendizaje o dominio de un saber cognitivo procedimental o actitudinal (Ramos, Herrera y Ramírez, 2009). En el estudiante el desarrollo de las habilidades para estudiar es elemental y necesario para facilitar, la producción, organización y desarrollo de pensamientos en la vida personal, académica y profesional para perfeccionar capacidades cognitivas, logrando con ello que puedan transitar de manera óptima durante el proceso o trayectoria escolar. Estas habilidades requieren del sustento de herramientas que proporcionen andamiaje en su quehacer al momento de realizar actividades de aprendizaje para adquirir las competencias necesarias.

Estas habilidades se adquieren, desarrollan y se seleccionan a lo largo de su trayectoria y permanencia en una institución educativa. Se van *adquiriendo* ya sea que se imparten cursos establecidos de manera explícita en la curricula de los diversos planes de estudio, interiorizando conocimiento conceptual y procedimental de diversas herramientas, técnicas o recursos para el desarrollo de habilidades para estudiar. El uso de herramientas como apoyo para el desarrollo de la habilidad para estudiar se van *desarrollando* durante su formación escolar a través del curriculum oculto utilizándose de manera vivencial en diversos escenarios de acorde al desarrollo de las diversas prácticas docentes; con frecuencia sin tener plena conciencia y/o conocimiento -él propio docente- de que habilidad desarrollará él estudiante al utilizar determinada herramienta. Por último el estudiante habiendo *adquirido* y *desarrollado* una habilidad, tiene la facultad de seleccionar el tipo de herramienta o recurso de acuerdo al estilo de aprendizaje que posee o con el cual se identifica, logrando perfeccionar la habilidad de elección de una serie herramientas que le permitan desarrollar competencias de índole cognitivo y procedimental.

La revisión de las herramientas digitales para desarrollar habilidades para estudiar dentro de este tópico que sigue a continuación, no pretende ser un mero repaso de las diferentes maneras de abordarlo –cosa ya conocida y que resultaría superflua– sino un intento de acercamiento valorativo a las mismas, a fin de depurar conceptos y vincularlos en este capítulo.

Se analizarán las herramientas digitales que sirven como apoyo para desarrollar habilidades para estudiar utilizadas más comúnmente por los docentes y por los estudiantes, para que aprendan a pensar de manera analítica, sintética e integradora, con el objetivo de producir conocimiento acorde al contexto.

La forma de abordar las herramientas digitales para desarrollar habilidades para estudiar es con un lenguaje sencillo y práctico para que sea un apoyo para todos aquellos docentes que se les dificulta el lenguaje o terminología del uso de las TIC en su práctica profesional. Asimismo esta información les sea útil a todos aquellos estudiantes del nivel medio superior y superior al momento de realizar sus actividades de aprendizaje, preparación para una evaluación o presentación de proyectos; consiguiendo desarrollar competencias de autodidactismo adaptándose a las necesidades que demanden las circunstancias educativas y/o profesionales. (De La Garza y Nicolín, 2015). El objetivo del capítulo es organizar las herramientas digitales para desarrollar habilidades para estudiar de acuerdo aquellas que promueven el pensamiento analítico, sintético e integrador. Se conocerá el nombre convencional de la estrategia didáctica, para posteriormente describir la o las herramientas digitales más sencillas o de uso más común en el ámbito educativo.

La información que en párrafos posteriores se enunciará está estructurada de la siguiente manera: se analizarán las herramientas que promueven el pensamiento analítico, posteriormente se describirán aquellas herramientas que facilitan el pensamiento sintético y por último las herramientas digitales que promueven el pensamiento integrador. (Valenzuela, Nieto y Muñoz, 2014)

Herramientas digitales que promueven el pensamiento analítico

Las herramientas digitales que promueven el pensamiento analítico son aquellas que descomponen la información de textos y/o documentos en diversos segmentos para analizar cada uno de ellos e interpretar la información de forma separada construyendo un pensamiento desde un punto de vista general. El pensamiento analítico promueve la estructuración de esquemas mentales aislados para concebirlos en un esquema de manera holístico.

Las herramientas que promueven el pensamiento analítico son:

- Word Cloud o Lluvia de palabras
- Mapa Mental
- Línea del tiempo

Word Cloud o Lluvia de palabras

Es una herramienta que promueve el análisis de un texto destacando las palabras clave más comunes, estableciendo como base el análisis visual, ya sea por el color o el tamaño de las letras, las cuales se ajustan en una figura o imagen. El objetivo es que el estudiante al visualizar todas estas palabras distribuidas en una imagen las pueda relacionar con el texto que se encuentra analizando, derivándose procesos cognitivos significativos y persistentes desarrollando el pensamiento analítico.

Existen diversas herramientas digitales gratuitas para poder realizar el Word cloud o lluvia de palabras, sin embargo en este apartado solo utilizaremos un par de ellas

- http://www.tagxedo.com
- http://www.wordle.net

Tagxedo

Es una herramienta gratuita que no requiere de una cuenta, se elabora la nube de palabras y se guarda en la computadora. Como herramienta digital es práctica y sencilla de usar. La Word Cloud a través de Taxedo se puede realizar de diversas formas ya sea que se importe un archivo o en el apartado de texto ingreses las palabras con el teclado de tu computadora.

Para iniciar a utilizar Taxedo debes descargar Microsoft Silverligh la cual se descarga desde la misma página. Una de las grandes ventajas de Tagxedo es que se pueden utilizar temáticas o formas de acuerdo al tema que se esté analizando y la creatividad del usuario. La imagen puede variar al igual que el tamaño de letra, color. Es necesario mencionar que las palabras en cuanto más se repiten más grandes se visualizan.

Wordle

Es otra herramienta para realizar nube de palabras o Word Cloud la cual es muy popular por su simplicidad y sobre todo es gratuita; para el uso de esta herramienta se tiene que descargar Java, el cual se descarga en la misma página.

Al ingresar a Wordle se localiza en la parte superior la barra de herramientas con ocho botones que permiten utilizar la herramienta. Es necesario situarse en el apartado de crear donde aparece una pantalla con dos opciones la primera donde puedes ingresar las palabras que más se repiten del texto que se esté analizando y/o las palabras más significativas del tema del cual quieres proyectar a través de la imagen.

Al igual que otras herramientas digitales para realizar Word Cloud entre más se repiten las palabras se perciben visualmente de un tamaño mayor. Se puede editar la forma, el color y la fuente. En la segunda opción que aparece en la parte inferior se inserta la página web o blog como destino. Al finalizar puedes realizar una impresión desde la página principal o en su caso guardarla en blog o en la computadora para presentarla posteriormente.

Mapa Mental

Es una herramienta de gran apoyo al cerebro humano ya que se encuentra organizado de tal manera que se vincula la información que se analiza con nodos conectados y vinculados a imágenes o textos. Se originan de una idea central para transitar a ideas o ramificaciones de tipo secundarias permitiendo interiorizar información y relacionarla con el elemento medular. El mapa mental admite partir de un concepto general para generar ideas que permitan un análisis reflexivo del cómo se compone el concepto y lograr un pensamiento más a analítico.

Nota: En el próximo capítulo se examinará con mayor profundidad

Existen diversas herramientas digitales gratuitas para poder realizar Mapas mentales, no obstante se retomaran un par de ellas, las cuales a título del autor se consideran son más sencillas y prácticas de utilizar.

- https://www.xmind.net/xmind6/
- https://www.text2mindmap.com/

XMind 6

Es una herramienta digital muy eficaz para desarrollar mapas mentales, es una herramienta sencilla de utilizar y se puede descargarla a tu PC. Existe una barra de herramientas muy completa la cual puedes manipular conforme vallas avanzando en tu mapa mental.

Para realizar un mapa mental se inicia situándote en el rectángulo central donde estableces la idea o tema principal, posteriormente presionando la tecla de Enter se generan tópicos o ramificaciones relacionados al tema con un tamaño menor con la finalidad que no se pierde la idea central. Otra opción es ingresar a una de las plantillas que ofrece la herramienta en donde se describen diversos tópicos como por ejemplo: marketing, organigrama, preparación de entrevista, entre otras plantillas.

Al crear un mapa mental puedes importar imágenes desde tu PC o desde un buscador web o la misma herramienta, ya que tiene imágenes prediseñadas lo que facilita la acción. Los archivos se guardan en PC o quedan guardados en la misma herramienta para futuras exposiciones.

Text2mindmap

Es una de las herramientas digitales de software libre más versátiles y fácil de usar para elaborar mapas mentales sencillos. Es necesario que extraigas la idea clara y central del texto que se está examinando, para a continuación en la parte inferior de la herramienta dar click en *Nuevo*, para orientarse con el cursor al cuadro de texto el cual se ubica en la parte izquierda e ingresar la idea central; ya originado lo anterior utilizas el TAB de tu PC para separar las ideas o ramificaciones secundarias, una vez que en el cuadro de texto estén descritos los puntos principales, te ubicas en la parte inferior y con un clic en el botón dibujar mapa, automáticamente se genera. Este mapa mental lo puedes manipular con el cursor de tu mouse de acuerdo a tu gusto o creatividad.

Text2mindmap lo puedes usar en la realización de mapas mentales como conceptuales siempre y cuando antepongas un paréntesis en la idea, palabra o concepto. Existen diversas herramientas que podemos utilizar para la realización de mapas mentales que van desde software libres hasta software de paga sin embargo consideramos estas dos por fácil acceso y manejo.

Líneas del tiempo

Son herramientas que permiten analizar hechos, acontecimientos o procedimientos para ubicar la relación, secuencia y reflexión de un acontecimiento separado en diversas partes, con el propósito de representar los diversos sucesos o manifestaciones para comprender un periodo o ciclo de manera integral. Las líneas del tiempo tienen la intención de auxiliar al docente y estudiante al momento de organizar información y construir conocimiento a partir del análisis de los hechos y procesos. Las herramientas digitales para realizar líneas del tiempo son numerosas y con diversas características sin embargo para este apartado se considera el análisis de dos de ellas por su simplicidad.

- http://www.readwritethink.org/files/resources/interactives/timeline_2/
- https://www.smartdraw.com/

Timeline

Es una herramienta online gratuita que permite realizar líneas del tiempo de una manera sencilla y sobre todo de muy rápido acceso. Al ingresar en la página principal de la herramienta en la parte superior se encuentran tres botones para que elijas entre fecha, hora o evento; requiere del nombre de usuario y tema a desarrollar. Al realizar el primer proceso te direccionará a otra página dentro de la misma herramienta en la cual puedes realizar la línea del tiempo. Es necesario dar click lo que apertura una ventana emergente donde solicita etiqueta, descripción corta y descripción completa así como la opción de incluir imágenes; una ventaja es que al momento de guardar puede ser en extensión de archivo de pdf. o enviar al correo electrónico. Esta herramienta digital es de gran utilidad para asignaturas de historia o descripción de procesos.

SmartDraw

Como herramienta digital para realizar líneas del tiempo es de gran alcance, tiene un sinnúmero de funciones y/o plantillas, se considera que es elemental para que el docente o estudiante las emplee, es necesario ubicar y seleccionar en la parte izquierda inferior la sección de líneas de tiempo, posterior a ello aparecen plantillas pre diseñadas las cuales se adaptan al tipo de actividad o temática que se desea trabajar, únicamente se tiene que personalizar de acuerdo a el proyecto que se pretende ejecutar. Se pueden crear líneas de tiempo sencillas dónde se distinga sólo el evento, proceso o acontecimiento y/o la fecha o periodo a considerar, sin embargo existe el recurso de anexar imágenes o fotografías, las cuales se pueden insertar desde tu PC. Puedes compartir tu línea de tiempo mediante google drive, one drive, dropbox, enviarla al correo o guardarla en PC en formato pdf. Como única debilidad de SmartDraw es que esta herramienta está totalmente en inglés pudiendo ser una barrera para algunos de los usuarios.

Herramientas que facilitan el pensamiento sintético

El desarrollo del pensamiento sintético en el estudiante ya sea este de nivel medio superior o superior le permite desarrollar la capacidad de abstracción de nociones, proposiciones y conceptos, para estructurar categorías construidas a partir de reflexiones logrando estructuras cognitivas de carácter sintético. El docente tiene que apoyarse en herramientas de aprendizaje que le sean útiles para desarrollar este tipo de pensamiento como:

- Ideas tópico
- Resumen o síntesis
- Cuadro sinóptico

Ideas tópico

Esta es una técnica de aprendizaje muy socorrida por los estudiantes al momento de estudiar un contenido y muy utilizada por el docente al momento de explicar un tema. Para estructurar ideas tópico en un primer momento se analiza el texto, identificándose las ideas más sobresalientes de tal manera que se realiza una síntesis con los fragmentos o aspectos fundamentales. Una característica al momento de utilizar este tipo de técnica es que las ideas deben ser cortas precisas y con fundamento teórico práctico para que permitan construir o desarrollar el pensamiento sintético.

Para realizar ideas tópico no es necesaria una herramienta digital que se encuentre en la red, ya que podemos utilizar el procesador de texto de Word, Power Point, Excel entre otras tantas herramientas; sin embargo en este apartado se describirán dos herramientas que nos permiten generar, guardar y compartir documentos y que estén disponibles en dispositivos - Smartphone o tablet- o equipos como PC, que cuenten con conectividad a la red de internet.

Las herramientas digitales que podemos utilizar para realizar ideas tópico son:

- www.evernote.com
- www.onenote.com

Evernote

Es una herramienta gratuita disponible para estudiantes como docentes, para poder ingresar requiere de la generación de una cuenta la cual estará ligada a tu cuenta de correo electrónico. Evernote admite almacenar las ideas tópico que generaste del texto o contenido analizado en forma de notas, audio, imagen o video.

Al ingresar a la herramienta se despliega una ventana donde se te generan las notas nuevas, las cuales puedes ingresar con el teclado de tu PC o tu dispositivo así como guardar enlaces. Una de las ventajas es que puedes categorizar o estructurar las notas de acuerdo a tu asignatura o temática que se está analizando, generándose de esta manera etiquetas para organizar contenidos. Un beneficio de evernote es que puedes adjuntar imágenes, audio y video lo que hace más interesante la información.

One note

One note es una herramienta de software libre que tiene características muy similares a evernote es un block de notas donde se guardan archivos de texo de Word, audios, videos, hojas de cálculo y páginas web, con el objetivo de tener la información o ideas tópico sobre una temática organizadas por secciones. Una de las grandes ventajas de One note puede generar trabajo colaborativo ya que permite editar en línea por diversos usuarios.

Para poder visualizar las ideas tópico de las herramientas Evernote y One note es necesario que se tenga acceso a la red internet, la gran ventaja es que puedes acceder desde cualquier dispositivo móvil; motivo que concede que la información esté disponible en cualquier momento y lugar.

Resumen

El resumen es la nueva redacción de un documento que tiene como fundamento un documento previo del cual se pretende extraer información más sintetizada y con las principales ideas; con el objetivo que el docente o estudiante al momento de realizar una lectura le quede claro la temática que se abordará en el texto original.

El resumen es una de las herramientas mayormente socorridas por los estudiantes y para poder realizarlo tiene que utilizar procesos cognitivos de abstracción de ideas que requieren de utilizar la atención y concentración para identificar y enlazar ideas que fueron generadas previamente por otros autores.

Este párrafo tiene el objetivo de aclarar lo descrito en líneas previas sobre la elaboración del resumen, en el sentido que la mente humana es la única herramienta que puede realizar este proceso complejo de manera competente, sin embargo existen herramientas digitales que están diseñadas con lenguajes de programación que ayudan a realizar resúmenes de documentos, lo que nos lleva a precisar que no suplen en ningún momento la capacidad de pensamiento del ser humano. Las herramientas digitales que se consideran para este segmento para la realización de resúmenes son:

- Procesador de Textos Word
- Text Compactor

Procesador de Textos Word

El procesador de textos Word es posiblemente la herramienta más utilizada del Microsoft Office específicamente en el ámbito educativo, tiene un sinnúmero de funciones que facilitan los quehaceres que en épocas precedentes demandaban mayor esfuerzo y tiempo. Word es una herramienta que nos permite realizar resúmenes de una manera sencilla y práctica, para ello tienes que identificar el botón de autorresumen que se ubica en la parte superior de la barra de herramientas al lado derecho del icono de Office en la esquina superior izquierda. Si no se encuentra este icono puedes buscarlo en el apartado de Office en la sección de opciones, seleccionas la pestaña de personalizar y buscas la opción de herramientas de resumen automático consecutivamente en agregar y aceptar. Al suministrar click en el icono de autorresumen aparecen 4 opciones para que selecciones el tipo de resumen que más se adapta a tus necesidades, por último en la parte inferior se encuentra una pestaña para que indiques el porcentaje del resumen original que desees analizar.

Text Compactor

Esta es una herramienta de carácter gratuita y sobre todo que no requiere nombre de usuario, es de fácil acceso, auxilia al estudiante para resumir textos con grandes cantidades de información en un instante, es muy sencilla de utilizar ya que basta con copiar el texto original en el paso 1, indicas la cantidad o porcentaje de texto a resumir en el paso 2 y el texto se resume en el paso 3, es una herramienta de uso muy sencilla y rápido para realizar resúmenes.

Cuadro sinóptico

Es una herramienta visual que permite el razonamiento sobre un tema, documento o contenido a manera de resumen de forma esquemático, donde se organizan ideas de orden superior y que van de aspectos generales o centrales a ideas más simples o de importancia menor. Por lo general el cuadro sinóptico se identifica por el uso de llaves y promueve el desarrollo del pensamiento sintético ya que organiza un todo en una estructura lógica destacando las principales ideas.

Para estructurar cuadros sinópticos a través de herramientas digitales solo se analizara:

- Procesador de Textos Word
- www.mindmeister.com

Procesador de Textos Word. La herramienta que más se utiliza para la realización de cuadros sinópticos es el procesador de textos Word, ya que se puede trabajar sin conexión de internet, sólo es necesario posicionarte en la pestaña de *insertar*, se identifica el icono *formas* donde se encuentran llaves pre establecidas para insertar en el documento nuevo y se diseña el cuadro sinóptico de acuerdo a la creatividad o necesidad del usuario.

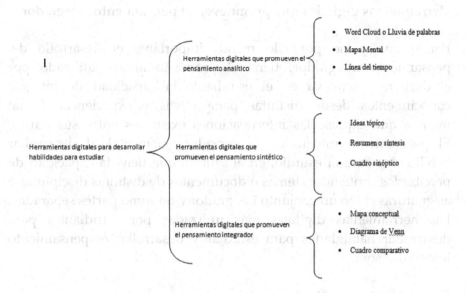

Fuente: *Elaboración Propia*

Mindmeister

Es una herramienta gratuita de fácil acceso y no se tiene que descargar aplicación alguna; lo que es necesario es la conectividad a internet. Mindmeister es de gran utilidad para estudiantes y para docentes para la realización de mapas mentales, sin embargo se pueden crear cuadros sinópticos, ya que cuenta con un menú de carácter sencillo, haciendo de la creatividad propia de cada individuo la característica fundamental para estructurarlo.

Para tener acceso a la herramienta de Mindmeister solicita un nombre de usuario, correo electrónico y que se genere una contraseña. Habiendo realizado lo anterior se elabora el cuadro sinóptico. Para tener una mejor apreciación o impacto visual en el cuadro sinóptico se tiene la opción de incluir texto, imágenes y colores de acuerdo a la creatividad y requerimiento del usuario.

Herramientas digitales que promueven el pensamiento integrador

Por último y no por ello menos importante el desarrollo del pensamiento integrador, tiene el propósito al ser utilizado por el docente promueva en el estudiante la capacidad de integrar conocimientos desde distintas perspectivas y experiencia de tal manera que exprese las interrelaciones existentes entre sus partes. El pensamiento integrador se considera elemental al desarrollar habilidades para el estudio, en el sentido que tiene la capacidad de percibir los contenidos, temas o documentos de distintas disciplinas o asignaturas como un conjunto integrador y no como partes separadas. Las herramientas digitales más utilizadas por estudiantes para desarrollar habilidades para estudiar y desarrollar el pensamiento integrador son:

- Mapa conceptual
- Diagrama de Venn
- Cuadro comparativo

Mapa conceptual

Esta herramienta didáctica visual es de gran utilidad para exponer ideas, conceptos a través de diversos elementos como lo son representaciones gráficas a través de imágenes y texto, compuestos por palabras de enlace debidamente organizadas e interconectadas las cuales expresan proposiciones. El objetivo principal del mapa conceptual es vincular conocimientos previos con los conocimientos que se encuentra asimilando, adquiriendo un aprendizaje significativo e integrador. Para la estructura del mapa conceptual es necesario considerar cuadros, círculos y líneas las cuales se encuentras estrechamente relacionadas y organizadas de manera jerárquica, situando la idea principal en la parte central o superior, mientras que las de menor grado en la periferia o inferior, el propósito es que la mente estructure procesos cognitivos sólidos.

Nota: En el próximo capítulo se examinará con mayor profundidad

Las herramientas digitales que se consideran para la realización de mapas conceptuales son:

- https://www.mindomo.com
- https://creately.com

Mindomo

Mindomo es una herramienta esquemática visual que permite crear mapas mentales, sin embargo se considera fundamental para la elaboración de mapas conceptuales. Previamente al acceso permite seleccionar el idioma el cual se elige para consecutivamente registrarse con el correo electrónico y elegir una contraseña o en su caso ingresar desde facebook. Se puede trabajar online y offline si cuentas con Adobe air, lo que hace una herramienta versátil pudiéndose utilizar en cualquier lugar que este carente de conexión de internet. Al ingresar a Mindomo puedes elegir una plantilla de las ya prediseñadas por otros usuarios o crear una nueva, la cual puedes compartir. El uso de tópicos, colores y formas son de gran utilidad y al igual que herramientas previamente analizadas la creatividad es esencial para elaborar el mapa conceptual.

Creately

Es una Herramienta gratuita online que permite crear mapas conceptuales entre otros tantos diagramas o esquemas de carácter visual desarrollando el pensamiento integrador en los estudiantes. Una ventaja es que mientras se tenga conexión a la red de internet no se necesita instalar, sólo es necesario registrarte a través de tu correo electrónico facebook o twitter para poder guardar o importar el mapa. Puedes crear sencillamente el mapa conceptual eligiendo alguna de las plantillas ya establecidas previamente prediseñadas ahorrando tiempo o crear una nueva según sea tu necesidad. Como ventaja puedes guardar tu mapa conceptual en pdf. Mindomo como herramienta digital es muy versátil muy fácil de manipular ya que es una plataforma bastante amigable y sencilla de usar.

Diagrama de Venn

Es una herramienta que se simboliza principalmente con óvalos o círculos para representar gráficamente características similares entre dos o más conjuntos, encontrando una unión o relación con el propósito de acentuar características similares o diferentes entre los conjuntos. Los diagramas de Venn facilitan de manera visual los elementos de análisis de un documento.

Las herramientas digitales que se consideran para la realización de diagramas de Venn son:

- https://www.gliffy.com
- http://www.chartle.net

Gliffy

Es una herramienta online para realizar diagramas de Venn a través de diseños con formas básicas de una manera simple y rápida, al ingresar a la página permite elegir en la parte superior una pestaña que lleva por nombre ejemplos, seleccionando en este apartado el tipo de diagrama que se quiere trabajar. Se selecciona con un clic la figura que se va a bosquejar y se arrastra a la cuadricula central, ya quedando estructurado el diagrama, se sitúa el texto a través de cuadros de texto haciendo clic en el icono de la A, se coloca el puntero sobre la figura donde se va a colocar el texto y se escribe la idea concepto, o característica.

Se cuenta con diversas opciones para que al terminar puedas estudiar con el diagrama o presentarlo como una actividad de aprendizaje. Habiendo diseñado y finalizado el diagrama de Venn se puede imprimir, copiar pantalla, guardar en pdf. O enviar vía google drive o correo electrónico según sea la opción que mejor se adecúe a las necesidades del docente o estudiante.

Chartle

Es un una herramienta online donde no es necesario que crear un registro de usuarios, permite elaborar y compartir todo tipo de gráficas, siendo una herramienta gratuita y de fácil uso. Solo se tiene que descargar la aplicación de Java en caso de que tu PC no cuente con ella.

Su principal función es crear diferentes tipos de gráficas y diagramas siendo estos últimos los que se tienen que seleccionar para crear el diagrama de Venn. La herramienta presenta una serie de opciones donde se introducen datos que se pretenden resalten en el diagrama.

Cuadro comparativo

Es una estrategia gráfica de aprendizaje que promueve el pensamiento integrador que permite identificar fácilmente las semejanzas y diferencias de dos o más conceptos, objetos o eventos que se desean comparar con el propósito de identificar relaciones, diferencias o características más importantes. Existen diversas herramientas digitales gratuitas para poder realizar cuadros comparativos sin embargo en este último apartado de análisis de herramientas digitales para desarrollar habilidades para estudiar sólo se analizará Microsoft Word por ser la herramienta más recurrida por los estudiantes para realizar cuadros comparativos.

Microsoft Word

Es sin duda alguna el editor de texto de office la herramienta gratuita más sencilla y practica de utilizar; en tu PC se inicia Word el cual puede estar en diversas versiones, primeramente se ubica el en la parte superior en la pestaña insertar, eliges tabla y puedes elegir el número de columnas y filas según sea el caso.

Se diseña y estructura conforme a la exigencia de la actividad de aprendizaje, se pueden insertar imágenes, colores de filas o columnas, así como el tipo y tamaño letra.

Consideraciones Finales

Los estudiantes actuales deben desarrollar habilidades complejas demandadas por el mercado ocupacional, el cual requiere profesionistas con dominio del idioma Inglés, conocimientos teóricos-prácticos, desarrollo de habilidades de comunicación, el manejo de las nuevas tecnologías de la información, el dominio de las técnicas de investigación, la capacidad de relacionarse para trabajar en equipo, seguridad para analizar y cuestionar ideas con el objetivo de ubicar nuevas áreas de oportunidad para alcanzar mayor dominio y conocimiento de su entorno, ubicando tendencias locales nacionales e internacionales. (Caicedo y Rojas, 2014)

Es necesario la formación de un profesionista que aprenda a aprender a lo largo de la vida, que desarrolle habilidades del como estar siempre a la vanguardia en cuanto a el conocimiento cambiante así como la capacidad de predecir el futuro del contexto profesional donde se desarrolla, para anticiparse y prepararse ante los cambios vertiginosos del cual somos partícipes. Lo preliminar demanda que los docentes a través de estrategias didácticas innovadoras tengan conocimiento sobre que herramientas digitales pueden ser auxiliares a estos estudiantes y promuevan en ellos la capacidad de innovar para lograr ser competitivos en los diversos contextos.

El desarrollo de habilidades para estudiar en los estudiantes es sin duda alguna un desafío que corresponde a todos los docentes, no preocupándonos única y exclusivamente por impartir información o conocimiento de nuestra área disciplinar; es necesario identificar que herramientas podemos utilizar en nuestra impartición de cátedra identificando el estilo de aprendizaje de los estudiantes para favorecer el desarrollo de pensamiento analítico, sintético e integrador; así mismo perfeccionar habilidades que perduren y consigan aprendizajes significativos. (Iglesias, Lozano y Martínez, 2013)

Desde el momento que se incluyó la tecnología en las aulas de clase la forma de interactuar del docente y del estudiante sufrió una transformación sustantiva en todas las vertientes, modificando las prácticas docentes con el diseño de materiales de apoyo a la docencia.

Si queremos distinguir hoy en día transformaciones muy básicas pero inherentes a los cambios que estaban por ocurrir, dando origen a un período de oportunidad, desarrollo y evolución gracias a las tecnologías de la información.

La tecnología actualmente como elemento motivador es una herramienta mediática para aproximar a los estudiantes a la escuela, a través de procesos educativos seleccionados, dirigidos y valorados para desarrollar competencias básicas necesarias en el proceso de aprendizaje, utilizando herramientas digitales como apoyo para cumplimentar saberes específicos, logrando una forma convincente de aproximarse a los estudiantes e interactuar con ellos para lograr aprendizajes significativos y funcionales.

Es evidente que él docente no es la única fuente de información y de conocimiento, los estudiantes del presente siglo ya no ven a sus docentes como aquellas personas que poseían todo el saber, lo cual no es perjudicial en su totalidad, ya que gracias -o no- al avance de la tecnología, existen fuentes inagotables de información consiguiendo con ello que el estudiante tenga acceso a diversa información con diversas características, debiendo desarrollar en él la capacidad de selección de información confiable, pertinente y actualizada.

Por último a título personal de los autores del presente capítulo, la apreciación que de las herramientas convencionales y digitales para desarrollar habilidades para estudiar que se consideraron, se está consciente que existen más y diversas herramientas que no se eligieron; sin embargo estas son las más utilizadas por docentes y estudiantes de nivel medio superior y superior de acuerdo a la experiencia laborar donde desarrollamos nuestra práctica docente, así como la opinión de diversos colegas de otras instituciones educativas en el país.

Referencias.

Area-Moreira, M., Hernández-Rivero, V., y Sosa-Alonso, J. (2016). Modelos de integración didáctica de las TIC en el aula. Comunicar, 24(47), 79-87.

Caicedo-Tamayo, A. M., y Rojas-Ospina, T. (2014). Creencias, conocimientos y usos de las TIC de los profesores universitarios Educación y Educadores, 17(3), 517-533.

De La Garza, J. C., y Nicolín, M. I. (2015). Aprender en la simultaneidad. Revista Mexicana de Investigación Educativa, 20(67), 1157-1186.

Fernández-Cruz, F., y Fernández-Díaz, M. (2016). Los docentes de la Generación Z y sus competencias digitales. Comunicar, 24(46), 97-105.

Forestello, R. P. (2014). Estudiar y aprender en primer año de la Universidad. Praxis Educativa, 18(1), 67-74.

Guerra, S., González, N., y García, R. (2010). Utilización de las TIC por el profesorado universitario como recurso didáctico. Comunicar, 18 (35), 141-148.

Iglesias Martínez, M. J., Lozano Cabezas, I., y Martínez Ruiz, M. Á. (2013). La utilización de herramientas digitales en el desarrollo del aprendizaje colaborativo: análisis de una experiencia en Educación Superior. Revista de Docencia Universitaria, 11(2), 333-351.

Mon, F. E., y Cervera, M. G. (2011). El nuevo paradigma de aprendizaje y las nuevas tecnologías. Revista de Docencia Universitaria, 9(3), 55-73.

Ramos, A. I., Herrera, J. A., y Ramírez, M. S. (2009). Desarrollo de habilidades cognitivas con aprendizaje móvil: un estudio de casos. Comunicar, 17(33), 201-209.

Rodolfo Ballestas, R. B. (2015). Relación entre Tic y la adquisición de habilidades de lectoescritura en alumnos de primer grado de primaria básica. Investigación y Desarrollo, 23(2), 338-368.

Santiago Campión, R., Navaridas Nalda, F., y Andía Celaya, L. A. (2016). Las percepciones de los directivos de centros escolares sobre el uso y el valor de las TIC para el cambio e innovación educativa. Estudios Sobre Educación, 3(s/n) 145-174.

Valenzuela, J., Nieto, A. M., y Muñoz, C. (2014). Motivación y disposiciones: enfoques alternativos para explicar el desempeño de habilidades de pensamiento crítico. Revista Electrónica de Investigación Educativa, 16(3), 16-32

Referencias electrónicas

UNESCO. (19 de mayo del 2016). TIC en Educación. Recuperado de: http://en.unesco.org/themes/ict-education

UNESCO. (20 de mayo del 2016). TIC en Educación. Recuperado de: http://www.unesco.org/new/en/unesco/themes/icts/

Herramientas digitales para el apoyo en creación de mapas mentales y conceptuales

Karla Marlen Quintero Álvarez [1], Verónica Sagnité Solís Herebia[2]

[1]Universidad Autónoma de Tamaulipas, kmquintero@docentes.uat.edu.mx
[2]Universidad Autónoma de Tamaulipas, vsolis@docentes.uat.edu.mx

Resumen

Los organizadores gráficos facilitan la estructuración de la información, dentro de ellos destacan los mapas mentales y conceptuales los cuales ayudan a analizar, sintetizar y comprender los conceptos o ideas centrales de un tema. Con los avances tecnológicos llegan nuevas herramientas digitales que favorecen la creación y diseño de este tipo de mapas. En el presente trabajo se realiza una breve introducción a los conceptos de mapa mental y conceptual con la intención de familiarizarnos con estas técnicas, así como conocer sus características y ventajas. Por otra parte se describen de forma general diferentes herramientas digitales para elaborar mapas mentales y conceptuales como: Cmaptools, Freemind, EDraw Mind Map, Mindomo, Mindmeister abordando sus posibilidades para la creación, edición, exportación y publicación de estos gráficos. Y no solo sirvan para entender un tema o idea, sino sean utilizados como técnicas o estrategias para identificar, planear y delegar actividades que permitan el aprendizaje autónomo y colaborativo. Al final su uso dependa de las necesidades y recursos del usuario.

Palabras clave: herramientas digitales, mapas mentales, mapas conceptuales, organizadores gráficos.

Introducción

Para construir un aprendizaje significativo es necesario un conocimiento profundo de la información recibida, lo cual conlleva una serie de procesos metacognitivos que ayuden a establecer relaciones entre antiguos y nuevos conceptos. Existen técnicas como los mapas conceptuales y mentales que favorecen la organización y comprensión de la información, de tal manera, que pueda ser interpretada y usada adecuadamente. Ambas técnicas han sido empleadas en la educación desde varios ángulos, desde la valoración de asimilación de un tema hasta la planeación de una clase o asignatura.

Con la expansión de las Tecnologías de la Información y Comunicación (TIC), la información se hace más amplia y variada. Gracias a los modernos dispositivos electrónicos como Smartphone y tabletas electrónicas y los servicios de conectividad a Internet el acceso a esta gran cantidad de información es fácil y rápida, los usuarios toman ventajas de sus beneficios, ahora es posible comprar, hacer pagos de servicios, consultar el clima, ver noticias, recrearse, estudiar, etc., todo esto desde la distancia, gracias a las TIC. Nos hemos transformado en una sociedad que tiene la necesidad de mantenerse comunicado para obtener y compartir información de forma inmediata, es la Sociedad de la Información. Sin embargo, se hace necesario desarrollar habilidades para organizar, interpretar y utilizar adecuadamente este cúmulo de datos y generen conocimiento, como menciona Duart y Mengual (2014) "lo importante es tener la competencia de aprender a usar la red para acceder al conocimiento y usarlo de forma adecuada en nuestra actividad profesional".

Existen en la web herramientas digitales gratuitas y comerciales útiles para elaborar mapas mentales y conceptuales. En el presente capítulo describiremos herramientas digitales como Cmaptools, freemind, EDraw Mind Map, entre otras aplicaciones útiles para crear y compartir mapas que favorezcan el análisis, organización y comprensión de la información.

Mapas como técnicas para el aprendizaje

Los actuales enfoques de la educación como el constructivismo, orienta a formar personas con los conocimientos, habilidades y actitudes capaces de resolver de manera eficaz situaciones de la vida cotidiana, donde el alumno explore todas las posibilidades que le permitan acceder al conocimiento de una forma más eficaz. Este enfoque propone para la enseñanza y el aprendizaje estrategias y técnicas que favorezcan la metacognición, dejando en segundo plano técnicas memorísticas que poco sirven en el contexto social actual donde se manejan grandes cantidades de información y se requiere de una respuesta rápida y eficaz.

Los mapas como tales ayudan analizar, sintetizar, comprender, organizar la información de manera eficaz, despiertan el lado creativo y analítico, por tal motivo, es importante saber desarrollarlos de manera adecuada para después conocer y usar las herramientas digitales que favorezcan su elaboración y presentación.

Mapa conceptual

El mapa conceptual fue diseñado por Novak en 1972 basándose en la psicología de Aubsel, es una técnica utilizada para ordenar el conocimiento, como lo definen Cañas y Novak (2006) "Los mapas conceptuales son herramientas gráficas para organizar y representar conocimiento" (citado en López, 2007). Así mismo, lo conceptualiza Aguilar (2006) como "Red de conceptos ordenados jerárquicamente". Moreira (2012) simplifica el concepto señalando "los mapas conceptuales, o mapas de conceptos, son sólo diagramas que indican relaciones entre conceptos, o entre palabras que usamos para representar conceptos".

El diseño del mapa conceptual se basa en un modo jerárquico donde el concepto principal se encuentra en la parte superior, conectado a través de palabras de enlace con los conceptos de niveles inferiores, formando proposiciones que favorezcan la lectura del mismo.

Para Vera (2007), la elaboración de un mapa conceptual requiere realizar los siguientes pasos (citado en Vidal *et al.*,2007):

- Tomar el concepto que se desea profundizar.
- Reflexionar e identificar los elementos esenciales del concepto.
- Hacer una lista de los conceptos, de los más generales a los más específicos.
- Detallar los conceptos más generales en la parte superior del mapa y unir con líneas para demostrar cómo los conceptos se relacionan.
- Hacer ramificaciones al mapa añadiendo dos o más elementos a cada concepto que ya está en el mapa.
- Hacer conexiones entre dos o más conceptos mediante el uso de flechas para señalar la dirección de dicha relación si existe.

Los mapas conceptuales pueden apoyar el proceso de enseñanza y aprendizaje para:

- Extraer las ideas principales de un texto a través del análisis y síntesis de la información.
- Mejorar la comprensión de un tema.
- Proporciona una visión completa y precisa sobre un concepto.
- Jerarquizar los conceptos de un texto, mediante la organización y estructuración de la información.

Souna (2010), propone los siguientes usos educativos de los mapas conceptuales: apoyo institucional, organizadores previos, desarrollo de contenidos, síntesis de los contenidos trabajados, compartir información, construcción colaborativa, evaluación, portafolio, reflexión crítica.

Mapa Mental

El mapa mental es una herramienta utilizada para dar orden a los pensamientos sobre un tema en específico. Según Gallegos *et al.*, (2011) "Los mapas mentales (mindmaps, mindmapping) son gráficos radiales centrados en un concepto o imagen. El tema central se desarrolla y ramifica siguiendo el sentido de acuerdo a las manecillas del reloj." Los mapas mentales fueron desarrollados por Tony Buzan, el cual lo conceptualiza (1996) "como una expresión del pensamiento irradiante y son por lo tanto una función natural de la mente humana. Esta es una poderosa técnica grafica la cual proveen de una llave universal para liberar el potencial del cerebro. Los mapas mentales pueden ser aplicados a cada aspecto de la vida donde el aprendizaje mejorado y el pensamiento claro mejoran el rendimiento humano" (citado en Morice, 2012). Son una herramienta para despertar la creatividad, imaginación, asociación y síntesis de la información, es una manera de obtener una imagen mental sobre un tema. Es importante señalar que el mapa mental representa una visión personificada de una idea o conocimiento.

El diseño del mapa mental empieza con la idea central, de esta irradian los conceptos o subtemas relacionadas a esta idea y a su vez estos pueden continuar la ramificación. A continuación se mencionan algunos puntos a considerar para su diseño y se muestra un ejemplo del mapa mental en la figura 2:

- La lectura del mapa mental se basa en el sentido de las manecillas del reloj.
- Se recomienda utilizar colores para representar o diferenciar subtemas, lo cual da margen para despertar la creatividad.
- Es necesario incluir imágenes, facilita la representación de ideas con la ayuda de ilustraciones.
- La idea central y subtemas van conectados mediante líneas o trazos, no siguen el patrón de árbol del mapa conceptual.

Los mapas mentales son utilizados en el aprendizaje para:

- Organización mental del tema.
- Resumir y recordar información
- Asociar ideas principales
- Toma de decisiones.

Para Ore (2008) los mapas mentales pueden ser utilizados en los ámbitos educativos para: tomar notas, presentaciones, organización, planteamiento, Brainstorming o lluvia de ideas.

Herramientas para la elaboración de mapas

Las TIC proveen a la educación nuevas herramientas para desarrollar el conocimiento en los estudiantes ya sea a través de dispositivos electrónicos como tabletas, Smartphone, laptops, etc; o bien, programas que ofrecen elementos multimedia como video, audio, texto, imágenes, etc. los cuales estimulan los sentidos y despiertan habilidades que permiten percibir, relacionar y construir nuevos aprendizajes.

En la Web existen múltiples aplicaciones útiles para crear documentos de texto, presentaciones, videos, infografías, mapas mentales, mapas conceptuales, las cuales dependiendo de la aplicación y el tipo de licencia pueden descargarse o bien utilizarse en línea.

Para el caso de este capítulo analizaremos cinco herramientas digitales utilizadas para desarrollar mapas mentales y conceptuales, las cuales son: Cmaptools, Freemind, EDraw Mind Map, Mindomo, MindMeister.

Cmaptools

Cmaptools es un programa libre utilizado para crear mapas conceptuales. Desarrollado a mediados de los años 90 por el Instituto para el Conocimiento del Hombre y la Máquina (IHMC), es en palabras de su creador Cañas (2007) "un ambiente cliente-servidor que permite a usuarios de todas las edades y disciplinas construir y compartir sus mapas conceptuales" (citado en López, 2007).

El programa Cmaptools es una de las principales herramientas para crear mapas conceptuales, puede ser descargado desde su página principal http://cmap.ihmc.us/ y cuenta con versiones para Windows, OS X, iPad y Linux. La descarga es gratuita y para los que quieran contribuir en el mantenimiento y mejora del software pueden hacer donaciones voluntarias. Para su instalación se requiere una cuenta de correo electrónica activa. Es una poderosa herramienta para compartir mapas conceptuales, ya que pueden colocarse en el sitio Cmaps, o bien, cargarlos en la nube y desde ahí compartirlo, como lo muestra la figura 3. Al momento de cargar en la nube un mapa conceptual, será necesario autenticar el acceso con una cuenta de correo electrónico y contraseña, los cuales se dieron de alta al momento de la instalación. El beneficio de cargar un mapa en la nube es que puedes acceder a él desde cualquier cliente o plataforma de cmap. Cmaptools ofrece herramientas que permiten enriquecer el diseño y contenido del mapa conceptual una de ellas es la venta de estilos, donde se puede modificar la fuente, objetos, líneas y cmap.

Entre las herramientas de Cmaptools se encuentra una herramienta de presentación, la cual ayuda a ir exponiendo en orden cada una de las preposiciones generadas en el mapa conceptual. Además, posee una valiosa forma de editar los mapas, permite seleccionar de una sola vez todos los conceptos o palabras enlace, conexiones, etc. y editar color, fuente, líneas de forma independiente o conjunta.

A continuación se describen las principales características de este programa:

- Fácil y rápida instalación y uso para crear mapas conceptuales.
- Edita el diseño de fuente y objetos a través de la herramienta de Estilos.
- Crea preposiciones con ayuda del elemento enlace, que sirve de unión entre los conceptos.
- Agrega a los conceptos recursos, páginas web e información para ampliar su información.
- Comparte mapas en la red para colaborar con otros usuarios.
- Exporta el mapa como imagen, página web, documento pdf, entre otros.
- Imprime el mapa.
- Tiene un área de soporte en línea, el cual puede visitarse desde la siguiente página: http://cmap.ihmc.us/docs/cmaptools-help-spanish/.

Aunque el diseño del programa es básico, Cmaptools cuenta con las herramientas necesarias para elaborar un mapa conceptual, el diseño para la combinación de los fondos, colores, textos, imágenes dependen de la creatividad del usuario para crear el estilo idóneo que refleje la intención de la idea que se quiere transmitir.

Los usos educativos de Cmaptools son amplios y significativos entre los cuales podemos mencionar: favorece la apropiación de conceptos, herramienta para planear una clase o programa académico, exposición de temas, como herramienta de evaluación para identificar los aprendizajes adquiridos, trabajo autónomo y colaborativo, compartir mapas, etc.

Freemind

Freemind es un software gratuito bajo licencia GNU (General Public Licences) utilizado para elaborar mapas mentales y conceptuales, el cual funciona bajo JAVA. Este software fue desarrollado por Jorg Muller, Daniel Polansky, Christian Foltin, Dimitry Polivaeuv.

El programa Freemind puede ser descargado directamente desde el sitio http://freemind.sourceforge.net/wiki/index.php/Download, es completamente compatible con Windows, Mac OS X, Linux. Antes de su instalación se requiere descargar e instalar la última versión de Java. Para la elaboración de mapas el programa cuenta con las siguientes características que facilitan su diseño y desarrollo:

- Permite estructurar los conceptos e ideas a través de una idea central, de la cual se desprenden los nodos hijos (subconceptos) y estos a su vez puede estar conectados con nodos hermanos (subconceptos de la misma categoría). La versatilidad del programa permite agregar estos nodos de forma fácil, para agregar un nodo hijo basta presionar la tecla Insertar; en el caso del nodo hermano este se puede agregar con la tecla Intro o Enter.
- El diseño del mapa se puede enriquecer utilizando las herramientas como texto enriquecido y formato de nodos mediante colores, bordes y líneas.
- Admite en cada nodo agregar: imagen, archivo, texto, enlace y gráfico.
- Cuenta con una serie de iconos prediseñados.

- Mostrar u ocultar nodos con solo un clic.
- Copiar y pegar nodos, utilizando las teclas CTRL-C (copiar) y CTRL-V (pegar).
- Permite agregar tablas o texto para enriquecer la información del nodo.
- Exportar mapas en diversos formatos como: páginas web (HTML), flash, documentos de texto, pdf, imagen png, jpg, entre otras opciones.
- Programa multiidioma.
- Cuenta con un interesante mapa mental, que sirve de ayuda técnica para el programa, es decir, la documentación del programa está disponible en forma de mapa mental.

Los usos educativos de Freemind pueden diversos debido a sus variadas opciones para diseñar y publicar los mapas. Entre los principales usos podemos mencionar:

- Estructurar información o temas.
- Recurso multimedia, para mostrar y enlazar los conceptos más importantes de un tema con ayuda de la multimedia.
- Tomar notas.
- Publicar mapas en la Web.
- Realizar proyectos y darles seguimiento a través de un mapa bien estructurado.

El soporte del programa se maneja desde el sitio Freemind con la ayuda de un grupo de expertos a través de entradas o tickets, es decir, se realiza una pregunta y se asigna un turno, llegado el momento se responde a las dudas las cuales son documentadas para su revisión por otros usuarios.

Mindomo

Mindomo es un programa que permite la creación de mapas mentales, conceptuales y organigramas en línea. Lanzada en febrero del 2007 por EXSWAP (Grupo de Expertos en Aplicaciones), es una fácil y dinámica aplicación que permite compartir los productos elaborados.

Para acceder es necesario suscribirse usando una cuenta de correo electrónico, el sitio es https://www.mindomo.com/es Cuenta con cuatro tipos de suscripciones, sin embargo, solo una es de acceso libre, llamada Mindomo Free (permite crear solo tres mapas) y no necesita instalación ya que corre bajo cualquier navegador web. Las suscripciones Premium, Professional, Team tienen un costo y este varía dependiendo de las características, aunque todas permiten ilimitada creación de mapas e incluyen la versión para escritorio en los diferentes sistemas operativos: Windows, Mac, Linux. Estas suscripciones tienen diferente capacidad de almacenaje y costo.

Para iniciar es necesario definir qué tipo de mapa se quiere elaborar, en esta etapa se define si el trabajo es individual o de forma colaborativa. Por su facilidad de uso la elaboración de mapas mentales y conceptuales es muy eficiente en Mindomo, ya que cuenta con herramientas muy eficaces.

A continuación se describen algunas de ellas disponibles en la versión libre que en la figura X se pueden visualizar:

- Botón de herramientas de acceso rápido: estas opciones sirven para modificar el diseño de fuente, color y fondo del nodo, estilo del mapa. Se muestran al momento de seleccionar cualquier nodo.
- Menú desplegable: contiene herramientas para agregar temas o subtemas, así como relacionar, cortar, copiar y pegar nodos.
- Tablero: es un grupo de opciones que de forma práctica sirven para añadir en los nodos notas, hipervínculos, añadir opciones multimedia (imágenes, hipervínculos, archivos, videos), iconos, comentarios, además de tareas y marcadores.

Por sus características Mindomo se convierte en una excelente opción para la creación de mapas mentales y conceptuales, de las cuales podemos mencionar las siguientes ventajas:

- Ofrece una fácil y amplia gama de herramientas para el diseño de los mapas.
- Aplicación multiidioma.

- Soporte para diferentes sistemas operativos incluyendo iPad, Android, Window, ya que permite trabajarlos los mapas desde estos dispositivos móviles.
- Permite compartir los mapas a través del correo electrónico o redes sociales. Algunas de estas opciones son: Facebook, yahoo, Office 365, Windows Live, Clever, MC Online, Yilan.
- Elaborar mapas de forma colaborativa, asignando tareas o actividades directamente desde la aplicación.
- Ayuda a través de video tutoriales, disponibles directamente en el área de diseño.
- Exportar mapas en diferentes formatos como: .doc, .ppt, .xls, pdf. Sin embargo, la versión básica solo permite exportar en formato png.
- Imprimirlo en formato pdf.
- Cuenta con opciones para exponerlo a través de presentaciones que pueden automatizarse.

Para fines educativos Mindomo ofrece una amplia gama de opciones como las siguientes: trabajo conjunto de profesores y estudiantes, elaborar planes de lecciones, asignaciones, conferencias, resolución en problemas de colaboración, aprender a generar nuevas ideas, aprender temas difíciles con mucha rapidez gracias a la ilustración y dinamismo que la herramienta brinda. (Puleo y Godoy, 2012).

EdrawMindMap

Edraw Mind Map es un excelente software para crear tanto mapas mentales como conceptuales, además de diagramas y otros organizadores gráficos. Puedes conseguirlo de forma gratuita (free) la cual tiene herramientas sencillas y variadas para elaborar los mapas y la forma profesional de paga, esta ofrece un abanico de herramientas como la opción multiidioma, platillas para crear mapas conceptuales, compatibilidad para archivos de office, entre otros. "Edraw Mind Map es una empresa de software 2D diagramación técnica que ayudan a crear todo tipo de organizadores gráficos, y en particular contiene herramientas para la creación de mapas conceptuales" (Flores y Sánchez, 2015).

Este software se puede descargar directamente desde el sitio https://www.edrawsoft.com/freemind.php, donde se puede elegir el tipo de versión que se desee, gratis o de paga. Cabe señalar que este programa tiene versiones para los diferentes sistemas operativos: Windows, Mac y Linux. La última versión disponible es la 7.9.

EDraw Mind Map es un software muy intuitivo, se puede casi de forma automática conocer cómo funcionan las herramientas, las cuales son novedosas y garantizan un diseño más presentable. A continuación se mencionan algunas herramientas de este programa:

- Barra de menú: Comandos disponibles en la parte superior del programa permiten crear, editar y exportar los mapas. Tiene una excelente barra de inicio para el diseño del mapa donde puedes agregar temas o subtemas de forma individual o colectiva, y tiene además, temas para determinar la forma del mismo.
- Hoja de diseño: trabaja bajo una hoja de diseño que puede ser ajustada en tamaño, color y número de páginas. En esta área cuenta con diferentes diseños a escoger para el tema de la hoja, solo basta seleccionar el que se desee para que se refleje en el gráfico.
- Mind Map Shapes: Contiene varias opciones para establecer la forma de los nodos (principal y secundarios).
- Titles: Ofrece la posibilidad de agregar títulos en la hoja de diseño del mapa.
- Borders: Contiene diferentes formatos para insertar un título en la hoja de diseño.
- Bubble shapes: Son formas con diseño de burbuja que ayudan a mejorar el diseño de los mapas mentales, ofreciendo opciones para las ideas que se quieren agregar como: nubes, llamadas, etc.
- Symbols: Como ayuda para la interpretación de los mapas, existe una lista de símbolos que pueden agregarse en el mapa.
- Backgrounds: Opción para modificar el fondo, incluye plantillas con diseños predeterminados.
- Libraries: Galería de imágenes prediseñadas, formas de uso general y para diagramas de flujo.

Por sus amplias y variadas herramientas EDraw Mind Map tiene las siguientes características:

- Posee una amplia y variadas herramientas de edición y diseño. Incluyendo anexar imágenes, hipervínculos, notas en cada nodo.
- Compatibilidad con Office, en la versión profesional permite exportar los mapas hacia archivos de Word, Power Point y Excel.
- Permite exportar los diseños en formatos gráficos como: .jpg, .bmp, .gif, .tiff, .png, entre otros. Así como también en formatos .pdf, .html, .vsdx, svg.
- Enviar archivos a través del correo electrónico o ftp. Es importante mencionar que este programa no permite integrar usuarios al diseño del mapa.
- La versión de paga cuenta con herramientas para trabajar fuera de línea y después sincronizar con los dispositivos: tabletas, Smartphone, etc. para actualizar el trabajo en línea.
- Provee soporte a través de manuales y video tutoriales disponibles en su sitio web https://www.edrawsoft.com/tutorial.php.

El uso de EDraw Mind Map en el proceso de enseñanza aprendizaje garantiza la elaboración de mapas mentales o conceptuales con diseño creativo, innovador donde se resaltan los puntos importantes a través de formas o elementos acordes a la idea o concepto que se quiere transmitir.

MindMeister

Es una aplicación en línea para crear mapas mentales, desarrollada por el Meisterlabs. Actualmente es una de las aplicaciones para crear mapas más utilizados en el mundo, y cuenta con un total de 4 millones de usuarios.

Para acceder al programa, es necesario registrarse con una cuenta de correo electrónico desde la página https://www.mindmeister.com/es. Esta aplicación maneja diferentes cuentas de acceso: básico (sin costo, manejo básico de las herramientas y solo permite crear hasta tres mapas), Personal, Profesional y Empresas (las cuales tienen un costo pero mayor espacio en la web y la posibilidad de personalizar el mapa). Debido a su versatilidad no necesita instalarse en ningún dispositivo electrónico ya que funciona mediante cualquier navegador (Google Chrome, Internet Explorer, Zafari, etc) con una conexión a Internet.

MindMeister cuenta con un tablero de herramientas que facilitan la creación y edición de los mapas mentales:

- Colores y estilos: esta barra lateral superior permite cambiar los colores, formatos de texto en las palabras clave. Al igual cuenta con la opción para personalizar los fondos, textos, líneas.
- Insertar ilustraciones: también cuenta con la opción para agregar en las palabras clave imágenes, iconos y videos.
- En la parte inferior de esta barra se encuentran las opciones para agregar notas, comentarios, archivos y tareas.

Podemos mencionar que las características principales de Mindmaister, son las siguientes:

- Colaboración de equipo: puedes compartir el mapa conceptual desde Likeshare, Bulk Gate, Wikimaps, de esta manera se realiza un trabajo colaborativo donde cada integrante contribuye en la elaboración del mapa.
- Presentaciones automáticas: Mindmaister ofrece la opción de crear presentaciones automáticas sobre las ideas principales del mapa mental, de tal manera, facilita la explicación del mapa mental. Además, incluye opciones para agregar transiciones entre el inicio y fin de un segmento.
- Gestión de proyectos: Posee una valiosa herramienta para desarrollar trabajo en equipo. A cada integrante se le asigna un concepto o idea, la cual puede desarrollar directamente desde el mapa mental principal. Es decir, el mapa se segmenta y a cada integrante del equipo se le asigna uno de estos segmentos para que lo desarrolle.

- Tutorial de ayuda: disponible directamente en el área de diseño del mapa, cuenta con ilustraciones para resolver las dudas técnicas en el manejo de las diferentes herramientas.

De acuerdo al sitio web de Mindmaister, esta aplicación puede ser usada para:

- Lluvia de ideas
- Notas de clase
- Planeación
- Gestión de reuniones

Para el diseño del mapa mental, Mindmaister posee valiosas herramientas como: alineación, diseño de fuentes y fondo, insertar iconos, imágenes, videos, audio. Así como también permite agregar enlaces, botones de seguimiento y posee herramientas para agregar temas predeterminados.

Resultados

Existen diversos programas en la web para crear mapas mentales y conceptuales, su elección dependerá de sus características y ventajas que ofrezcan al usuario para crear, diseñar y exportar los mapas. En la tabla 1 se comparan las herramientas digitales descritas en este capítulo.

	Cmaptools	Freemind	Mindomo	EDrawMind Map	Mindmeister
Tipo de organizador gráfico	Mapa conceptual	Mapa mental y conceptual	Mapa mental y conceptual	Mapa mental y conceptual	Mapa mental y conceptual
Licencia	Libre	Libre	Libre y Comercial	Libre y Comercial	Libre y Comercial
Instalación escritorio	Sí	Sí	Versión de paga	Sí	No
Servicio en línea	Compartir en red y nube Cmap	No	• Compartir y trabajar de forma colaborativa • Disponible en línea, desde el navegador web	No	• Compartir y trabajar de forma colaborativa • Disponible en línea, desde el navegador web
Herramientas para diseño de mapas	Diseño de fuentes, objetos, líneas, Cmap.	Texto enriquecido, diseño de objetos colores, enlaces y gráficos.	Herramientas para el diseño de fuente, fondos, formas y estilos de mapas.	Menú de herramientas: crear, diseñar fuentes, colores, plantillas de mapas. Fondo y títulos prediseñados	Diseño de textos, fondos, líneas, ilustraciones, notas y comentarios.
Exportar	.jpg, .sv f, g, .bmp, .ht .sv .png, .ml .gz .pdt	.sv g, .jpg, .png, .pdf .html	.doc, .ppt, .xls, .pdf, .pdf Libre: .png Comercial:	.svg, gif, .vsdf, .hiff, .png, .html .pdf .jpg .bmp	.doc, .ppt, .xls, .pdf, .png, .pdf Comercial:
Soporte o ayuda técnica	Documentación de apoyo en línea	Documentación	Video tutoriales en línea	Documentación y video tutoriales	Tutoriales en línea

Tabla 1. Herramientas digitales para crear mapas

Como se puede observar en la tabla 1 los programas Cmaptools, Freemind y EDraw Mind Map, cuentan con herramientas para editar los mapas de forma independiente y con una amplia variedad de formatos para exportar o presentar los mapas, sin embargo, carecen de opciones para compartir y trabajar en línea. En el caso de Mindomo y Mindmaister aunque proporcionan acceso en el modo básico, este es limitado y no da oportunidad a seguir construyendo y compartiendo mapas, pero, en su versión comercial las opciones para edición, exportación, publicación y trabajo colaborativo son muy enriquecedoras. Existen variedad de opciones en la Web para crear mapas conceptuales y mentales, ahora gran parte de ellos disponibles desde un navegador, la necesidad de utilizar y adquirir un software de este tipo dependerá en mucho del potencial que veamos en estos organizadores gráficos para invertir tiempo y recursos en ellos.

Conclusiones

Los mapas conceptuales y mentales son una excelente estrategia para el análisis y comprensión de un concepto o idea. Su uso en el proceso de enseñanza y aprendizaje es garantía para identificar los aprendizajes en el estudiante, ya que permiten concentrar en un área determina lo más significativo.

Los mapas mentales y conceptuales facilitan el análisis, interpretación y reestructuración de la información. Las nuevas herramientas que ofrece la Web han proporcionado el crecimiento y posibilidades de los mapas en la educación como estrategia de enseñanza y aprendizaje.

Ahora los mapas ya no se quedan en un gráfico privado y estático, sino que pueden ser enriquecidos con colores y diseños atrayentes e incluir imágenes, hipervínculos, así como la posibilidad de realizar trabajo colaborativo para que de forma conjunta (entre alumnos) se construyan nuevos conocimientos o solucionen problemas a través de mapas. Existe una amplia gama herramientas digitales para crear mapas, desde soluciones gratuitas hasta programas comerciales.

Las herramientas gratuitas cuentan con herramientas básicas sin embargo sus opciones para enriquecer y exportar los mapas son limitados, en cambio, las soluciones de tipo comercial cuentas con múltiples opciones de exportación y publicación, además de una amplia gama de herramientas para edición.

Es necesario analizar las necesidades y recursos con los que se cuenta antes de elegir una herramienta digital para crear este tipo de gráficos. Por otro lado, la posibilidad de acceder a estas herramientas en línea sin necesidad de instalación debe motivar su uso no solo en la comprensión de un tema, sino como estrategia para la planeación, organización, asignación de tareas o actividades a través de las redes de colaboración.

Las herramientas digitales nos brindan la posibilidad de crear representación gráficas de conceptos e ideas de forma creativa, dinámica e innovadora, individual o colectivamente, depende de nosotros sacar el mejor provecho de ellas.

Referencias.

Aguilar, M. (2006). *El mapa conceptual como una herramienta para aprender y enseñar*. Revista Plasticidad y Restauración Neurológica. Recuperado de: https://www.academia.edu/11982383/ El_mapa_conceptual_una_herramienta_para_aprender_y_ ense%C3%B1ar?auto=download

Duart, Josep M. & Mengual-Andrés, Santiago (2014). *Impacto de la Sociedad del Conocimiento en la universidad y en la comunicación científica*. RELIEVE, v. 20 (2), art. M4. DOI: 10.7203/ relieve.20.2.4343

Flores, L. Sánchez, M. (2015). *Creación de los mapas mentales utilizando el Programa Edraw Mind Map para el desarrollo de la comprension de lectura en el área de comunicación con los estudiantes del 5° grado de educación primaria de la i. E. N°82005 "Miguel Iglesias" de Cajamarca en el año académico 2015*. Instituto Superior De Educación Público "Hno. Victorino Elorz Goicoechea". Recuperado de: www. isepvictorinoelorz.edu.pe/investigaciones/alumnos/mapas_ mentales.pdf

Gallegos, E. Villegas, E. Barak, M. (2011). *Elaboración de mapas mentales en jóvenes y adultos.* Rev. Mex. Orient. Educ. vol.8 no.21 México 2011. Recuperado de: http://pepsic.bvsalud.org/scielo.php?script=sci_arttext&pid=S1665-75272011000200006

López, J. (2007). *Entrevista concedida especialmente a EDUTEKA por Joseph D. Novak y Alberto J. Cañas. Revista Eduteka.* Recuperado de: http://www.eduteka.org/modulos/4/90/543/1

Moreira, M. (2012). *Mapas conceptuales y aprendizaje significativo.* Recuperado de: www.if.ufrgs.br/~moreira/mapasesp.pdf

Morice, R. (2012). *Uso de Mapas Mentales como una estrategia de aprendizaje para la enseñanza de la matemática.* Recuperado de: www.cientec.or.cr/matematica/2012/ponenciasVIII/ Rodrigo-Antonio-Morice.pdf

Ore, L. (2008). *Mapas Mentales: Herramienta para potenciar nuestra creatividad. Seminario Taller Mapas Mentales.* Recuperado de: http://www.orientacionandujar.es/wp-content/ uploads/2013/07/MAPAS-MENTALES_HERRAMIENTAS-PARA-POTENCIAS-NUESTRA-CREATIVIDAD.pdf.

Puleo, E. Godoy, A.(2012). *Manual de uso educativo de Mindomo.* Recuperado   de: https://issuu.com/eldapuleo/docs/ manual_de_uso_educativo._mindomo.

Souza, J. (2010). *El uso pedagógico de los mapas conceptuales en la perspectiva del docente brasileño. Proc. of Fourth Int. Conference on Concept Mapping.* Recuperado de: cmc.ihmc.us/cmc2010papers/ cmc2010-98.pdf

Vidal, M. Vialart, N. Ríos, D. (2007). *Mapas conceptuales. Una estrategia para el aprendizaje. Educación Media Superior,* Vol. 21. Recuperado de: http://bvs.sld.cu/revistas/ems/vol21_3_07/ems07307.html

Edraw Mind Map: Recuperado de: https://www.edrawsoft.com/ freemind.php

MainMeister. Recuperado de: https://www.mindmeister.com/es

Mindomo. Recuperado de: https://www.mindomo.com/es/

Usando CMapTools. Recuperado de: http://cmap.ihmc.us/docs/ cmaptools-help-spanish/

Herramientas digitales para favorecer el aprendizaje colaborativo: Una revisión de propuestas.

Verónica Sagnite Solis Herebia.

Universidad Autónoma de Tamaulipas, vsolis@docentes.uat.edu.mx

Resumen

El desarrollo de las Tecnologías de la Información y Comunicación en los últimos años ha cambiado la forma de realizar las actividades personales, laborales y de convivencia. La generación de estudiantes que tenemos en los centros educativos, tienen una vida donde converge el mundo físico y el mundo digital, de ahí que las TIC deben participar con la misma fuerza en la educación.

En esta propuesta se presentan herramientas digitales para fomentar el aprendizaje colaborativo. En el aprendizaje colaborativo los seres humanos se comprometen aprender juntos, han asumido compromisos en común. Esta forma de entender el aprendizaje sumado a la utilización de las TIC es fundamental en la sociedad del conocimiento.

Se concluye la necesidad de explorar las diferentes herramientas digitales y hacerlas parte de estrategias didácticas, no es solo la herramienta lo valioso, es la capacidad de gestionar el conocimiento lo importante en la práctica docente actual.

Palabras clave: Educación, Docencia, Aprendizaje colaborativo, TIC, herramientas digitales.

Introducción

Facilitar y guiar el aprendizaje de otro ser humano es el objetivo que se persigue cuando eres docente, ¿cómo lograr entender e interesar a los estudiantes?, ¿qué actividades de enseñanza diseñar, cómo evaluarlas?, ¿están desarrollando los estudiantes las competencias esperadas?, ¿mi función como docente es buena? entre otras preguntas que surgen desde el momento en que inicias la planeación o cuando estás en pleno ciclo escolar y percibes que algunos estudiantes no actúan como lo esperabas. Estas interrogantes se han intentado contestar desde diferentes enfoques pedagógicos y en diversos espacios de reflexión educativa, en algunos casos con éxito en otros sigue la búsqueda. En esta propuesta abriremos la posibilidad de visualizar como un medio para potencializar los procesos de enseñanza y aprendizaje a las herramientas tecnológicas.

Imaginemos un salón de clases que puede ser de nivel medio superior o superior en una escuela pública, escolarizada y de modalidad presencial en México, sin duda las condiciones sociodemográficas son diversas, los modelos educativos, los estudiantes sumamente distintos, la brecha digital, la brecha cognitiva y otras características que deben analizarse para atreverse a opinar, sin embargo, estos estudiantes tienen intereses y actividades en común en lo que respecta a las TIC, según un estudio de consumo de medios en México los estudiantes pertenecen a un grupo de población que pasan de dos a cinco horas o más conectados a internet, descargan más aplicaciones y software que otros grupos de edades, visualizan videos, participan en redes sociales y blogs, utilizan poco correo electrónico, además en general considera al internet como el medio más accesible y confiable.

La generación de estudiantes que tenemos y tendremos en los centros educativos, en su mayoría se comunican por medio del internet, mandan mensajes, conocen gente diferente, escuchan música, juegan, tienen una vida donde converge el mundo físico y el mundo digital, de ahí que las TIC deben participar con la misma fuerza y frecuencia en la educación.

El crecimiento de las Tecnologías de la Información y Comunicación (TIC) en las últimas décadas ha facilitado las actividades personales, laborales y de convivencia. En el ámbito educativo las TIC han proporcionado una alternativa para contribuir a la cobertura y potencializar el aprendizaje (UNESCO, 2015), han surgido diversas modalidades como el E-learning (aprendizaje electrónico), B-learning (aprendizaje mezclado), M-learning (aprendizaje móvil). Según el reporte Horizonte 2016 a corto plazo (uno a dos años) para impulsar la tecnología educativa se deben atender: las técnicas de análisis del aprendizaje y el software de minería de datos, especialmente en relación con la educación en línea y mixta y aumentar los programas que combinan educación presencial y a distancia, a medida que se entienden mejor sus posibilidades, su flexibilidad, su facilidad de acceso y el potencial de integración de tecnologías multimedia.

Estas nuevas formas de relacionarse y entender el mundo han obligado a los diferentes sectores de servicio a replantear sus estrategias de comunicación, para el caso de la educación en los últimos diez años se han implementado reformas que han modificado el modelo educativo y por consiguiente el perfil del docente y del estudiante.

Cuando se habla de educación formal actualmente las instituciones educativas en México han transitado de una práctica focalizada en el docente y la catedra a una centrada en el estudiante.

En cierta medida, la responsabilidad del proceso educativo se traslada del profesor al alumno, si bien esta circunstancia no implica que la dedicación del docente sea menor. De hecho, en tanto que tiene que adoptar un papel de guía y de consejero, dando indicaciones precisas acerca de dónde y cómo el estudiante debe buscar conocimientos, su grado de implicación y de dedicación, necesariamente, debe ser mayor. Además, el docente está obligado a realizar un seguimiento personalizado del alumno para detectar si existen dificultades en su proceso de aprendizaje y, en su caso, establecer la forma de superarlas (Naranjo, et. al., 2015, p. 2).

De ahí que las TIC en especial algunas las herramientas digitales existentes en la web bien seleccionadas para intenciones de educativas específicas pueden simplificar tareas docentes y permitir la creación de ambientes de aprendizaje más allá del aula tradicional, el presente capítulo tiene como objetivo mostrar diferentes opciones de herramientas digitales para favorecer el aprendizaje colaborativo tanto en experiencias educativas presenciales o en línea.

Desarrollo

1.- Aprendizaje Colaborativo

Los seres humanos somos por naturaleza sociales, aprendemos de la interacción con nuestro entorno, el aprendizaje es social, trabajar en grupo es mejor, son afirmaciones que hemos escuchado en una conversación común o desde la perspectiva de la sociología, la psicología y por su puesto de los teóricos del aprendizaje.

"Recién a fines del siglo XX surge el concepto de aprendizaje colaborativo, el constructivismo sociocultural ha servido como marco teórico para este enfoque del aprendizaje, el que afirma que todo aprendizaje es social y mediado" (Zañartu, 2013, p. 1).

El término aprendizaje colaborativo, se ha desarrollado y gestado a través de distintas vertientes que buscan aproximarse a su significado. Así, la literatura nos presenta los grupos de aprendizaje, comunidades de aprendizaje, enseñanza entre pares, aprendizaje cooperativo y aprendizaje colaborativo (Dillenbourg, et. al. 1999, en Zañartu 2013).

Las definiciones de aprendizaje colaborativo son múltiples: (Driscoll y Vergara, 1997, p. 91), explicitan:

> Para que exista un verdadero aprendizaje colaborativo, no sólo se requiere trabajar juntos, sino que cooperar en el logro de una meta que no se puede lograr individualmente. Y señalan que son cinco los elementos que caracterizan el aprendizaje colaborativo:
>
> 1) responsabilidad individual: todos los miembros son responsables de su desempeño individual dentro del grupo.
> 2) interdependencia positiva: los miembros del grupo deben depender los unos de los otros para lograr la meta común.
> 3) habilidades de colaboración: las habilidades necesarias para que el grupo funcione en forma efectiva, como el trabajo en equipo, liderazgo y solución de conflictos.
> 4) interacción promotora: los miembros del grupo interactúan para desarrollar relaciones interpersonales y establecer estrategias efectivas de aprendizaje.
> 5) proceso de grupo: el grupo reflexiona en forma periódica y evalúa su funcionamiento, efectuando los cambios necesarios para incrementar su efectividad.

Gross (2000, pag.15) agrega que "en un proceso de aprendizaje colaborativo, las partes se comprometen a aprender algo juntos. Lo que debe ser aprendido solo puede conseguirse si el trabajo del grupo es realizado en colaboración. Es el grupo el que decide cómo realizar la tarea, qué procedimiento adoptar, cómo dividir el trabajo, las tareas a realizar. La comunicación y la negociación son claves en este proceso".

En la literatura aparece reiteradamente el término aprendizaje colaborativo vs. cooperativo.

Aunque algunos autores tienden a homologarlos, en este trabajo presentaremos mediante el siguiente cuadro diferencias y semejanzas.

Cuadro comparativo de aprendizaje colaborativo y aprendizaje cooperativo.

Aspecto	Aprendizaje Colaborativo	Aprendizaje Cooperativo
División de tareas entre los integrantes del grupo, cada estudiante se hace responsable de un aspecto y luego se ponen en común los resultados (Gross, 2000).		X
Contrasta con el aprendizaje competitivo(Johnson, et. al. 1999),	X	X
Aprendizaje altamente estructurado por el profesor.		X
La responsabilidad del aprendizaje principalmente en el estudiante.	X	
Está fundamentado en el enfoque constructivista	X	X
Requiere de una preparación más avanzada para trabajar con grupos de estudiantes (Bruffe, 1995).	X	
Se trabaja con grupos.	X	X

Bruffe (1995 en Zañartu 2013), ve los dos enfoques como si fueran lineales, y sostiene que el aprendizaje colaborativo está diseñado para entrar cuando el cooperativo sale o termina. En el aprendizaje colaborativo el profesor y los estudiantes comparten la autoridad y control del aprendizaje. "La cognición individual, no se suprime en la interacción de pareja, pero sí se observa que la interacción entre sujetos genera actividades extras, explicaciones, desacuerdos, regulación mutua, que despiertan mecanismos cognitivos adicionales, internalización, extracción, conocimiento que son en definitiva a través de los cuales aprendemos. Se piensa que no hay garantía de que aquellos mecanismos propios del aprendizaje, ocurran sólo en la interacción colaborativa; aunque es frecuente que se desarrollen durante el aprendizaje colaborativo más que estando sólo"(Zañartu,2013,pag.4).

Las relaciones colaborativas de aprendizaje tienen que tener varias características. Según Zañartu algunas de ellas son:

a) La interactividad. El aprendizaje se produce en la intervención entre dos y más, mediado por un intercambio de opiniones y puntos de vista. La importancia de esta interacción no se refiere exclusivamente a la de intervenciones que se produzcan, sino el grado de influencia que tiene la interacción en el proceso cognitivo y de aprendizaje del compañero.

b) La sincronía de la interacción. Cuando pensamos en el uso de las tecnologías de la información para aprender, vemos que existen dos momentos significativos en el proceso de aprendizaje. Aquél que es sincrónico, y que requiere de respuestas inmediatas, al igual que un diálogo en vivo, o una conversación presencial. Este diálogo orientado a hacer algo juntos nos lleva a la situación de que es necesaria la sincronía. Pensamos que no es posible generar conocimiento sin respuestas inmediatas, porque provocaría desmotivación, y descontextualización en una de las partes. Esta sincronía es la que defienden algunos teóricos al referirse a la colaboración afirmando que es "una actividad coordinada y sincrónica, que surge como resultado de un intento continuo por construir y mantener una concepción compartida de un problema".

Sin embargo, al crear nuevo conocimiento, al construir juntos también corresponde una segunda fase, más reflexiva que pertenece al mundo individual. En esta etapa de reflexión del aprendizaje colaborativo entra a intervenir la comunicación asincrónica. A través de ella, y tras una asimilación del conocimiento adquirido, el sujeto podrá aportar resultados más concluyentes.

c) La negociación básicamente es un proceso, por el cual dos o más personas intentan superficialmente o en conciencia, obtener consentimiento y acuerdos en relación a una idea, tarea o problema. La negociación es un elemento distintivo de las interacciones colaborativas, y tiene especial importancia cuando se trata de negociar significados. Para algunos autores como la negociación del significado no es un defecto de la interacción, sino que es constitutiva de ella, hasta el punto que el mecanismo de interacción permite que emerja una comprensión mutua.

Algunas pautas para producir aprendizaje colaborativo según Calzadilla (2002) son:

a) Estudio pormenorizado de capacidades, y posibilidades de los miembros del equipo.
b) Establecimiento de metas conjuntas, que incorporen las metas individuales.
c) Elaboración de un plan de acción, con responsabilidades específicas y encuentros para la evaluación del proceso.
d) Chequeo permanente del progreso del equipo, a nivel individual y grupal.
e) Cuidado de las relaciones socioafectivas, a partir del sentido de pertenencia, respeto mutuo y la solidaridad
f) Discusiones progresivas en torno al producto final.

2.- Aprendizaje colaborativo asistido por computadoras

Del enfoque sociocultural se han hecho importantes derivaciones educativas: conceptos como el trabajo en equipo, aprendizaje colaborativo se esgrimen como orientadores de las nuevas tendencias, incluyendo el uso de las TIC (Crook, 1998 en Zañartu 2013). En este contexto surge el aprendizaje colaborativo asistido por computadora, el que se puede definir como una estrategia de enseñanza – aprendizaje por la cual interactúan dos o más sujetos para construir conocimiento, a través de la discusión, reflexión y toma de decisiones, proceso en el cual los recursos informáticos actúan como mediadores. El aprendizaje colaborativo en línea implica aprender de forma colaborativa compartiendo, con otras personas, objetivos y tareas siendo las tecnologías de la información y la comunicación mediadoras de dicho proceso. "En este sentido, no se contempla al aprendiz como una persona aislada sino en interacción con los demás. Compartir objetivos y distribuir responsabilidades son formas deseables de este tipo de aprendizaje. El uso de la tecnología de la información y la comunicación debe favorecer los procesos de interacción y de solución conjunta de problemas y debe apoyar el proceso de construcción de conocimiento" (Gros, 2008).

3.-Herramientas digitales para el aprendizaje colaborativo

El aprendizaje colaborativo resulta de la interacción de competencias de individuos que han asumido un compromiso en común y que saben que su capacidad de comunicarse los hará mejores y más fuertes como grupo. Esta forma de entender el aprendizaje sumado a la utilización de las TIC es fundamental en la sociedad del conocimiento. La construcción de conocimientos se da en diferentes contextos, sin embargo sigue siendo el aula el espacio obligado para proponer y guiar la formación, de ahí que sea el docente el que busca, analiza, diseña e introduce prácticas de acuerdo al estudiante y las necesidades de su contexto.

A continuación se muestran formas de poner en práctica el aprendizaje colaborativo y propuestas de herramientas digitales que pueden ser una alternativa para enriquecer la práctica docente. En lo relacionado con las formas de poner en práctica, estas fueron retomadas de aportaciones constructivistas en trabajos principalmente de Calzadilla y Zañartu. Se presenta primero la categoría en la que se puede aplicar y posteriormente las herramientas de estas, la mayoría pueden ser utilizadas en todo tipo de dispositivos móviles de comunicación conectados a internet, tienen versiones gratuitas y versiones que requieren pagarse.

     a) La integración de pares o entrenadores en el grupo colaborativo.

Los grupos colaborativos vinculan aprendices de distinto nivel de habilidad, género y procedencia; en este caso el docente debe ser más que un mediador, propiciando un proceso grupal efectivo (Calzadilla, 2002). El docente actúa como facilitador, inicia integrando un grupo con participantes de diferentes niveles de habilidad, que se integran en forma organizada y conjunta. Además el docente detecta las habilidades de los participantes, con esta información se harán subgrupos algunas funcionaria de igual a igual y en otros uno de los estudiantes asumirá el papel de entrenador o coach.

"involucra a estudiantes en los que se ha detectado mayor habilidad y a los que se les ha dado un entrenamiento previo para servir de coach de sus compañeros de menor nivel, mientras desempeñan el trabajo en forma conjunta; por lo general la interacción entre los estudiantes es tan fluida que logra elevar el nivel de los aprendices y consolidar el que tienen los avanzados, quienes querrán conservar su posición de adelantados y continuarán profundizando en el conocimiento" (Tudge, 1994 en Calzadilla 2002, pag.6).

Como propuestas para potencializar el aprendizaje en grupos se presenta las siguientes herramientas.

- Wiggio

Puedes compartir archivos, crear eventos, crear reuniones síncronas o asíncronas por medio de llamadas, salas de chat y salones virtuales.

Página de inicio de wiggio: https://wiggio.com/#tpl=home_0

- Office 365
  Permite crear grupos público o privados, es confiable para: enviar mensajes, agregar calendarios a eventos y sus respectivos avisos, compartir y editar documentos.

Ejemplo de grupo UAT

- Correo electrónico
  Este es uno de los servicios de internet más utilizados en el área personal y laboral, es sin duda indispensable para cualquiera y es medio para facilitar la comunicación.

Existen muchos sitios web que permiten que los usuarios creen su correo electrónico de manera gratuita. Entre los sitios más conocidos para crear correos gratuitos se puede mencionar: www.gmail.com,www.hotmail.com,www.yahoo.com,www.latinmail.com,www.starmedia.com

También existen las cuentas institucionales que dan un carácter de formalidad a quienes las utiliza.

b) Compartir información, trabajar con documentos conjuntos para facilitar la solución de problemas y toma de decisiones. transferencia de ficheros, aplicaciones compartidas, asignación de tareas, calendarios, chat, convocatoria de reuniones, lluvia de ideas, mapas conceptuales, navegación compartida, notas, pizarra compartida, votaciones.

  - Join me: Una herramienta para compartir pantalla y trabajar en equipo. La página de inicio de Join me, es la siguiente https://www.join.me/es, Permite trabajar de forma síncrona, puedes compartir documentos y editar en tiempo real, incluye chat, videollamada. Es gratuita y fácil de utilizar.

c) Seguimiento del progreso del grupo, a nivel individual y colectivo; esta información puede venir a través de los resultados de ejercicios y trabajos, test de autoevaluación y coevaluación, estadística de los itinerarios seguidos en los materiales de aprendizaje, participación de los estudiantes a través de herramientas de comunicación, número de veces que han accedido estos al sistema, tiempo invertido en cada sesión y otros indicadores que se generan automáticamente y que el docente podrá chequear para ponderar el trabajo de cada grupo, pero a su vez los estudiantes podrán también visualizar el trabajo que tanto ellos como el resto de los grupos han efectuado y aplicar a tiempo correctivos y estrategias metacognitivas que tiendan a remediar un desempeño inadecuado.

- Edmodo

Es una herramienta educativa gratuita que permite organizar materiales de aprendizaje, estrategias de comunicación en el grupo e interactuar con comunidades de aprendizaje. Es una posibilidad para extender la experiencia de enseñanza formal fuera del aula, el docente diseña y dirige el proceso.

- Formulario de google

Con esta herramienta puedes crear cuestionarios en línea, tiene diversas opciones de tipo de preguntas, una vez que tengas diseñado el cuestionario solo tienes que compartir el enlace de internet para que sea contestado. Las respuestas de las encuestas se organizan en gráficos y hojas de Excel para su análisis, las respuestas las puedes observar en tiempo real.

Se requiere una cuenta de correo electrónico de google, desde ahí te diriges al icono de drive y se accede a la creación de formularios.

d) Acceso a información y contenidos de aprendizaje: mediante las bases de datos en línea o físicas, sistemas de información orientados al objeto, libros electrónicos, publicaciones en red, centros de interés, enciclopedias, multimedia, simulaciones y prácticas tutoriales que permiten a los estudiantes intercambiar direcciones, diversificar recursos e integrar perspectivas múltiples.

Existen diferentes opciones de sitios web en los que mediante la colaboración de organizaciones se ha logrado recopilar diferentes textos y materiales de carácter científico, a continuación se muestra el ejemplo del Consorcio Nacional de Información Científica y Tecnológica (CONRICyT).

En la página de inicio del CONRICyT de forma simple mediante un cuadro de búsqueda puedes buscar información de artículos de revistas o libros. Además se encuentran enlaces a revistas, índices de revistas y bases de datos. Algunos de estos servicios requieren convenios institucionales que en muchos casos ya están resueltos, solo es cuestión de informarse en la organización a la que se pertenezca.

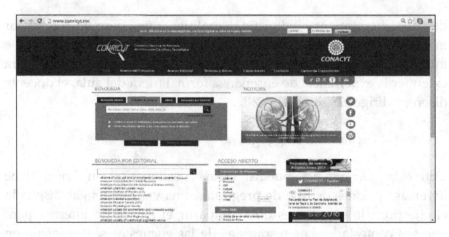

Página de inico del CONRICyT

- Bibliotecas virtuales
  Son sitios en la web con la misma misión que una biblioteca física o tradicional, recopilan textos académicos

y literarios de diversas áreas de conocimiento. Generalmente se pueden descargar de forma gratuita y en ocasiones es permitida su reproducción sin fines de lucro. Buscar información en bibliotecas virtuales es más confiable que hacerlo mediante solo buscadores

e) Gestión y administración de los alumnos: permite el acceso a toda aquella información vinculada con el expediente del estudiante e información adicional, que le pueda ser útil al docente en un momento dado, para la integración de grupos o para facilitar su desarrollo y consolidación.

- ClassDojo

De forma amigable permite crear grupos de trabajo, cada estudiante tiene un avatar y de forma atractiva, puedes registrar retroalimentaciones clasificadas de manera positiva o en status de mejora a lo largo del proceso puedes visualizar y analizar los informes.

La herramienta te da la posibilidad de crear cuenta de docente, administrador o padre de familia de manera que posibilita informar acerca del progreso grupal o por estudiante.

Conclusiones

La humanidad ha transitado por diferentes épocas todas influenciadas por la forma de satisfacer necesidades ya sean del mundo físico o espiritual, las habilidades intelectuales y herramientas han moldeado la forma de comprender el mundo. Los seres humanos han transitado por diferentes formas de producir, se han planteado preguntas acerca de su existencia y el papel que juegan en el universo, todas tratadas de contestar desde diferentes lugares y épocas estableciendo así teorías y paradigmas que han influido mucho en las actitudes y decisiones que adoptamos diariamente en los diversos grupos de la sociedad en los que participamos ya sea en la vida privada o en la profesional.

Hoy sabemos que las verdades inmutables no existen, la historia nos ha mostrado que todo pasa y en ocasiones regresa renovado o con la posibilidad de integrarse a distintos contextos, pero muchas veces, si ocurren descubrimientos notables, que cambian la forma de vida de la mayoría de los habitantes del planeta ¿el fenómeno que está ocurriendo, hoy, cuando nos conectamos por medio de la web con todo lo hasta ahora existente, ha modificado nuestra forma de entender el mundo?, esta pregunta es fácil de plantear, la respuesta no, sin embargo, han empezado a formularse explicaciones, pero ¿qué relación tiene lo antes mencionado con la práctica docente?, no hay respuesta simple, aunque se puede decir que si el mundo está cambiando y sus habitantes también, la práctica docente está obligada a modificarse.

En la actualidad es una tendencia repensar la educación, lo cual es una labor muy amplia, en esta idea de reflexión y cambio, este capítulo mostró a las TIC en especial a las herramientas digitales como una alternativa para favorecer el aprendizaje colaborativo.

Por su parte el aprendizaje colaborativo es uno de los aportes teóricos más aceptados en los últimos años en los ambientes de formación "El aprendizaje colaborativo ha demostrado eficiencia en la superación de actitudes negativas, incrementar la motivación y el autoconcepto; por otra parte las experiencias de interacción cooperativa permiten producir un aprendizaje vinculado al entorno social del individuo, dado que propician la creación de ambientes estimulantes y participativos, en los que los individuos se sienten apoyados y en confianza para consolidar su propio estilo de aprendizaje"(Calza dilla,2002,pag. 6). De ahí que se identificaron sus características y recomendaciones para implementarlo ya sea de manera presencial o en línea, esto permitió delimitar la búsqueda de herramientas digitales y así poder mostrar ejemplos que bien podrían servir para integrarse a estrategias de enseñanza en cualquier nivel educativo.

Se encontró que en la web hay cientos de herramientas digitales con diferentes funciones que pueden aplicarse en múltiples áreas, de estas sobresalen las diseñadas para salud y educación, siendo estas últimas las que más interesaron a esta propuesta.

Se procedió a explorar, de inmediato aparecieron recomendaciones catalogadas como las mejores herramientas educativas o las que todo docente del siglo XXI debería utilizar, sin embargo, estas afirmaciones son irreales en algunos casos producto de la publicidad y en la mejor de las ocasiones por ser las más utilizadas en determinada zona geográfica.

Esta situación de abundancia de herramientas y los adjetivos de innovadoras o poderosas armas educativas, gratuitas y de fácil uso, de cierta forma influyen en cierto grupos de académicos que aún no dan credibilidad a introducir TIC a la educación y es que claro que no es solo la herramienta, siempre se requiere saber la intención de utilizarla dentro del proceso de enseñanza y aprendizaje.

> No son las herramientas digitales educativas las que resolverán el problema, utilizar tecnología aplicada a la educación no es emplear una herramienta indiscriminadamente, sino utilizarla con una intención educativa clara; hoy en día el aula no es el único espacio para aprender, pero si puede y debe ser el espacio para orientar lo que se puede aprender en los múltiples espacios de acceso a contenidos, como le es el internet (Rosero 2011 en García 2012).

Resultado del análisis de la presente propuesta se presentan los siguientes hallazgos:

- Las TIC, el internet, la web 2.0 y las capacidades de gestionar información de los seres humanos son la base de la sociedad del conocimiento, la escuela debe estar obligada a hacer converger estas características en sus proyectos y prácticas.
- Los estudiantes que actualmente se encuentran inscritos en centros educativos de todo el mundo son una generación caracterizada por estar conectada por medio de dispositivos móviles con acceso a internet, utilizan las redes sociales digitales más que cualquier otro medio de comunicación.
- El perfil del docente actual incluye diferentes competencias y no se podrían enumerar en este trabajo, sin embargo, se

retoman: capacidad de gestionar ambientes de aprendizaje, facilitador y guía, aprende a lo largo de la vida, se comunica y establece relaciones humanas satisfactoria y líder en su profesión.

- El proceso de aprendizaje no tiene una fórmula que pueda aplicarse, de ahí que las estrategias, técnicas y herramientas varían dependiendo del contexto.
- Las TIC si son una herramienta que atrae la atención de los estudiantes, estos confían en las herramientas digitales y las valoran, por lo cual integrarlas puede beneficiar el proceso de aprendizaje.
- Los administradores y toda la comunidad de centros educativos deben tener un plan de tecnología educativa, no solo integrarlas como una herramienta.
- Los docentes deben familiarizarse con las necesidades y preferencias de sus estudiantes, escucharlos, entenderlos y valorar la forma y medios que utilizan para comunicarse.
- Hay condiciones de desigualdad, las llamadas brecha digital y brecha cognitiva, pero el porcentaje de personas que no padecen estas problemáticas deben educarse para no subutilizar estos recursos.

Desde mediados del siglo pasado existen investigaciones de tipo exploratorio con alcances descriptivos, explicativos y correlacionales del uso de TIC en la educación, cada vez se estudia más las herramientas digitales aplicadas a procesos de aprendizaje en distintas áreas, lo cual indica que en todo el mundo las TIC en educación son una realidad y sus resultados ya se están analizando.

Las modalidades educativas en línea como el B-learning (aprendizaje mezclado) y el M-learning (aprendizaje móvil), están siendo cada vez más aceptados como alternativas adecuadas para aumentar la cobertura y satisfacer las nuevas expectativas de los estudiantes. En estas convergen enfoques y teorías del aprendizaje, estrategias de enseñanza, la web y herramientas digitales, ante lo cual se tiene prueba que las TIC y la educación deben actuar de forma conjunta.

Para concluir se considera que la práctica docente actual debe caracterizarse por reflexionar acerca del papel protagónico del estudiante y su aprendizaje, el docente debe actuar como gestor del proceso de construcción del conocimiento.

En lo que respecta a las TIC y la educación ya debe dejar de ser una pregunta o una alternativa, pues la realidad indica que deben integrarse de la misma forma en cómo lo haría las técnicas para mejorar en matemáticas o aprendizaje para la vida, pues acaso las TIC no son una parte del mundo en el que actualmente interactuamos. En diferentes foros internacionales se menciona como obligatorio promoverse el uso de TIC en todos los niveles educativos y la formación de recursos humanos que lo hagan posible.

El aprendizaje colaborativo al ser fundamentado en las teorías constructivistas y cogniscitivistas es compatible con las reformas recientes en educación

Las herramientas digitales para fomentar el aprendizaje colaborativo son abundantes y existen buenas alternativas, solo es cuestión que los docentes las exploren, las usen y experimenten con estas en los procesos de construcción de aprendizaje.

> Es la estrategia de enseñanza o de aprendizaje es la que debe diseñarse, implementarse y evaluarse, la herramienta digital o no, está dentro de esta estrategia, a la par de la revisión de un libro o el trabajo por proyectos. La práctica docente actual tiende a extenderse más allá del aula tradicional, el aprendizaje mezclado o b-learning ofrece mayores posibilidades y este tipo de educación hace converger diferentes teorías del aprendizaje y por su puesto la utilización de herramientas digitales y aprendizaje colaborativo.La educación y sus actores deben caracterizarse por saber que es el estudiante y su aprendizaje lo que deben guiar todas las acciones, lo docentes deben poseer una actitud de apertura, estar dispuestos a experimentar, a buscar, a ser usuarios de herramientas digitales

o tradicionales, a leer a expertos, a discutir con sus colegas o pares, a implementar, evaluar, desechar formas que no resulten, mejorar las practicas, a estar preparados a equivocarse y cambiar, pues enseñar y aprender no tienen una formula estática sino que siempre está en desarrollo.

Referencias.

Biblioteca virtual universal (2016). Recuperada de http://www. biblioteca.org.ar/

Calzadilla, M.E. (2002). *Aprendizaje colaborativo y tecnologías de la información y la comunicación*, Revista Iberoamericana de educación, 1(10), 1-10.

Classdojo. (2016). Recuperado de: https://www.classdojo.com/

Consorcio Nacional de Recursos e información científica y tecnológica. (2016) Recuperado de http://www.conricyt.mx/

Driscoll, M.P. y Vergara, A. (1997). *Nuevas Tecnologías y su impacto en la educación del futuro*, en Pensamiento Educativo, 21.

García, A.L. (Ed.). (2012). *Sociedad del conocimiento y educación*. España: Aranzadi, S. A.

Gros, B. (2000). El ordenador invisible. Barcelona: Gedisa.

IAB. México. (2016) *Estudio de Consumo de Medios entre internautas mexicanos*. (8). Recuperado de http://www.iabmexico.com/ estudios/consumo-medios-2016/

Naranjo, A., de Toro, J. & Nolla, J.M.(2015*). La enseñanza de la reumatología en la universidad. La travesía desde el aprendizaje asado en el profesor al centrado en el alumno*. (Spanish).Reumatología Clinica,11(4),196-203.doi:10.1016/j.reuma.2014.12.006

UNESCO. (2015). Las tecnologías de la información y la comunicación (TIC) en la educación. Recuperado de: http://www.unesco.org/new/es/unesco/themes/icts/

Wiggio. (2016).Recuperado de: https://wiggio.com/#tpl=home_0

Zañartu, L. M. (2013). Aprendizaje Colaborativo: una nueva forma de Dialogo Interpersonal y la Red.

Software educativo de ejercitación y práctica, como apoyo a las habilidades matemáticas.

Irma Yolanda Arredondo Pedraza[1], Noel Ruiz Olivares[2]

[1] Escuela de Alejandría, irma_arredondo87@outlook.com.mx
[2] Universidad Autónoma de Tamaulipas, nolivares@docentes.uat.edu.mx

Resumen

En la actualidad, la incorporación de las Tecnologías de la Información y la Comunicación (TIC) al proceso educativo permite ver el mismo desde distintas dimensiones. En particular, el software educativo se considera como uno de los medios más atractivos y efectivos para facilitar los procesos de enseñanza y de aprendizaje. El propósito de este artículo es mostrar un software educativo de ejercitación y practica que fue diseñado para niños de cuarto grado de la escuela Primaria De Alejandría con el objetivo de mejorar sus habilidades matemáticas. El programa le permite al niño seleccionar su recorrido e ir a la vez por el mismo reforzando actividades mentales; así mismo, le permite a los maestros contar con un material de apoyo en el área de matemáticas, en el que ellos pueden involucrarse directamente ya que el software cuenta con módulos, actividades y evaluaciones diseñados mediante un programa con diseño instruccional que permite analizar el desempeño del niño(a) al ejercitar y practicar con el software.

Palabras clave: TIC, MEC, matemáticas, diseño instruccional.

Introducción

Es indiscutible que la innovación tecnológica y el avance acelerado de las tecnologías de la información y la comunicación (TIC) han impuesto cambios en la forma de hacer las cosas, ya que están presentes en todos los aspectos de la vida diaria, teniendo impactos sobresalientes en lo social, económico, educativo y cultural de la sociedad. Como lo afirma Cabero (2002), las TIC son "el conjunto de procesos y productos derivados de las nuevas herramientas (hardware y software), soportes de la información y canales de comunicación relacionados con el almacenamiento, procesamiento y transmisión digitalizados de la información".

De forma similar Haag, Cummings y McCubbrey (2004), consideraban que las tecnologías de información están compuestas de "cualquier herramienta basada en las computadoras y que la gente utiliza para trabajar con la información, apoyar a la información y procesar las necesidades de información". Por otra parte, uno de los recursos tecnológicos que más ha cobrado fuerza en la educación es el software educativo (SE), el cual es conceptualizado por Marqués (1999) como: "el componente lógico que incorpora los conceptos y metodologías pedagógicas a la utilización de computadoras, buscando convertir este en un elemento activo dentro del proceso enseñanza-aprendizaje".

Por otro lado, Rosalía Romero Tena, cita a Hohmann (1998) señalando que un buen software educativo (SE) facilita un adecuado nivel de entrada del sujeto y que de la misma manera, se va adecuando al progreso del sujeto. Así mismo, el SE bajo un enfoque sistémico, se entiende como programa diseñado instruccionalmente apoyado de recursos y técnicas, con el fin de administrar y facilitar la formación de los diversos niveles y modalidades educativas; es por esto que Galvis (2000) los considera como "Materiales Educativos Computarizados, cuyo propósito es que el estudiante adquiera nuevos conocimientos y/o refuerce los ya adquiridos"; y para que esto se pueda lograr será con base en una metodología para el desarrollo de un proyecto multimedia en conjunto a un software educativo.

El planteamiento arriba señalado obliga al docente a cambiar de actitud, y a continuar preparándose en su práctica académica para irse involucrando en los procesos de enseñanza-aprendizaje más motivadores. Todo con un fin en común ya que al alumno debe de brindar la posibilidad de actuar con eficacia en cualquier situación mediante la puesta en marcha de conocimientos, actitudes, habilidades y valores a través de los medios. El docente debe de tener un acercamiento a las TIC con los diferentes proyectos o software educativos como lo menciona Jenssen (2003), son los juegos digitales y las tecnologías una cultura propia del mundo de los niños, y una forma de relacionarse con los otros y así facilitar el conocimiento de las diferentes áreas y niveles escolares.

El miedo a las matemáticas es común en la mayoría de los niños de la educación primaria y más de los que están en cuarto grado, ya que son nuevas experiencias para ellos. A menudo, esta asignatura es percibida como una de las más difíciles, si no la más difícil, y el entusiasmo que despierta es más bien escaso ya que los niños aún no están acostumbrados a razonar y por lo tanto su desempeño no es de lo más favorable.

Por otra parte, se puede decir que una de las causas del rechazo a esta asignatura en gran parte de los casos se reparte entre la forma de la enseñanza, así mismo de la falta de motivación y a su vez de la actitud de los niños, entre muchas otras cosas. Esta problemática no solo ocurre en la educación primaria, sino también en los demás niveles educativos, siendo este como un gran pasó al índice de reprobación escolar. Por otro lado, el índice de reprobación en la Escuela Primaria de Alejandría es nulo ya que los estudiantes que ahí asisten van a asesorías para mejorar su rendimiento escolar. Desde hace varios años, cada vez más personas que buscan el porqué del elevado número de fracasos en las matemáticas, tienden a coincidir en que probablemente la causa más importante radica en la drástica separación entre el contenido matemático escolar y los problemas que logran resolver los alumnos con éste.

De acuerdo a lo anterior, Gutiérrez (2011) señala: "Imaginemos lo difícil que sería comprender lo que es una silla si no supiéramos que sirve para sentarse, o unas tijeras si no supiéramos que sirven para cortar. Casi siempre existió primero la necesidad de resolver el problema y después la herramienta."

Asimismo, después de ciertas evaluaciones aplicadas al alumno al ingresar a esta institución se detectó que dichos estudiantes presentan algunas dificultades en cuanto al acceso al razonamiento matemático, ya que creen que las matemáticas están en la realidad, en lo concreto, y no las concibe como una imagen de lamente, ni tampoco conciben que la matemática no es una verdad práctica, sino una verdad lógica. Entre las causantes de esta situación se encuentra que, en sus diferentes cursos de matemáticas del libro de texto gratuito, no han logrado una construcción de conocimientos solidos; ya que al paso del tiempo si las matemáticas no son bien enseñadas el alumno se empezará a quedar rezagado ante dicha situación y a su vez no podrá aplicar adecuadamente las funciones de dicha ciencia. "Este dilema de aprender matemáticas es un problema viejo, pero no es local, es un problema mundial. Aprender matemáticas ha sido declarado un problema grave y hay una diversidad de factores que generan ese problema", afirma Ramiro Ávila Godoy de la Universidad de Sonora (Unison) que tiene 30 años de experiencia en el aprendizaje y enseñanza de matemáticas, así mismo señala que "más del 60% de los alumnos de primaria obtuvieron bajas calificaciones en las pruebas ENLACE en matemáticas "Debido a esto, es que los alumnos lleguen mal preparados, como se dice en el argot de las aulas, es grave para ellos, para el profesor y desde luego para la escuela. Este problema es producto del exceso de contenidos y la velocidad con la que los profesores deben tratar el cúmulo de lecciones del ciclo escolar. Si ya se sabe que los alumnos no inician los ciclos escolares con los conocimientos suficientes para abordar nuevos temas, sigue latente la interrogación del por qué no se incluye en el plan de estudios un tiempo para regularización y confirmación de conocimientos ya que la mayoría de los estudiantes que ingresan a esta institución presentan gran índice de deficiencia de razonamientos en dicha materia y por lo cual su desempeño académico en sus escuelas no son de las más óptimas. El déficit se incrementa año con año pues, con tanta lección, se tienen que tratar a en poco tiempo los conceptos que deben aprenderse a profundidad. Sólo los alumnos que cuentan con las bases siguen al profesor; los demás hacen como que aprenden, al fin van a acreditar. Éste es un problema exponencial ya que, conforme avanza, las lagunas del alumno son mayores, a tal grado que en ocasiones los estudiantes de bachillerato no saben sumar, restar o dividir fracciones, mucho menos plantear la solución a un problema por medio de una ecuación o sacar un porcentaje. Cada profesor tendría que contar con una guía de los conocimientos mínimos que requieren los alumnos para poder aprender lo programado en el grado correspondiente, y seguir adelante sólo hasta que los alumnos cuenten con esos conocimientos. Esto parece difícil, pero con menos contenidos y la voluntad del docente se puede hacer. Las matemáticas implican voluntad, comprensión, reflexión, constancia y creatividad, lo que obliga a realizar un esfuerzo intelectual que no siempre se puede lograr en poco tiempo. No existen caminos mágicos para aprender matemáticas: su conocimiento se obtiene con tiempo y práctica; elementos que no siempre están considerados en los planes de estudio ya que se debe ver todo en un plazo determinado y con lecciones preestablecidas.

Por otra parte, Jorge Alejandro Neyra González Subsecretario de Educación Básica y Normal en México, señaló que aún hay niños que reprueban en educación básica, sin embargo, no se les puede pasar de año porque es importante que adquieran los conocimientos de acuerdo al nivel educativo que hayan cursado. Señaló además, que para atender esa problemática, existen métodos de detección temprana de falta de habilidades, lo que permite reforzar los conocimientos en las asignaturas donde los estudiantes presentan problemas. La Organización Editorial Mexicana (OEM) (18 de julio de 2011) dio a conocer que "en primaria el índice de deserción en Tamaulipas es del 0.3 por ciento, que es prácticamente nula, pues a nivel nacional es de 0.9 por ciento, lo que indica que se está por debajo de la media nacional. La eficiencia terminal en primaria es del 94.6 por ciento, pues prácticamente todos los niños que inician concluyen la primaria". Es por esto que, en cuanto a la deserción escolar de la Escuela Primaria de Alejandría se puede señalar como nula ya que la mayoría de los niños que ingresan a esta escuela logran salir adelante mediante el desarrollo del razonamiento lógico-matemático para su desempeño en escolar. El problema con las matemáticas va mucho más allá de una simple calificación reprobatoria, se refleja en una sociedad que no reflexiona ni resuelve los problemas sociales de fondo.

El presente proyecto surge y está dirigido principalmente a los estudiantes de 4° grado de la "Escuela de Alejandría" de Ciudad Victoria; ya que es una institución que ofrece asesorías extraescolares de matemáticas. Los alumnos atendidos presentan una gran problemática en su desempeño educativo respecto a los niveles matemáticos ya que del número total de estudiantes del cuarto grado de esta institución que se evaluaron es de 11 alumnos, de los cuales 8 niños (as) presentan un alto índice de deficiencia matemática y los otros 3 niños (as) presentan un rendimiento académico medio. Los resultados obtenidos giran en torno a seis dimensiones:

1. dominio de conocimientos
2. ámbito cognitivo
3. ámbito motivacional
4. ámbito actitudinal
5. procesos instruccionales
6. ámbito familiar.

En relación a estos factores, los datos obtenidos señalan que:

a. Un amplio número de alumnos se enfrentan a las matemáticas sin los conocimientos mínimos adquiridos
b. La utilización de las diversas estrategias de las capacidades intelectuales se relaciona positivamente con el aprendizaje
c. Se observa un déficit importante a nivel motivacional que condiciona fuertemente en los contenidos en el aula
d. A medida que pasamos de primero a cuarto de la primaria, la actitud de los alumnos ante las matemáticas es cada vez más negativa
e. Los estudiantes del cuarto grado de primaria se sienten incapaces de abordar las matemáticas

f. Existe una relación muy positiva entre la implicación de los padres en los procesos de estudio y el rendimiento en matemáticas de los hijos.

Por su parte, dichos estudiantes, que oscilan entre los 8 y 9 años, consideran en grandes rasgos como aburridas las clases de matemáticas o complicados los temas; además de que no concentran al 100% el interés por esta materia.

Debido a una serie de observaciones realizadas para esta investigación, se logran percatar de como el profesor de forma consciente o inconsciente influye en los alumnos que presentan dificultades en el aprendizaje de las matemáticas; dicha influencia en lugar de motivarlo, desanima al alumno a adquirir nuevos conocimientos que van acorde a su edad.

Los materiales impresos con los que cuenta la institución, no logran motivar a los estudiantes como se pretende, por lo anterior es necesario la implementación e incorporación de nuevos materiales a través de las TIC; por ello se pretende implementar el software educativo para que dichos estudiantes se motiven, ejerciten y practiquen desde mecanizados hasta razonados para elevar sus conocimientos en esa área. Así mismo, los estudiantes podrán utilizarlo desde esta escuela.

Hay que hacer hincapié que las nuevas tecnologías no sustituyen a los recursos tradicionales, simplemente extienden las posibilidades, y no deben apartarse de los valores que prevalecen a través de la interacción tecnológica.

Nuevos planteamientos para el uso de un software educativo de ejercitación y práctica en la materia de matemáticas.

El trabajar con un aula tradicional resulta cómodo al favorecer la disciplina. Pero el alumno requiere conocer más acerca de su entorno y conocer las nuevas tecnologías relacionadas a su nivel escolar.

Perrenoud (2004) menciona que decidir en la incertidumbre y actuar en la urgencia es una forma de caracterizar la experiencia de los profesores, por esta razón si se pretende utilizar las TIC, es necesario conocer los conceptos básicos y ciertos conocimientos informáticos y tecnológicos.

"La inserción de medios informáticos y las nuevas tecnologías, han cobrado en la última década gran importancia constituyendo un papel muy importante en la vida cotidiana de las personas, su correcta utilización de recursos informáticos es de suma importancia para el desarrollo de la sociedad" como lo plantea Romero, R. (2008) el estar atento a las posibilidades didácticas que puede ofrecer la computadora y la manera en que las instituciones educativas contemplan la incorporación de la informática en el aula:

a. Como fin: Ofrecer a los alumnos conocimientos y destrezas básicas de informática como bases de educación tecnológica adecuadas a cada edad.
b. Como medio: Convertir a la informática en un instrumento de aprendizaje. Compatible con su uso como fin.

Caballero (1993), define al multimedio como el uso de texto y gráficas, recursos tradicionales en una computadora, combinados con el video y sonido, elementos integrados bajo el control de un programa que permite crear aplicaciones; que serán fundamentales en preescolar como los software para fomentar específicos aprendizajes esperados en los alumnos.

Por otra parte, los organismos internacionales como la OCDE, el Banco Mundial y la UNESCO abordan aspectos sobre la sociedad del conocimiento, al respecto esta última afirma que "un elemento central de las sociedades del conocimiento es la capacidad para identificar, producir, tratar, transformar, difundir y utilizar la información con vistas a crear y aplicar los conocimientos necesarios para el desarrollo humano" (UNESCO.

Hacia las sociedades del conocimiento. Ediciones UNESCO, 2005). Por lo tanto, los profesores en todos los niveles educativos deben contar con capacidades y competencias en TIC para mantenerse a la vanguardia en el uso de éstas herramientas tecnológicas e incorporarlas en los procesos de aprendizaje para guiar a los estudiantes de forma adecuada y con ello logren los procesos cognitivos requeridos para alcanzar el aprendizaje.

Por otra parte, en cuanto a la CEPAL (Comisión Económica para América Latina y el Caribe) mediante su plan de acción eLAC2010 definió como primera prioridad en América Latina y el Caribe la incorporación de las TIC a la educación, especialmente como una contribución a los procesos de enseñanza-aprendizaje. Este señalamiento se adopta considerando que la educación es un factor estratégico en la transición hacia la sociedad de la información, así como una vía para el logro de la equidad. En América Latina y el Caribe, se espera que las TIC contribuyan a ampliar la cobertura y especialmente a mejorar la calidad de la educación en su conjunto.

La CEPAL señala que "en los últimos años en México ha habido un cambio en la visión sobre la incorporación de las TIC en el sector educativo, pasando de poner énfasis en la dotación de infraestructura a la consideración de la importancia de las TIC en los procesos de enseñanza-aprendizaje".

Por otra parte, de acuerdo al Plan Nacional de Desarrollo de México (2013) en cuanto a las tecnologías en educación señala:

- Un México con Educación de Calidad propone implementar políticas de estado que garanticen el derecho a la educación de calidad para todos los mexicanos, fortalezcan la articulación entre niveles educativos, y los vinculen con el quehacer científico, el desarrollo tecnológico y el sector productivo, con el fin de generar un capital humano de calidad que detone la innovación nacional.
- Plan de acción: Articular la educación, la ciencia y el desarrollo tecnológico para lograr una sociedad más justa y próspera.
- Educación de Calidad

El objetivo de la Educación de Calidad se refiere a la integración y aprovechamiento de las TIC en el proceso educativo para insertar al país en la Sociedad de la

Información y el Conocimiento.

Plan de Acción

Mediante el uso de las TIC se incrementará el rendimiento y la oferta educativa, se dotará de habilidades digitales a profesores y alumnos, y se promoverá la creación y difusión de cultura.

A su vez el Plan Estatal de desarrollo de Tamaulipas (2011) en cuanto a las tecnologías en educación señala:

Una nueva política educativa

5.1.5. Fomentar la utilización eficaz de las tecnologías de información y comunicación en los procesos educativos hacia una sociedad del conocimiento

5.1.8. Establecer una nueva política en ciencia, tecnología e innovación que impulse la formación de una vocación por la investigación.

Excelencia docente

5.2.1. Establecer programas de formación continua, pertinentes y de calidad para docentes y directivos, que consoliden sus competencias profesionales y desarrollen sus habilidades en el uso de tecnologías de la información y comunicación.

5.2.3. Consolidar los sistemas de selección, contratación y desempeño de los maestros con exámenes que evalúen sus competencias didácticas, científicas, tecnológicas y humanistas.

Una vez que se ha recapitulado la posición de los organismos internacionales, nacionales, estatales con respecto a la incorporación de las TIC y así mismo debido al alto índice de reprobación de los alumnos en el área de las matemáticas; se pretende diseñar un software educativo en la modalidad de ejercitación y práctica, es oportuno señalar que se sustentará mediante planteamientos que se han indicado en cuanto a las tecnologías en la educación; en especial por esa importancia que cobra el niño y el contexto que brindan las tecnologías de la información y la comunicación para volver más significativo y representativo su aprendizaje en el cual, servirá como una herramienta esencial para despertar el interés de los alumnos.

Objetivos

General: Diseño de un software educativo tipo ejercitación y práctica con uso de las nuevas tecnologías para una asimilación de las matemáticas más significativas como apoyo a los procesos de aprendizaje de los métodos numéricos y de las habilidades mentales, para los alumnos de cuarto grado de primaria de la escuela de Alejandría en Ciudad Victoria, Tamaulipas.

Específicos:

1. Incrementar en forma positiva los aprendizajes de los contenidos de la materia de matemáticas en alumnos de cuarto grado de primaria.
2. Apoyar el aprendizaje de los alumnos cuarto grado de primaria mediante el uso de las TIC al interactuar mediante un software educativo de tipo ejercitación y práctica.
3. Lograr aprendizajes significativos mediante la construcción de conocimiento en forma colaborativa.

La teoría conductista en el desarrollo de materiales para el aprendizaje de las matemáticas con las nuevas tecnologías.

El aprendizaje es entendido como un proceso que involucra la transformación en la persona, en su comportamiento y en sus estructuras mentales en cuanto a sus concepciones y significados.

De acuerdo a lo anterior, para el aprendizaje se desarrollan diversas teorías de las cuales se producen mediante modelos tecnológicos de planeación e intervención en la educación, siempre y cuando estas teorías estén fundamentadas en principios científicos.

Las teorías del aprendizaje vigentes pueden clasificarse en tres grandes grupos: como lo son el cognoscitivista, constructivista y conductista, sin negar la existencia de diversas posiciones selectas que en la actualidad algunos son altamente aplicables.

Así mismo, en las últimas décadas, la investigación psicológica ha mostrado mayor interés por el papel de la cognición en el aprendizaje humano, así el reduccionismo conductista da paso a la aceptación de procesos cognitivos causales, se libera de los aspectos restrictivos y el sujeto pasivo y receptivo del conductismo se transforma en un procesador activo de información. A finales del siglo XX, otros investigadores siguen criterios eclécticos en sus ensayos, no se sitúan propiamente en alguno de estos polos: conductista o cognoscitivista y así surgen enfoques de estos dos pensamientos psicológicos.

En la corriente constructivista, el sujeto adquiere el conocimiento mediante un proceso de construcción individual y subjetiva, por lo que las perspectivas y el desarrollo cognitivo determinan la percepción que tienen del mundo. Mediante este enfoque se destacan además; la teoría psicogenética de Piaget, el aprendizaje significativo de Ausubel y la teoría del procesamiento de la información de Gagné.

Por último, el conductismo se basa en los estudios del aprendizaje mediante condicionamiento (teoría del condicionamiento instrumental) y considera innecesario el estudio de los procesos mentales superiores para la comprensión de la conducta humana. Uno de sus representantes es Skinner, quien describe cómo los refuerzos forman y mantienen un comportamiento determinado.

Es por esto que, ante las diversas teorías psicopedagógicas señaladas anteriormente, se considera que el conductismo; como teoría del aprendizaje es el adecuado para el diseño e implementación del software educativo de ejercitación y práctica, ya que estos programas están basados en los planteamientos conductistas de la enseñanza que comparan las respuestas de los alumnos con los patrones que tienen como correctos, guían los aprendizajes de los estudiantes y facilitan la realización de prácticas más o menos rutinarias y su evaluación; en algunos casos una evaluación negativa genera una nueva serie de ejercicios de repaso.

A continuación, se presentan los planteamientos de la teoría conductista partiendo de su representante Skinner, (1954) "el aprendizaje es un cambio observable y permanente de conducta y la enseñanza es la disposición de contingencias de reforzamiento que permiten acelerar el aprendizaje."

Así mismo, Galvis Panqueva hace referencia a las citas de Lysaught& Williams, 1975 y Skinner, 1970 en la cual mencionan la aplicación de la teoría del reforzamiento al aprendizaje humano ha llevado a formular generalizaciones como las siguientes, las cuales sirven de base al aprendizaje programado de tipo conductista.

- Un individuo aprende, o modifica su modo de actuar, observando las consecuencias de sus actos.
- Las consecuencias que fortalecen la probabilidad de repetición de una acción se denominan refuerzos.
- Cuanto más inmediatamente siga el reforzamiento a la ejecución deseada, tanto más probable será que se repita la conducta de que se trata.
- Cuanto más frecuentemente se produzca el reforzamiento, tanto más probable será que el estudiante continúe realizando las actuaciones asociadas.
- La ausencia o incluso el retraso de reforzamiento posterior a una acción, hacen disminuir las probabilidades de que se repita.
- El reforzamiento intermitente de un acto aumenta el tiempo que el alumno dedicará a una tarea sin recibir más reforzamientos.
- La conducta de aprendizaje de un estudiante puede desarrollarse, o moldearse gradualmente, mediante reforzamiento diferencial, o sea, reforzando las conductas que deben repetirse y evitando reforzar las indeseables.
- Además de hacer más probable la repetición de una acción, el reforzamiento aumenta las actividades de un estudiante, acelera

su ritmo e incrementa su interés por aprender. Puede decirse que éstos son los efectos de motivación del reforzamiento.

Teorías de aprendizaje como sustento a la creación de Ambientes Virtuales de Aprendizaje (AVA) según Galvis (2013)

- La conducta de un estudiante puede convertirse en un patrón complejo, moldeando los elementos simples de dicho patrón y combinándolos en una secuencia en cadena.

En resumen, la teoría de reforzamiento ofrece razones para creer que un caudal complejo de material de aprendizaje puede separarse en sus componentes más pequeños. En esa forma, se puede enseñar a un estudiante a que domine toda una materia, reforzando o no sus respuestas en etapas sucesivas, según sus respuestas sean correctas o incorrectas. El hecho de no reforzar una respuesta errónea se conoce como extinción. Haciendo uso diferenciado de reforzamiento y extinción, un programa de aprendizaje acentúa las probabilidades de que se repitan las respuestas correctas y se eliminen las incorrectas.

Es por esto que, Skinner (1954) señala que el reforzamiento es un reconocimiento o una recompensa de alguna índole para mostrar que un organismo ha ejecutado algo satisfactoriamente. Una vez que se ha dispuesto el tipo particular de consecuencia que se denomina el reforzamiento, estas técnicas permiten moldear la conducta de un organismo casi a voluntad.

Por otro lado, la principal influencia conductista en el diseño del software educativo de tipo ejercitación y practicase encuentra en la teoría del condicionamiento operante de Skinner. Cuando ocurre un hecho que actúa de forma que incrementa la posibilidad de que se dé una conducta, este hecho es un reforzador. Según Martí (1992) "las acciones del sujeto seguidas de un reforzamiento adecuado tienen tendencia a ser repetidas (si el reforzamiento es positivo) o evitadas (si es negativo). En ambos casos, el control de la conducta viene del exterior". Skinner (1985), "toda consecuencia de la conducta que sea recompensante o, para decirlo más técnicamente, reforzante, aumenta la probabilidad de nuevas respuestas".

De esta manera, Martì (1992) señala que las primeras utilizaciones educativas de las computadoras o se basan en la enseñanza programada de Skinner y consistiendo en la "presentación secuencial de preguntas y en la sanción correspondiente de las respuestas de los alumnos" Tal y como apuntan Araújo y Chadwick (1988), cada paso capacita al sujeto para abordar el siguiente, lo que implica que el material debe elaborarse en pequeñas etapas permitiendo así numerosas respuestas que deben ser convenientemente reforzadas. La secuencia del material será lineal y consustancial a la propia materia en el mayoría de los casos.

Por otra parte, Skinner señala que el sujeto no ha de tener ninguna dificultad si el material ha sido bien diseñando. Hay que destacar, pues, la importancia de los buenos programadores de material.

El diseño instruccional del software de ejercitación y práctica de las matemáticas

El diseño instruccional (en adelante DI); desde las concepciones de diversos autores es considerado, de manera muy general como: "La planeación sistemática y el desarrollo de la instrucción", Ruffini (2000). Por su parte, Gros el al., (1997) lo conciben como "el diseño de ambientes de aprendizaje y de sistemas instruccionales". Mientras tanto, Smith y Ragan (1993), lo identifican como "un proceso sistemático, donde se trasladan los principios del aprendizaje y la instrucción en planes para el desarrollo de la instrucción per se y materiales".

Debido a esto se puede considerar al DI de acuerdo a Piña (2006) como: "Proceso sistémico, planificado y estructurado que se debe llevar a cabo para producir materiales educativos eficaces y efectivos, utilizando tecnologías, cuyo fin es desarrollar en el estudiante las competencias suficientes para el aprendizaje". Entre los antecedentes del DI se resalta que tuvo su origen en el área de la ingeniería; así mismo destaca 4 fases para su implementación, los cuales son:

a) La identificación de la necesidad.
b) El diseño de la solución.

c) La implementación.
d) La evaluación.

Hasta estos días como lo señalan Reigeluth, 1996; Merril el al., 1996, entre otros siguen siendo uno de los más usados en la historia del diseño instruccional. En cuanto a Ruffini (2000) señala la planeación sistémica y el desarrollo de la inducción y Gros (1997) señala el diseño de ambientes de aprendizaje y de sistemas instruccionales. El autor más reconocido del diseño instruccional es Reigeluth (1983), ya que concibe al diseño como una actividad profesional, y lo refiere: "al proceso de decidir cuáles métodos de instrucción son mejores para provocar cambios deseados tanto en el aprendizaje como en las habilidades del estudiante". Por otra parte, los autores que van enfocados hacia las necesidades del alumno y del docente son: Skinner con el reforzamiento, Dick con su enfoque que va más hacia las teorías del desarrollo, procesamiento de la información y teorías de la comunicación, etc; así mismo, Gagné señala como actividad principal, la motivación del alumno, informarle respecto a los objetivos del curso, estimularlo, provocar su desempeño y como retroalimentación hacerle un reforzamiento de los contenidos; Price (1998) y Banathy (1996) hacen hincapié el considerar en el diseño instruccional el dominio afectivo ya que origina el dialogo entre los participantes. En resumen se puede decir que, el DI es la base y guía para la elaboración, organización e implementación de cursos orientados a las modalidades alternativas en educación mediadas por las TIC y deberá integrar las necesidades específicas de los contextos educativos que se abordarán, así como los grados de complejidad, profundidad y amplitud de los productos educativos, su evaluación y validación. Debido a estas posturas el diseño instruccional es considerado en sus diversas fases como ADDIE (Análisis, Diseño, Desarrollo, Implementación y Evaluación), ya que la mayoría contienen los elementos básicos conocidos por este modelo. Así mismo, estos pasos pueden seguirse secuencialmente, o pueden ser utilizados de manera ascendente y simultánea a la vez. Es por lo anterior que, el modelo que se eligió es el ADDIE ya que puede adaptarse a numerosas situaciones. El modelo es flexible y aplicable a diferentes situaciones instruccionales, proporcionando un marco que incluye todos los elementos importantes para poderse implementar al proyecto de la presente investigación.

Metodología

Las tecnologías están cada vez más presentes en la sociedad y no hablar de ellas es alejarlo de una realidad que forma parte de la vida cotidiana. Dentro de las TIC se encuentra el software educativo y juegan un rol que cumple sus objetivos en el proceso de aprendizaje; así mismo, es considerado como parte del

Material Educativo Computarizado (MEC).

Es por esto que Galvis señala que, para tener un buen desarrollo de algún proyecto multimedia, se deben de tomar en cuenta los siguientes aspectos para la metodología de selección y desarrollo del MEC:

1.- Análisis de Necesidades Educativas.
2.- Diseño.
3.- Desarrollo.
4.- Prueba Piloto.
5.- Prueba de Campo.

Mediante la metodología anterior, se pretende atacar de forma inmediata los problemas o las problemáticas que existan, y a partir de allí buscar las posibles soluciones; ya sea el de desarrollar o incorporar software educativo, verificando el que más se adecue o sea aplicable para así poder generar mejores resultados.

Así mismo, los primeros usos educativos de las computadoras se basan en la enseñanza programada EAC cuyo nombre de las siglas es Educación Asistida por Computadora en la cual se centra en programas de ejercitación y práctica muy precisos basándose en la repetición bajo la premisa de una enseñanza individualizada.

A lo anterior, la selección para este software es el de ejercitación y práctica, el cual puede ser definido como: programas que pretenden reforzar las fases aplicación y retroalimentación presentes en los procesos instructivos. En este tipo de programas se requiere que el alumnado haya adquirido previamente una serie de conceptos y destrezas.

Las ventajas que tienen este tipo de programas se centran en que:

- Si tienen suficientes ejercicios y con un buen detalle que reoriente al estudiante, pueden lograr que este obtenga información de retorno.
- Si el estudiante no tiene unos buenos resultados en un aspecto determinado se pueden proponer más ejercicios en aquellas áreas en que muestran mayores dificultades, con el respectivo apoyo para la solución y se puede ayudar con información suplementaria en dichas áreas.

Los sistemas de ejercitación y práctica, como lo sugiere su denominación, se trata con ellos de reforzar las dos fases finales del proceso de instrucción: aplicación y retroinformación. Se parte de la base de que mediante el uso de algún otro medio de enseñanza, antes de interactuar con el programa, el aprendiz ya adquirió los conceptos y destrezas que va a practicar. Dependiendo de la cantidad de ejercicios que traiga un texto y del mayor o menor detalle que posea la reorientación en el mismo, el alumno podrá llevar a cabo, o no, suficiente aplicación de lo aprendido y obtener información de retorno. Sin embargo, la retroinformación estática que provee un texto difícilmente puede ayudar al usuario a determinar en qué parte del proceso cometió el error que le impidió obtener el resultado correcto. En casos como este, es conveniente complementar el trabajo del alumno usando un buen programa de ejercitación y práctica en el que pueda resolver variedad y cantidad de ejercicios y, según el proceso que siguió en su solución, obtener información de retorno diferencial. Los sistemas de ejercitación y práctica comparten con los tutoriales la limitación de apoyar aprendizajes eminentemente reproductivos. Sin embargo, desempeñan un papel muy importante en el logro de habilidades y destrezas, sean éstas intelectuales o motoras, en las que la ejercitación y reorientación son fundamentales.

Por otra parte, estos programas no pueden jugar un papel similar al libro de texto, con retroinformación estancada, por lo que tienen que dar la oportunidad de reprocesar las respuestas, dando ciertas pistas o algunos criterios que puedan ser aplicables a la misma y cuando está ya no es posible se puede ofrecer una solución guiada, pero nunca una respuesta directa para que estos puedan tener un aprendizaje significativo. Para (Schwier & Misanchuck, 1993) el software de ejercitación y práctica es una cadena de ejercicios con el objetivo de revisar en un entorno de evaluación los contenidos impartidos. Su principal aporte se encuentra al abordar la incorporación de elementos multimedia, planteando que estos pueden ser utilizados para aumentar los tipos, cantidades, estímulos, así como las retroalimentaciones que se presenten. Al respecto ejemplifica Schiwier & Misanchuck (1993) que "en lugar de utilizar un mapa con las capitales de las ciudades, al alumno puede presentarse una foto ampliada del satélite con la ciudad destino. Si el estudiante requiere de una pista, el himno nacional del país o datos adicionales se podría presentar. Una respuesta correcta podría ser recibida con un clip de vídeo o de audio que contenga sinceras felicitaciones para el estado seleccionado"

Así mismo, Panqueva, (2000) el software de ejercitación y práctica debe tener: cantidad de ejercicios, variedad en los formatos con que se presentan y retroinformación que reoriente indirectamente la acción del estudiante. Para él, la retroinformación no debe limitarse al refuerzo de la respuesta, sino ser utilizadas como pistas o criterios que permitan al estudiante llegar a la respuesta correcta.

Este tipo de material educativo permite que el usuario resuelva diversos ejercicios y observe los procedimientos que llevan a la solución de estos, obteniendo al mismo tiempo retroalimentación del tema. Estos sistemas suponen que el estudiante obtuvo con anticipación, por medio de algún otro método de enseñanza, las bases del tema a tratar, de esta forma, el usuario utiliza los sistemas de ejercitación y practica para reforzar la lección.

Por último, estos refuerzan las dos fases finales del proceso de instrucción: aplicación y retroalimentación. Se parte de la base que el usuario tiene un conocimiento previo del tema relacionado con el software final. Donde el software le servirá para probar sus destrezas y conocimientos adquiridos previamente.

Resultado

Los resultados del software se describen a continuación, de acuerdo al diseño gráfico que se obtuvo de él:

Pantalla Principal del Software

Pantalla de entrada: es la pantalla de inicio al software educativo de ejercitación y práctica en la cual muestra el contenido del programa y pide la clave de inicio para continuar.

Pantalla de nombre de usuario: esta pantalla te pide nombre del usuario para continuar con el proceso y dar la bienvenida.

Pantalla de Contenido o Menú Principal: Esta pantalla de la bienvenida y despliega el menú de opciones para trabajo que integran el programa, reproduciendo en primera instancia el objetivo de software para luego el usuario poder navegar por los botones del menú: Bienvenida, objetivo, módulos, autoevaluación, webgrafía, ayuda, créditos y cerrar.

Pantalla de objetivos: esta pantalla define el objetivo general a lograr mediante la interactividad del alumno en el programa de matemáticas divertidas.

Pantalla de Módulos: esta pantalla muestra los diversos módulos a trabajar en dicho programa como lo son: multiplicación, división y fracciones.

Pantalla de objetivo específico: esta pantalla define el objetivo específico a lograr mediante la interactividad del alumno en el módulo a trabajar del programa de matemáticas divertidas.

Pantalla de video: esta pantalla muestra un video al tema específico a trabajar; mediante este video se mostrará de manera general una introducción a dicho tema para que el alumno tenga una noción de los ejercicios a practicar.

Pantalla de actividades: esta pantalla muestra las actividades a realizar respecto a cada módulo, lo cual, en cada avance que tenga te va señalando si la respuesta que escogiste es la correcta o la incorrecta.

Pantalla de recursos complementarios: esta pantalla muestra los diversos recursos complementarios respecto a cada módulo, lo cual, señala diversas prácticas que le servirá al alumno para seguir practicando cada tema del programa.

Pantalla de autoevaluación: esta pantalla muestra la autoevaluación final que incluye diversos ejercicios de los temas vistos en el programa de matemáticas divertidas. Al finalizar la autoevaluación el alumno tendrá como resultado la calificación final de los temas trabajados en dicho programa.

Pantalla de web grafía: esta pantalla muestra la web grafía utilizada para la realización del programa "Matemáticas divertidas".

Pantalla de ayuda: esta pantalla muestra el menú de ayuda, en el cual señala la descripción de cada botón y hacia qué área los va a llevar

Pantalla de Créditos: En esta pantalla se mostrarán los nombres de personas o instituciones participantes en el proyecto e información a detalle del autor.

Conclusiones.

Con base a las diversas experiencias del presente proyecto en el área de educación enfocado a las nuevas tecnologías de la información y comunicación y así mismo, en la realización del presente software educativo para facilitar el proceso de enseñanza-aprendizaje en el aula se puede destacar lo siguiente:

1. Es una herramienta innovadora para favorecer aprendizajes esperados en los alumnos y se adapta al ritmo de trabajo de cada alumno.
2. La aplicación de las nuevas tecnologías, requiere al apoyo de las personas que intervienen en el proceso enseñanza-aprendizaje.
3. Su utilización demanda un cambio en el desempeño de los estudiantes en cuanto a su desarrollo de habilidades matemáticos.
4. El diseño de entornos basados en tecnologías de la información debe acoplarse a los aprendizajes esperados y fines educativos de la institución
5. La interactividad permitirá al alumno ampliar su experiencia al transmitir y brindar información significativa para el aprendizaje y propiciando una retroalimentación inmediata sobre lo que quiere o desea reafirmar.

Referencias

Araújo, J.B. y Chadwick, C.B. (1988). *Tecnología educacional. Teorías de la instrucción.* Barcelona. Paidós. Recuperado el día 12 de enero de 2015 de: http://www.sav.us.es/pixelbit/pixelbit/articulos/n12/n12art/art128.htm

Banco mundial, 2000. Recuperado el día 12 de mayo de 2014 de: http://wwwwds.worldbank.org/servlet/wds_ibank_servlet?pcont=details&eid=000094946_00041905492367

Caballero, D. (1993). *Multimedia, estado del arte.* Recuperado el día 20 de agosto de 2015 de: http://servicio.bc.uc.edu.ve/educacion/revista/a5n26/5-26-10.pdf

Cabero. J. (2002). *Las TIC en la universidad.* Colección Universitaria, Ciencias de la Educación, Sevilla: MAD.

El software educativo. Recuperado el día 23 de noviembre de 2014 de: http://cursa.ihmc.us/rid=1196862742453_516504673_8298/SOFTWARE_EDUCATIVO.pdf

Galvis, P. A. (2000). *Ingeniería de software educativo.* Primera edición.   Segunda   reimpresión.   Bogotá   -Colombia: Universidad de los Andes. Recuperado el día 22 de septiembre de 2013 de: http://reposital.cuaed.unam.mx:8080/jspui/bitstream/123456789/1382/1/2005-03-30319ponenciavirtualeduca.pdf

Galvis, P.A. *Teorías de aprendizaje como sustento a la creación de AVAs.* Recuperado el día 22 de septiembre de 2013 de: http://www.virtual.unal.edu.co/ddocente/images/seminarios/2013II/Teor%C3%ADas%20de%20aprendizaje%20como%20sustento%20a%20la%20creaci%C3%B3n%20de%20AVAs.pdf

González, F. (2006). *Diseño de Software educativo.* Recuperado el día 25 de septiembre de 2013 de: http://www.mailxmail.com/curso-diseno-softwareeducativo/tipos-software-educativo Haag, S., Cummings, M. y McCubbrey D. (2004). Management information systems for the information age (4ª ed.). New York: McGraw-Hill. Recuperado el día 22 de septiembre de 2013 de:

http://www.rieoei.org/deloslectores/3034Baelo.pdf

Jiménez, S. (2001*). La enseñanza de las matemáticas en la educación primaria.* Recuperado el día 20 de agosto de 2015 de: http://grupomate.wikia.com/wiki/Ense%C3%B1anza_de_las_matematicas_en_la_esc._primaria_(Sonia_Jimenez)

Jessen, C. (2003): The Changing Face of Children's Play Culture Children's Play, Learning and Communication in a Technology Driven World. Denmark: LEGO Learning Institute. Recuperado el día 22 de noviembre de 2013 de: http://www.rieoei.org/deloslectores/2655Osoriov2.pdf

Marqués, P. (1999). *Impacto de la informática en la educación.* Tecnología Educativa. Recuperado el día 22 de septiembre de 2013 de: http://ardilladigital.com/DOCUMENTOS/TECNOLOGIA%20EDUCATIVA/TICs/T5%20SOFT.ED.%20Y%20MM/05%20SOFTWARE%20EDUCATIVO%20Y%20MULTIMEDIA.pd

Martí, E. (1992). *Aprender con ordenadores en la escuela.* Barcelona, ICE-Horsori. Recuperado el día 12 de enero de 2015 de: http://www.sav.us.es/pixelbit/pixelbit/articulos/n12/n12art/art128.htm

Marval Galvis E. y Reyes O. (2000) *Software educativo para el aprendizaje del diseño de interfaz de materiales educativos computarizados.* Recuperado el día 21 de noviembre de 2014 de: http://espacio.uned.es/fez/eserv/bibliuned:19487/n06marval05.pdf

Monitoreo del plan elac2010: *Avances y desafíos de la sociedad de la información en américa latina y el caribe.* Recuperado el día 21 de noviembre de 2014 de: http://www10.iadb.org/intal/intalcdi/pe/2011/09283a01.pdf

OEM. Recuperado el día 28 de noviembre de 2014 de: www.oem.com.mx/elsoldetoluca/notas/n2150634.htm

Perrenoud, P. (2004). *Diez nuevas competencias para enseñar.* México, D.F. editorial graó

Piña, M. (2006). *Resumen de la asignatura: Metodología del Diseño Instruccional. Universidad de Carabobo:* Facultad de Ciencias de la Educación. Recuperado el 10 de 2008 de: http://www.face.uc.edu.ve/~mpina/mdi.htm.

Plan estatal de desarrollo sobre tecnologías en la educación. Recuperado el día 12 mayo de 2014 de: http://transparencia. tamaulipas.gob.mx/wpcontent/uploads/2013/11/III-PED-TAMAULIPAS-Actualizaci%C3%B3n2013-2016.pdf

Plan nacional de desarrollo sobre tecnologías en la educación. Recuperado el día 12 mayo de 2014 de: www.planeacion.unam. mx/.../PresentacionPND20132018DPBR.ppt

Portilla, Y. (2011). *El software educativo de tipo ejercitador.* Recuperado el día 24 de

Septiembre de 2013 de: http://www.revista.iplac.rimed.cu/ index.php?option=com_content&view=article&id=281:el-software-educativo-de-tipo-ejercitador&catid=27&Item id=118

Romero, R. (2008). Nuevas tecnologías en la educación infantil (1° ed.) Sevilla, España: Editorial MAD.

Rivera, Eduardo (1997). Aprendizaje asistido por computadora, diseño y realización. Recuperado el dia 30 de septiembre de 2013 de: http://www.oocities.org/eriverap/libros/Aprend-comp/ capi1.html

Salas, E. (2012). *Las TIC y la Educación. Aprendizaje Asistido por Computadora en persona con necesidades educativas especiales.* Recuperado el día 1ro de octubre de 2013 de: www.ufrgs.br/niee/ eventos/CIIEE/2007/pdf/CE105%20Venezuela.pdf

Skinner, B. (1953). *Science and Human Behavior.* New York, NY. Recuperado el dia 12 de enero de 2015 de: https://books.google. com.mx/books?hl=es&lr=&id=Pjjknd1HREIC&oi=fnd&pg=PA1& dq=Skinner,+B.+(1953).+Science+and+Human+Behavior.+New+Y ork,+NY:+Free+Press&ots=iPqgyqA1pO&sig=qquatq1s2PBPS5RK 0S8GEKSdTag#v=onepage&q&f=false

Skinner, B. (1954). *The Science of Learning and the Art of Teaching.* Harvard Educational Review, 24(2). Recuperado el día 20 de agosto de 2015 de: http://www.unal.edu.co/diracad/ ddocente/images/seminarios/2013II/Teor%C3%ADas%20 de%20aprendizaje%20como%20sustento%20a%20la%20 creaci%C3%B3n%20de%20AVAs.pdf

Skinner, B. (1985). *Aprendizaje y comportamiento.* Barcelona. Martínez-Roca. a, ICEHorsori. Recuperado el día 12 de enero de 2015 de: http://www.sav.us.es/pixelbit/pixelbit/articulos/n12/ n12art/art128.htm

Teoría del aprendizaje. Recuperado el día 22 de febrero de 2015 de: http://www.tdx.cat/bitstream/handle/10803/8927/DTESIS_ CAPITULO_2.pdf;jsessionid=FF9014058A91CFC14A076AD58344 CCB5.tdx1?sequence=4

Tics: Peremarques. Recuperado el 24 de Enero de 2014 de: http://es.scribd.com/doc/140910629/ Reportes-de-Lectura-todo-El-Cursojorge-m

UNESCO. *Hacia las sociedades del conocimiento.* Ediciones UNESCO, 2005. p. 29.

Urbina, S. *Informática y teorías del aprendizaje.* Recuperado el día 25 de Septiembre de 2013 de: http://tecnologiaedu.us.es/nweb/htm/ pdf/gte41.pdf

Vázquez, L. *Diseño instruccional,* Recuperado el día 29 de Septiembre de 2013 de: http://www.peu.buap.mx/Revista_10/articulos/ Disenoinstruccional.pdf Wederneyer, C. A. (1981). Learning at the Back Door. Reflections on Non - Traditional Learning in the Lifespan. Madison: University of Wisconsin Press. Recuperado el 24 de Mayo de 2013 de: http://posgrado.unaed.org/file. php/466/TEORIAS_DE_LA_EDUCACION_D.pdf

Tutorial multimedia en educación superior como apoyo al diseño de proyectos de titulación de tesis

José Guillermo Marreros Vázquez[1], Nallely Contreras Limón[2]

[1]Universidad Autónoma de Tamaulipas, jgmarreros@gmail.com
[2]División de Procesos Informáticos y Comunicaciones, contreras.limon@gmail.com

El presente artículo explica la propuesta realizada en la Unidad Académica Multidisciplinaria de Ciencias, Educación y Humanidades adscrita a la Universidad Autónoma de Tamaulipas, con respecto al uso de los recursos multimedia de apoyo a la asignatura de Diseño de Proyectos de Titulación que se imparte a los estudiantes del 7° periodo de la Licenciatura en Ciencias de la Educación con acentuación en Tecnología Educativa. Para ello se desarrolló un Tutorial Multimedia siguiendo una metodología para el Desarrollo de Material Educativo Computarizado (MEC), la cual consta de una serie de etapas que se encuentran interrelacionadas; así mismo se explican los principios pedagógicos que lo sustentan. Finalmente, se concluye con una serie de recomendaciones para su uso y las posibilidades que ofrece para el desarrollo de los procesos de investigación que beneficien a todos los estudiantes de dicha institución educativa.

Palabras clave: Educación, Investigación, Tutorial, Multimedia, TIC

Introducción

La incorporación de las nuevas tecnologías a los procesos educativos es ya una realidad latente en nuestro país, gracias a los esfuerzos realizados por los diferentes niveles de gobierno, hoy es posible afirmar que la educación en México está avanzado hacia la modernidad. Esta modernidad, en su primera etapa ha planteado el dotar a las instituciones en todos los niveles educativos de equipo de cómputo, centros de medios, aulas virtuales y acceso a internet principalmente, así como la concientización plena a los docentes sobre la utilización de los recursos informáticos como elemento clave para apoyar los procesos de enseñanza aprendizaje. Actualmente, los esfuerzos se centran en lograr la capacitación del profesorado, que propicie una plena cultura en los jóvenes sobre el uso de los recursos informáticos en todas las disciplinas del conocimiento.

Por otra parte, la función principal de las universidades e instituciones de educación superior es permanecer en una mejora continua e innovación constante en sus procesos educativos. Esta innovación es precisamente la que ha dado origen al surgimiento de nuevos escenarios para el aprendizaje, tal es el caso de la educación asistida por computadora y la educación a distancia, que se vislumbran hoy como excelentes alternativas para la educación en nuestro país, marcando con ello el futuro de la modernización para los próximos años.

Ante este escenario tan alentador, se plantea la puesta en parcha de un proyecto educativo en la Universidad Autónoma de Tamaulipas que apoye los procesos de enseñanza y aprendizaje sobre la metodología de la investigación científica, mediante el uso de las nuevas tecnologías principalmente del software educativo en su modalidad de tutorial multimedia, en beneficio de los docentes y alumnos universitarios. En Tamaulipas, la educación superior, se imparte por los Institutos Tecnológicos Regionales, las Universidades Tecnológicas, la Universidad Autónoma de Tamaulipas (UAT) y las Universidades e Institutos Privados.

La UAT ofrece actualmente 193 programas académicos a través de 28 dependencias universitarias: 13 programas de doctorado, 58 de maestría, 33 de especialidad, 83 de licenciatura, 5 de profesional asociado y 1 bachillerato universitario en sedes en el norte, centro y sur del estado. (Plan Desarrollo Institucional UAT 2014-2017). La oferta de la educación superior en la entidad, incluye carreras de todas las áreas del conocimiento y está distribuida estratégicamente. Se atiende la demanda de manera suficiente y se han incorporado algunos programas educativos en línea que permiten ampliar la oferta educativa de la UAT hacia otros estados del país. Dentro de las diferentes instituciones educativas al interior de la UAT, se encuentra también la Unidad Académica Multidisciplinaria de Ciencias, Educación y Humanidades (UAMCEH), la cual tiene como objetivo principal la formación de recursos humanos altamente calificados para la docencia en el nivel medio superior y superior así como para la administración de los sistemas educativos en los diferentes niveles.

Actualmente en esta institución la oferta educativa consta de 4 programas de licenciatura con diferentes acentuaciones y 1 de maestría.

El presente proyecto se pretende llevar a cabo primeramente en la Licenciatura en Ciencias de la Educación con acentuación en Tecnología Educativa, con el diseño de un tutorial multimedia de apoyo a la materia del 7° periodo denominada "Diseño de Proyectos de Titulación", sin embargo dependiendo de los resultados que se obtengan, este material podrá servir para el resto de las licenciaturas existentes en la institución.

Dentro del plan de estudios vigente y con base en la reforma curricular 2014 "Generación del Conocimiento con Valores" en todas las licenciaturas de la UAT, se incluyen asignaturas que atienden a 3 diferentes núcleos de formación: *Básica, Profesional y Disciplinar*. En este último se incluyen asignaturas que proporcionan los conocimientos referentes a aquellos métodos de investigación científica y técnicas de intervención para la resolución de problemas propios de la profesión elegida. (Dirección de Desarrollo Curricular, 2015).

La infraestructura tecnológica que posee la unidad académica, al incluir en cada aula de clases una computadora con conexión a internet, bocinas y proyector, así como los 3 centros de cómputo que existen, destinados para la realización de actividades extraescolares de los alumnos, permite claramente identificar un entorno adecuado para la utilización de un tutorial multimedia en cualquier asignatura.

El material al estar en dispositivo USB o Cd-Rom, podrá ser consultado en cualquier lugar por el alumno, en los tiempos que el mismo considere necesario siempre y cuando posea una computadora con unidad lectora.

Finalmente es necesario considerar algunos factores que podrían afectar el desempeño del tutorial multimedia de apoyo a esta asignatura, dentro de la propia institución, entre los cuales se destacan:

- La mayoría de los docentes tiene poca experiencia, en diseñar las estrategias adecuadas para la utilización de este tipo de recursos tecnológicos, como apoyo a sus programas de estudio.
- Puede existir rechazo aún en la aplicación y uso de las computadoras como medio de aprendizaje para algunos docentes y alumnos.
- Se debe llegar a un acuerdo con los directivos y coordinadores de carrera de que la integración de las nuevas tecnologías son parte sustancial en la formación de los alumnos, para garantizar su pleno desarrollo profesional.
- El pleno convencimiento de los docentes del área, para el uso de los sistemas tutoriales y en general de las nuevas tecnologías, permitirá reducir la función autoritaria del docente para convertirse en un auténtico tutor o guía del proceso de aprendizaje de sus alumnos.

Por tanto, se propone que el diseño de este tutorial multimedia como apoyo a la asignatura de "Diseño de Proyectos de Titulación", logrará en primer momento despertar el interés de los alumnos por conocer y utilizar los métodos y técnicas de la investigación científica a lo largo de su carrera profesional, ya que esta asignatura es considerada la iniciadora de la línea de investigación de manera formal en el alumno.

La tecnología multimedia como estrategia necesaria para el diseño de Proyectos de Titulación en la Universidad Autónoma de Tamaulipas.

La educación superior está desempeñando un papel fundamental en la transformación de la sociedad actual, como componente esencial del desarrollo cultural, social, económico y político de los países en desarrollo.

Los acelerados avances tecnológicos en la informática, las telecomunicaciones y la electrónica, han permitido el mejoramiento de los procesos de comunicación y el intercambio de información entre las personas, dando surgimiento a la llamada *"Sociedad de la Información"*, caracterizada por un enorme desarrollo del conocimiento en las diferentes áreas de estudio.

Esta revolución del conocimiento, ha provocado que los procesos de enseñanza-aprendizaje, estén en una revisión constante para incorporar nuevos métodos de enseñanza en el sistema educativo nacional.

De igual forma se destaca también, que uno de los grandes desafíos de la educación superior para los próximos años, será la renovación de los sistemas e instituciones de educación superior derivados del desarrollo de las nuevas tecnologías de la información y la comunicación.

Respecto a los desafíos y tendencias propias del siglo XXI, una de ellas es la inclusión de las nuevas tecnologías de información y comunicación (TIC). La formación de competencias digitales es fundamental en el ámbito educativo como una necesidad para la inclusión en la sociedad del conocimiento. (UNESCO, 2013)

El impacto de las nuevas tecnologías, no sólo requiere que se analicen los métodos para incorporarlas dentro del aula, sino también en cómo estas constituyen un papel muy importante en la vida cotidiana de cualquier persona, por lo que la correcta utilización de los recursos informáticos es de suma importancia para el desarrollo de nuestra sociedad, reduciendo así la enorme brecha digital que nos separa de los países desarrollados.

La falta de educación es una barrera para el desarrollo productivo del país ya que limita la capacidad de la población para comunicarse de una manera eficiente, trabajar en equipo, resolver problemas, usar efectivamente las tecnologías de la información para adoptar procesos y tecnologías superiores, así como para comprender el entorno en el que vivimos y poder innovar. (PND, 2013)

En un futuro inmediato aquellos ciudadanos que no sepan desenvolverse en la cultura y tecnología digital de un modo inteligente (saber conectarse y navegar por redes, buscar la información útil, analizarla y reconstruirla, comunicarla a otros usuarios), no podrán acceder a la cultura y al mercado de la sociedad de la información. (Area, 2001).

De acuerdo al Plan Nacional de Desarrollo 2013-2018, en nuestro país las estrategias realizadas en torno a la utilización de las nuevas tecnologías en el sistema mexicano son:

- Promover la mejora de la infraestructura de los planteles educativos más rezagados.
- Asegurar que los planteles educativos dispongan de instalaciones eléctricas e hidrosanitarias adecuadas.
- Modernizar el equipamiento de talleres, laboratorios e instalaciones para realizar actividades físicas, que permitan cumplir adecuadamente con los planes y programas de estudio.
- Incentivar la planeación de las adecuaciones a la infraestructura educativa, considerando las implicaciones de las tendencias demográficas.

Lo anterior, requiere la necesidad de planificar y poner en práctica nuevos entornos de aprendizaje en las instituciones de educación superior, que propicien el uso de las nuevas tecnologías como medio de comunicación para la enseñanza-aprendizaje, tal es el caso de la educación en línea y la educación asistida por computadora.

En lo que respecta a nivel estatal, las líneas de acción enmarcadas dentro del Plan Estatal de Desarrollo Tamaulipas 2011-2016, en materia de formación se busca:

- Implantar políticas que impulsen las reformas educativas con impacto en los indicadores de grado de escolaridad, cobertura y eficiencia terminal.
- Fomentar la utilización eficaz de las tecnologías de información y comunicación en los procesos educativos hacia una sociedad del conocimiento.
- Fortalecer los procesos de desarrollo curricular, contenidos educativos y materiales didácticos mediante acciones que amplíen las oportunidades de ingreso, permanencia y conclusión entre niveles.
- Establecer una nueva política en ciencia, tecnología e innovación que impulse la formación de una vocación por la investigación.

La Universidad Autónoma de Tamaulipas, consciente también de los desafíos que exige la nueva sociedad del conocimiento, ha puesto en marcha una serie de acciones en el Plan de Desarrollo Institucional 2004-2017 para lograr la modernización educativa:

- Utilizar los recursos y herramientas digitales que ofrecen las TIC para crear ambientes pedagógicos innovadores, flexibles y atractivos para el aprendizaje de los estudiantes.
- Fortalecer los modelos de formación y potenciar la capacitación de los docentes para el manejo de cursos a distancia, virtuales y en línea.
- Promover la innovación permanente de la práctica docente, así como la aplicación de métodos y estrategias pedagógicas para mejorar el proceso de enseñanza-aprendizaje.
- Impulsar la certificación del personal docente en el uso de modelos digitales para mejorar la comunicación con y

entre los alumnos, así como favorecer el trabajo en equipo y colaborativo.

- Alentar la producción y desarrollo de tecnologías de apoyo a la educación para fortalecer la formación de los estudiantes.
- Promover el estudio y la aplicación de modelos, métodos y estrategias pedagógicas que motiven y estimulen la creatividad e innovación de los estudiantes.

Todo ello permitirá mejorar las condiciones educativas al interior de la universidad que beneficie a los universitarios, y permita elevar la calidad de la educación con la ayuda de las nuevas tecnologías.

Dentro del Plan Institucional de Desarrollo 2014-2018, de la UAM de Ciencias, Educación y Humanidades, se pretende trabajar distintos ejes temáticos en la resolución de problemas específicos detectados:

- Prevalece en algunos profesores el uso de métodos tradicionales de enseñanza.
- Algunos profesores carecen de las competencias digitales necesarias para fortalecer el proceso de enseñanza-aprendizaje.
- No se cuenta con un programa específico destinado a la formación de cuadros para la investigación.

Con base a lo anterior, se pretende incorporar las nuevas tecnologías al proceso de enseñanza-aprendizaje dentro del nivel de educación superior; mediante el diseño de un Tutorial multimedia de apoyo a la materia ""Diseño de Proyectos de Titulación", para los alumnos de 7° Periodo de la Licenciatura en Ciencias de la Educación con acentuación en Tecnología Educativa, en la UAM de Ciencias, Educación y Humanidades, dependiente de la Universidad Autónoma de Tamaulipas, utilizando los nuevos enfoques de la educación asistida por computadora, considerándolo pertinente por los organismos internacionales y documentos oficiales recientemente citados.

Los beneficios para el alumno a corto plazo, será tener un material audiovisual de consulta que apoye a la materia, al mismo tiempo que ofrezca ejemplos sobre la metodología a seguir en el proceso de investigación científica; se contara también con un acceso a bancos de consulta de información y recursos para apoyar el trabajo de investigación final de la materia. A largo plazo, se pretende que los futuros egresados de licenciatura, desarrollen proyectos de investigación relacionados con su área de estudio y puedan terminarlo con éxito al concluir su plan de estudios mediante un proyecto de tesis, permitiendo así elevar el índice de titulación mediante esta modalidad. El número de alumnos titulados por tesis actualmente en esta licenciatura es de 16 alumnos, que representa un 5% del total de egresados desde el año 2000 en que se creó esta licenciatura. Es importante destacar, que con la ayuda del tutorial los docentes podrán apoyar su clase tomando ejemplos incluidos dentro del mismo y centrar sus esfuerzos en retroalimentar con algunas explicaciones a los alumnos, podrán incluir documentación electrónica, enlaces a sitios web y bibliotecas virtuales, videos, etc., lo que permitirá enriquecer los contenidos de su asignatura. Logrando con ello disminuir el número de alumnos reprobados y evitar a toda costa la deserción del alumno. El material servirá de apoyo para aquellos alumnos que presenten alguna dificultad de entendimiento sobre los temas o bien se encuentren inscritos en el sistema RAL (Régimen de Asistencia Libre), asegurando con ello la transferencia del conocimiento a todos los alumnos por igual, fomentando con ello la cultura del auto aprendizaje.

Las personas que utilizarán este material serán preferentemente alumnos y docentes de la propia institución, los requisitos que deberán tener para su manejo son conocimientos básicos de computación e internet, ya que la estructura de navegación es considerada muy sencilla e intuitiva.

De igual manera, dentro del propio tutorial se incluirá una guía rápida para su utilización y una descripción general de los apartados que podrá encontrarse.

Objetivo

Diseño de un Tutorial Multimedia de apoyo a la asignatura de "Diseño de Proyectos de Titulación" para los alumnos de 7° Periodo de la Licenciatura en Ciencias de la Educación con acentuación en Tecnología Educativa, en la UAMCEH-UAT.

Fundamentos Pedagógicos en el diseño del Tutorial Multimedia como apoyo a la Asignatura de "Diseño de Proyectos de Titulación".

El aprendizaje es un proceso complejo que ha generado numerosas interpretaciones de cómo se efectúa realmente, hoy en día el surgimiento de las modernas teorías del aprendizaje permite conocer la forma en que los sujetos aprenden, y permite a los docentes determinar las condiciones necesarias para lograr mejores experiencias de aprendizaje en los alumnos.

En la actualidad una de las teorías más aceptadas para tratar de explicar los procesos que dan origen al conocimiento es el *Constructivismo*, el cual en sus orígenes surge como una corriente preocupada por discernir los problemas de la formación del conocimiento en el ser humano.

Los principios en torno a la forma en que se concibe el aprendizaje para el constructivismo, son resumidos por (Díaz, 2002).

- El aprendizaje implica un proceso constructivo interno, autoestructurante y en este sentido, es subjetivo y personal.
- El aprendizaje se facilita gracias a la mediación o interacción con los otros, por lo tanto, es social y cooperativo.
- El aprendizaje es un proceso de (re)construcción de saberes culturales.
- El grado de aprendizaje depende del nivel de desarrollo cognitivo, emocional y social, y de la naturaleza de las estructuras de conocimiento.
- El punto de partida de todo aprendizaje son los conocimientos y experiencias previos que tiene el aprendiz.
- El aprendizaje implica un proceso de reorganización interna de esquemas.
- El aprendizaje se produce cuando entra en conflicto lo que el alumno ya sabe con lo que debería saber.

- El aprendizaje tiene un importante componente afectivo, por lo que juegan un papel crucial los siguientes factores: el autoconocimiento, el establecimiento de motivos y metas personales, la disposición por aprender, las atribuciones sobre el éxito y el fracaso, las expectativas y representaciones mutuas.
- El aprendizaje requiere contextualización: los aprendices deben trabajar con tareas auténticas y significativas culturalmente, y necesitan aprender a resolver problemas con sentido.
- El aprendizaje se facilita con apoyos que conduzcan a la construcción de puentes cognitivos entre lo nuevo y lo familiar, y con materiales de aprendizajes potencialmente significativos.

Las TIC como apoyo a los procesos de enseñanza-aprendizaje ha dado origen al surgimiento de nuevas modalidades de aprendizaje, tal es el caso de la Educación a Distancia y la Educación Asistida por Computadora, donde cada una de ellas se presenta con infinitas posibilidades para atender de forma adecuada las necesidades de aprendizaje de los alumnos.

Ante estas nuevas formas de aprender es necesario saber si se trata de cambios e innovaciones en términos de los procesos cognitivos del individuo o de nuevos procedimientos, metodologías y modelos para promover el aprendizaje, aprovechando para ello diversos recursos y estrategias que el docente tiene a su alcance. (Muñoz, 1999)

La Educación Asistida por Computadora (EAC), es una nueva modalidad de aprendizaje innovadora en la educación, la cual busca satisfacer ciertas necesidades del proceso didáctico y a la vez permite ampliar la conceptualización por parte de los docentes sobre las posibilidades en el uso de la misma y reconociendo a la computadora como un recurso didáctico en dos orientaciones principalmente: como herramienta de aprendizaje y como auxiliar del docente.

En este sentido, los procesos de comunicación mediados por computadora, permiten modelos instruccionales de interacción ya que los usuarios no están circunscritos a un tiempo ni a un espacio determinado, dando como resultado la instauración de "nuevos" tipos y espacios de aprendizaje activo, colaborativo, individual y en comunidades de aprendizaje. (Muñoz, 2004).

Así pues, la tecnología es una herramienta y la computadora es un soporte que da acceso a diversas fuentes de información, esto lo hace a través de programas multimedia (software, CD-ROM) e Internet, sus aplicaciones educativas de desarrollo intelectual y de adquisición de destrezas de intercomunicación, de habilidades del pensamiento, de síntesis o de producción de argumentos se obtienen a través de propuestas educativas de uso bien fundamentadas.

Dentro de este contexto innovador de aprendizaje, se pretende elaborar un Tutorial multimedia dentro de la UAM de Ciencias, Educación de Humanidades, como apoyo a la materia "Diseño de Proyectos de Titulación", que permita al docente facilitar los procesos de enseñanza aprendizaje con la ayuda de la Educación Asistida por Computadora y sustentado bajo los siguientes principios del constructivismo:

1. **La participación activa del alumno, mediante la interacción con los contenidos de forma sencilla y rápida, haciéndose participe de su propio aprendizaje.**

   La información que se incluye dentro del tutorial multimedia, ha sido previamente seleccionada y organizada de forma lógica para el alumno en módulos que parten del conocimiento general a lo específico.

   En cada uno de los módulos, se utilizan ejercicios para establecer relaciones entre conceptos y proposiciones en la memoria del alumno.

   La información se presenta de forma breve en las pantallas de información dentro del tutorial, y pueden ser consultada por el alumno el número de veces que el desee, con el fin de despejar dudas y/o resolver los ejercicios que se incluyen.

La navegación dentro del tutorial, no requiere capacitación alguna para su manejo por parte del alumno, lo que le permite utilizarlo de forma casi inmediata.

En cada uno de los módulos se especifica con claridad el objetivo de cada módulo y los conceptos previos que el alumno debe conocer para su entendimiento, al mismo tiempo que ofrece una panorámica general del conocimiento nuevo que obtendrá.

Se incluye desde el inicio del tutorial una bienvenida para el alumno y una serie de recomendaciones para lograr un óptimo aprovechamiento durante el estudio.

2. **Uso de la motivación, basada en los intereses del alumno para el lograr un aprendizaje más significativo de los contenidos.**

El diseño de la interface del tutorial, ha sido creado basado en los intereses de los propios alumnos y en la edad promedio universitaria, los colores, fuentes y recursos visuales están orientados a una audiencia joven principalmente.

Para ello se utilizaron diferentes paquetes para el diseño y programación del tutorial, entre los que destacan Authorware: Lenguaje de autor de la empresa Adobe Systems.

Desde el inicio se incluye una pantalla de identificación del usuario, donde el alumno que accede al tutorial introduce sus datos y son almacenados en el sistema en todo momento.

Se incluye además un glosario de términos con las palabras que son poco habituales en el lenguaje de los universitarios en este periodo de formación (7° Periodo), una autoevaluación con preguntas de tipo falso o verdadero y opción múltiple, que son calificadas por el propio tutorial de forma casi inmediata al finalizar el test.

Se incorporan diferentes recursos para la presentación de los contenidos, tales como: texto, imágenes, animación y video, para despertar el interés en el alumno, dichos elementos ha sido creados mediante la utilización de los programas Adobe Photoshop, Adobe Audition y Adobe Flash.

3. **El trabajo colaborativo entre el docente y el alumno, para lograr un mejor aprovechamiento de la herramienta tutorial.**

Es posible que el material pueda ser consultado por equipos de trabajo que el propio docente organice, dependiendo de las temáticas de los proyectos de investigación o bien según los intereses de cada de los miembros.

El tutorial al ser creado como recurso de apoyo para la asignatura "Diseño de Proyectos de Titulación" cumple con varios propósitos que permitirían propiciar el trabajo colaborativo: Servir de complemento en la explicación de los temas por parte del docente y como guía de repaso a los propios alumnos al revisar los temas varias veces y así aumentar su nivel de comprensión. Una vez que el alumnos, revise los temas es posible que surjan algunas dudas, para ello el docente deberá resolverlas de forma rápida logrando establecer una comunicación más eficiente.

Pero sin lugar a duda, su éxito dependerá de la inclusión adecuada en los procesos de enseñanza - aprendizaje cuando el docente lo crea conveniente reforzar los contenidos de clase.

4. **El papel del docente como guía o facilitador del aprendizaje, asegurando la transferencia del conocimiento a todos los alumnos atendiendo sus diferentes estilos de aprendizaje.**

El tutorial multimedia de apoyo a la asignatura, permitirá al docente atender de forma personalizada el estilo de aprendizaje de todos sus alumnos, ya que la información se transferirá a través de los diferentes canales de percepción: auditivo, visual y kinestésico.

Además, el docente podrá utilizar mejor el tiempo de sus clases en brindar asesorías de forma individual a los alumnos sobre los elementos que debe incluir en su anteproyecto de investigación, en vez de explicarlo nuevamente a todo el grupo los alumnos pueden recurrir al tutorial multimedia y verificar la información más sobresaliente.

Todo ello, permitirá al docente junto con sus explicaciones de clase, actividades, asesorías y el tutorial multimedia lograr desarrollar en los alumnos universitarios aprendizajes más significativos en el área de investigación que hasta el momento sufre de poco interés dentro de la institución académica. Al mismo tiempo que se logra atender los procesos de sociabilización y de individualización del aprendizaje que plantean los teóricos más reconocidos del constructivismo.

Con todo lo señalado anteriormente, se concluye que es necesario utilizar diferentes fuentes y recursos de aprendizaje que el docente tenga a la mano para activar los procesos cognitivos correspondientes (asimilación y acomodación) y producir condiciones favorables para el aprendizaje (Herrera, 2002), que van desde los materiales didácticos tales como libros, revistas, apuntes, etc. Lo cierto es que la Enseñanza Asistida por Computadora (EAC) puede enriquecer los procesos mediante los materiales virtuales, tutoriales interactivos, sitios web, libros electrónicos, entre otros ampliando así los horizontes del aprendiz.

Metodología para el diseño del tutorial multimedia como apoyo al Diseño de Proyectos de Titulación

El éxito de los ambientes innovadores de aprendizaje en las instituciones educativas, no depende de la sola presencia de los medios informáticos, ni tampoco de la cantidad de materiales curriculares que existan disponibles para su enriquecimiento, sino que debe procurarse que exista un clima educacional apropiado, en el que la identificación de problemas y soluciones competa a todos los miembros de la institución, cada uno desde el nivel y en el ámbito en que le corresponde. (Panqueva, 2004).

En la medida en que haya mente abierta, observación continua de la situación y recursos humanos capaces de innovar, será posible hallar soluciones a las problemáticas detectadas en el aula. Para la utilización de los Materiales Educativos Computarizados (MEC´s), dentro del currículo en las instituciones, se requiere de una adecuada metodología en su elaboración para asegurar satisfacer las necesidades de los alumnos dentro del contexto en el que se ubican, determinar los objetivos o metas, la organización y selección de los contenidos, programar las actividades que conduzcan al autodidactismo, al mejor sistema de evaluación para que de manera integral se engarcen en una programación de software que conduzca a aprendizajes significativos.

Lo anterior se refiere a la parte pedagógica; para el caso de lo tecnológico se requiere definir las características de los equipos, el software para el desarrollo del MEC y las herramientas que servirán para establecer la comunicación. Es común también, emplear el término de software educativo para referirse a los Materiales Educativos Computarizados (MEC) que sirven de apoyo a los docentes en el logro de los aprendizajes dentro del salón de clases. Al respecto, (Marques, 2010) lo define como: "Los programas para computadoras creados con la finalidad específica de ser utilizados como medio didáctico, es decir, para facilitar los procesos de enseñanza y de aprendizaje". Mientras que Galvis Panqueva denomina "software educativo a aquellos programas que permiten cumplir o apoyar funciones educativas". Existen diferentes metodologías para el desarrollo de Materiales Educativos Computarizados, para el diseño del proyecto del tutorial multimedia se eligió la metodología planteada por (Galvis, 2001; Panqueva, 2004), ya que considera una serie de elementos más amplia en la etapa de análisis para determinar la pertinencia del MEC en un contexto determinado.

Todo MEC debe cumplir un papel relevante en el contacto donde se utilice. Su incorporación a un proceso de enseñanza-aprendizaje no se puede deber simplemente a que el MEC "sea novedoso", o a que "está disponible". Estas y otras razones probablemente lleven a dedicar recursos a labores que no producen los mejores resultados.

La metodología parte de la identificación de necesidades educativas reales que conviene atender con material educativo computarizado, y sus etapas de representan gráficamente en el siguiente cuadro.

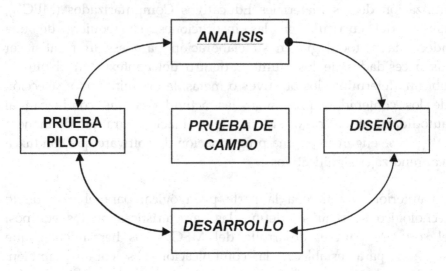

Figura 1. Metodología para el Desarrollo de un MEC. Galvis Panqueva, 2004

Etapa de Análisis

1. **Consulta a fuentes de información y consulta a problemas**
   Como resultado de esta etapa se debe contar con una lista priorizada de problemas en los distintos temas u objetivos que componen un plan de estudio, con anotación de la fuente o evidencia de que existe cada problema y de la importancia que tiene resolverlo.

2. **Análisis de posibles causas del problema.**
   Para poder atender las necesidades o resolver los problemas detectados, es imprescindible saber a qué se debieron y qué puede contribuir a su solución. En particular interesa resolver aquellos problemas que están relacionados con el aprendizaje, en los que eventualmente un MEC podría ser de utilidad.

3. **Análisis de alternativas de solución.**
   Como fruto de esta etapa debe poder establecerse, para cada uno de los problemas planteados, mediante qué estrategia y medios convienen intentar su solución. Los apoyos informáticos serán una de las posibilidades a considerar, siempre que no exista un mejor medio que pueda ayudar a resolver el problema.

4. **Establecimiento del papel del computador.**
   Cuando se ha determinado que es deseable contar con un apoyo informático para resolver un problema o conjunto de ellos, dependiendo de las necesidades que fundamentan esta decisión, cabe optar por un tipo de apoyo informático u otro.

5. **Planeación del desarrollo de la EAC.**
   Cuando no se identifica un MEC con el cual satisfacer la necesidad, la fase de análisis culmina con la formulación de un plan para llevar a cabo el desarrollo del MEC requerido.

   Esto implica consultar los recursos disponibles y las alternativas de usarlos para cada una de las etapas siguientes. Se debe prever tanto lo referente a personal y tiempo que se dedicará a cada fase, así como los recursos computacionales que se requieren para cada fase, en particular las de desarrollo y pruebas piloto y de campo.

Etapa de Diseño

1. **Entorno para el diseño del MEC**
   A partir del resultado del análisis, es conveniente hacer explícitos los datos que caracterizan el entorno del MEC que se va a diseñar: destinatarios, área de contenido, necesidad educativa, limitaciones y recursos para los usuarios del MEC, equipo y soporte lógico que se van a utilizar.

2. Diseño educativo del MEC

El diseño educativo debe resolver las interrogantes que se refieren al alcance, contenido y tratamiento que debe ser capaz de apoyar al MEC.

3. Diseño de Comunicación

La zona de comunicación en que se maneja la interacción entre usuario y programa se denomina interfaz. Para especificarla, es importante determinar cómo se comunicará el usuario con el programa, estableciendo mediante qué dispositivos y usando qué códigos o mensajes (interfaz de entrada); también se hace necesario establecer cómo el programa se comunicará con el usuario, mediante qué dispositivos y valiéndose de qué códigos o mensajes (interfaz de salida).

4. Diseño Computacional

Con base en las necesidades se establece qué funciones es deseable que cumpla el MEC en apoyo de sus usuarios, el docente y los alumnos. Entre otras cosas, un MEC puede brindarle al alumno la posibilidad de controlar la secuencia, el ritmo, la cantidad de ejercicios, de abandonar y de reiniciar. Por otra parte, un MEC puede ofrecerle al docente la posibilidad de editar los ejercicios o las explicaciones, de llevar registro de los alumnos que utilizan el material y del rendimiento que demuestran, de hacer análisis estadísticos sobre variables de interés, etc.

5. Preparación y revisión de un prototipo del MEC.

La fase final de un diseño consiste en llevar al terreno del prototipo aquellos que se ha concebido y en verificar que esto tiene sentido frente a la necesidad y población a la que se dirige el MEC.

Etapa de Desarrollo

1. **Estrategias para el desarrollo de MEC**

   Dependiendo de los recursos humanos y computacionales con que se cuente para el desarrollo, éste se puede llevar a cabo siguiendo una de estas estrategias, o la combinación de ellas:

   1. Si se cuenta con un grupo interdisciplinario (especialistas en contenido, metodología e informática), el desarrollo recaerá sobre el especialista en informática, pero contará con los demás miembros del grupo para consultar sobre la calidad de lo que se va haciendo y sobre detalles que surjan a lo largo de la programación.

   2. Cuando no hay un especialista en informática o quien sepa programar en un lenguaje de propósito general, cabe considerar dos alternativas: (1) contratar la programación del diseño que se ha elaborado con un especialista en informática externo (que no pertenece al grupo); (2) intentar que los miembros del equipo de diseño que se animen, aprendan a usar un lenguaje o un sistema autor, de modo que ellos mismos elaboren el programa requerido o parte de él.

2. **Desarrollo y documentación del MEC**

   Independientemente de la estrategia que se siga para producir el material, es fundamental que al desarrollador se le exija programar en forma estructurada y legible, así como documentar su trabajo. Esto permitirá, cuando se requiera, hacer uso apropiado del MEC y adecuarlo a nuevas necesidades.

3. **Revisión del MEC mediante juicio de expertos**

   El desarrollo no termina con la presentación de los programas. Es importante verificar con base en el diseño, si lo previsto se ha llevado a la práctica o si los ajustes que se introdujeron en el desarrollo efectivamente mejoran la calidad del diseño.

4. **Revisión uno a uno con usuarios representativos**
   Los usuarios son los únicos que pueden decir si un MEC está
   bien logrado o no. Por este motivo, conviene que, como una de
   las etapas finales del desarrollo, se realice la revisión del MEC
   con unos pocos usuarios representativos, con el fin primordial
   de asegurar que la interfaz es apropiada y que no se constituye
   en un obstáculo para la interacción entre el usuario y el MEC.

Etapa de Prueba Piloto

1. **Preparación de la prueba piloto**
   Esta incluye la selección de la muestra, el diseño y prueba
   de los instrumentos de recolección de información, y el
   entrenamiento de quienes van a administrar la prueba del
   material.

2. **Diseño y prueba de instrumentos para recolectar
   información.**
   La respuesta a ¿qué información recoger? Y ¿mediante qué
   instrumentos y procedimientos? Depende en gran medida de
   lo que se desea establecer con la prueba del material, de las
   decisiones que se desean tomar después de ella.

3. **Desarrollo de la prueba piloto**
   El MEC que se ha seleccionado o desarrollado se utiliza con el
   (los) grupo (s) escogido, en el momento en que corresponde el
   estudio del tema dentro del plan de estudios. Esto asegura las
   condiciones de entrada.

4. **Análisis de resultados de la prueba piloto**
   Mediante este tratamiento es posible conocer para cada uno
   de los participantes, cuál es su ganancia en rendimiento y la
   dedicación necesaria para alcanzar el nivel final.

5. **Toma de decisiones acerca del MEC**
   La información obtenida de las fuentes anteriormente
   señaladas permite establecer qué tan efectivo puede ser el
   MEC y bajo qué condiciones de uso, así como qué aspectos

requieren ajuste en el MEC, en la forma de usarlo, en las evaluaciones o en los materiales que lo acompañan.

Etapa de Prueba de Campo

1. **Condiciones necesarias para la prueba de campo.-** Para poder llegar a determinar el aporte verdadero de un MEC a la solución de un problema educativo, hay que hacer seguimiento al problema bajo las condiciones reales en que se detectó.

2. **Utilización del MEC por los alumnos.-** A los usuarios se los deja interactuar con el MEC en la forma prevista disponiendo cada uno, cuando menos, de un tiempo de interacción, en una o varias sesiones, equivalentes al promedio requerido por el grupo experimental para alcanzar los resultados.

3. **Obtención y análisis de resultados.-** La batería de pruebas e instrumentos de información de retorno que se utilizó en la prueba piloto puede replicarse en la prueba de campo, la cual no necesariamente se lleva a cabo la primera vez que se usa el MEC con toda la población objeto, sino cuando se usa por primera bajo las condiciones previstas. Para el presente proyecto, se ha seleccionado la metodología señalada con anterioridad, sin llegar a la etapa de prueba piloto y prueba de campo; ya que ambas etapas se realizaran más adelante, cuando se apliquen en los grupos de la institución educativa, el resto de la metodología se aplicó para el diseño del Tutorial Multimedia de apoyo a la asignatura de "Diseño de Proyectos de Titulación", para los alumnos del 7ª Periodo de la Licenciatura en Ciencias de la Educación, con acentuación en Tecnología Educativa de la UAM de Ciencias, Educación y Humanidades de la UAT.

Mapa de Navegación

Cada una de las secciones que integran el Tutorial Multimedia se muestran en el siguiente cuadro:

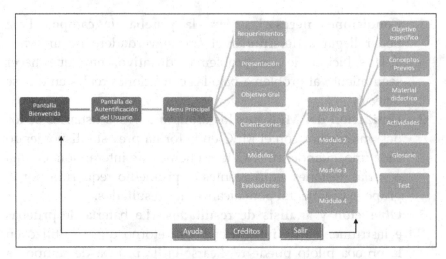

Figura 2. Mapa de Navegación del Tutorial Multimedia

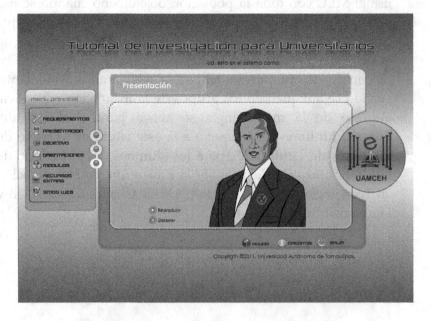

Figura 3. Pantalla de Inicio del Tutorial Multimedia

Conclusiones

El tutorial de investigación como apoyo al Diseño de Proyectos de Titulación es el inicio de una forma de aprender innovadora dentro de la U.A.M. de Ciencias, Educación y Humanidades. Hasta el momento ninguna de las materias de la Licenciatura en Ciencias de la Educación y Humanidades con opción en Tecnología Educativa, posee algún recurso multimedia de este tipo para complementar los contenidos del curso. Se pretende que para el próximo periodo escolar se pruebe con los propios alumnos y docentes de la mencionada licenciatura con el fin de evaluar el proyecto, localizando posibles fallas y corregirlas de forma inmediata.

De igual forma, se informara al resto de los docentes de otras licenciaturas, la oportunidad que existe de utilizar este material multimedia en el área de investigación y que cada vez más alumnos puedan verse beneficiados con su uso. Así mismo en lo posible se continúe desarrollando nuevos materiales de apoyo al docente con el resto de las materias consecuentes de la línea de investigación.

Uno de los principales logros a futuro con este proyecto en la institución, será que cada vez más alumnos tengan el deseo voluntario de terminar sus estudios universitarios con la defensa de su proyecto de tesis, y sobre todo puedan aplicar sus conocimientos para la solución de problemas de forma efectiva relacionados con su ámbito de acción. La oportunidad que brindan las nuevas tecnologías para mejorar las experiencias de aprendizajes debe seguir siendo aprovechadas con mayor fuerza por todos los docentes de la institución académica, para lograr elevar la calidad de la educación de nuestros jóvenes universitarios.

Finalmente se espera, que este proyecto pueda servir de base para la creación de otros similares, mediante la participación activa de los docentes se logre aplicar esta misma metodología y se incremente el número de materiales educativos de apoyo a sus materias, logrando así diversificar la comunicación con los alumnos a través de los nuevos entornos de aprendizaje que existen.

Referencias

Área, M. M. (2001). *La desigualdad de oportunidades educativas en el acceso a las nuevas tecnologías.* Obtenido de Universidad de la Laguna: http://webpages.ull.es/users/manarea

Dirección de Desarrollo Curricular, UAT (2015). Lineamientos académicos y curriculares para la propuesta y actualización de planes y programas de estudio. Reforma Curricular Generación del Conocimiento 2014.

Díaz, F. y. (2002). *Cosntructivismo y Aprendizaje Significativo.* En Estrategias Docentes para un aprendizaje significativo: una interpretación constructivista. México: Mc Graw Hill.

Galvis, A. (2001). *Ingeniería de Software Educativo.* Colombia: Ingeniería de Software Educativo.

Herrera, B. L. (Diciembre de 2002). *Las Fuentes del Aprendizaje en Ambientes Virtuales Educativos.* Universidad Autónoma Metropolitana - Xochimilco, México D.F.

Marqués, P. (09 de 07 de 2010). El Software Educativo. Obtenido de http://www.peremarques.net/calidad.htm

Muñoz, P. Á. (2004). *Consideraciones pedagógicas para la incorporación de la computadora como herramienta de apoyo al proceso educativo.* La Tarea. Revista de Educación y Cultura.

Muñoz, P. A. (Junio de 1999). *Aprendizaje con Nuevas Tecnologías Paradigma Emergente.*

Panqueva, A. G. (2004). *"Ingeniería de Software Educativo".* Ediciones Uniandes.

PEDE. (2011). Plan Estatal de Desarrollo Tamaulipas

PND. (2013). *Plan Nacional de Desarrollo 2013-2018*. Secretaria de Gobernación.

UAT. (2014). *Plan Estratégico de Desarrollo Institucional 2014-2017*. Unidad Académica Multidisciplinaria de Ciencias, Educación y Humanidades

UAT. (2014). Plan de Desarrollo Institucional UAT 2014-2017.

UNESCO. (2013). *Situación Educativa de América Latina y el Caribe*. Hacia una Educación para Todos 2015. Santiago, Chile.

Acerca de los Autores

Alfredo Mariano Francisco

Egresado de la carrera de Licenciado en Ciencias de la Educación con opción en Planeación Educativa por la Universidad Autónoma de Tamaulipas (UAT), Maestría en Docencia por la Universidad autónoma de Tamaulipas (UAT), Docente, enseñanza de las ciencias e Investigador, de la Unidad Académica de Ciencias, Educación y Humanidades de la Universidad Autónoma de Tamaulipas, "Cd Victoria Tamaulipas", Colaborador en Secretaria Académica de U.A.M.C.E.H, UAT, Ponente en Congresos de Educación Superior Nacionales e Internacionales, miembro activo de RedDOLAC Red de Docentes de América y del Caribe, Su correo es amfrancisco@docentes.uat.edu.mx.

Carmen Lilia de Alejandro García

Es Licenciada en Psicología, cuenta con una Maestría en Comunicación Académica por la Universidad Autónoma de Tamaulipas, ha fungido como Psicólogo Clínico en el Centro de Desarrollo Integral de la Familia en el municipio de Nuevo Morelos en Tamaulipas, es evaluador del Instituto Nacional para la Evaluación de la Educación, terapeuta individual, familiar y escolar; desarrolla talleres enfocados a la mejora del bienestar de la comunidad, ha impartido pláticas sobre valores, como "Alejar a tus hijos de las adicciones" y "La familia como modelo a seguir", se desempeña como docente en el Centro de Educación Media Superior a Distancia #12 en Tamaulipas México. Su correo es lydalejandro@gmail.com.

Claudia Rita Estrada Esquivel

Es Licenciada en Ciencias de la Educación con Especialidad en Ciencias Sociales. Cuenta con una Maestría en Comunicación Académica en la Universidad Autónoma de Tamaulipas, ha impartido cursos como: Psicología Educativa, Psicología de la Educación, Teorías Educativas Pedagógicas Contemporáneas, Modelos Pedagógicos y Técnicas de Intervención Pedagógica. Formo parte del programa PROFORDEMS como instructora y en el programa CERTIDEMS como evaluador externo. Actualmente labora en la Unidad Académica Multidisciplinaria Valle Hermoso de la UAT, forma parte de la Academia de Tecnología Educativa de la Unidad Académica Multidisciplinaria Valle Hermoso UAT su correo electrónico es crestrada@docentes.uat.edu.mx.

Daniel Desiderio Borrego Gómez

Es Ingeniero en Telemática cuenta con una Maestría en Comunicación Académica, ha trabajo en diferentes empresas en áreas de Informática y Telecomunicaciones, ha impartido diplomados como: Diseño de Páginas Web, Software de Aplicación Organizacional, Competencias y Habilidades Digitales para el Docente entre otros, se ha desempeñado como Administrado de la plataforma de aprendizaje Moodle además como Desarrollador Multimedia y Administrador de Web, actualmente labora en la Dirección de Educación a Distancia de la Universidad Autónoma de Tamaulipas, es profesor investigador de esa misma casa de estudios y Facilitador de la Universidad Abierta y a Distancia de México, forma parte de la Academia de Tecnología Educativa de la UAMCEH en la UAT, miembro de la Red de Docentes de América y del Caribe (RedDOLAC) además ha finalizado sus estudios de Doctorado en Educación Internacional con la

Especialidad en Tecnología Educativa por la Universidad Autónoma de Tamaulipas, su líneas de investigación es la Educación a Distancia, TAC y TIC, sus correos electrónico son linuxppp@hotmail.com; ddborrego@docentes.uat.edu.mx.

Denisse Alejandra Zúñiga Pérez

Es Ingeniero en Tecnologías de la Información, egresada de la Universidad Politécnica de Cd. Victoria Tamaulipas México, realizó un sistema de base de datos para la captura de calificaciones del curso International Computer Driving License (ICDL) durante el periodo de Estadía en el departamento Dirección de Educación a Distancia en la Universidad Autónoma de Tamaulipas (UAT) y ha participado como asistente Academy Summit 2014 su correo es denisseale26@gmail.com.

Emilio Zúñiga Mireles

Es Licenciado en Ciencias de la Educación con especialidad en Tecnología educativa. Está realizando Maestría en Tecnología Educativa en la Universidad DAVINCI. Empleado de la Universidad Autónoma de Tamaulipas desde el año de 1987. Participación y ponente en congresos Nacionales e Internacionales, presenciales y en línea. Publicación de artículo en la revista EDUWEB de Venezuela. Actualmente labora en la Dirección de Educación a Distancia de la Universidad Autónoma de Tamaulipas y su correo es ezmireles@docentes.uat.edu.mx.

Enrique Bonilla Murillo

Es estudiante de Doctorado en Educación y Liderazgo por la City University of Seattle, cuenta con estudios de Maestría en Docencia, que cursó en la Unidad Académica Multidisciplinaria Valle Hermoso de la Universidad Autónoma de Tamaulipas. También, la Licenciatura en Relaciones Internacionales en la Facultad de Derecho y Ciencias Sociales por la Universidad Autónoma de Tamaulipas, Campus Cd. Victoria. Es docente certificado en la enseñanza del idioma inglés, ICELT In-Service Certificate for English Language Teaching. Ha impartido la asignatura de inglés como segundo idioma en diferentes niveles por más de diez años. Además, ha participado como instructor en el diplomado de Desarrollo de competencias Docentes en el nivel medio superior. Su correo electrónico es ebonilla@docentes.uat.edu.mx.

Irma Yolanda Arredondo Pedraza

Es Licenciada en Ciencias de la educación con opción en Tecnología Educativa y Maestra en Comunicación Académica. Actualmente es Maestra de matemáticas en la Escuela Primaria de Alejandría, su línea de investigación se centra en las Tecnologías de la Información y la Comunicación, además del estudio de las matemáticas a en educación básica su correo electrónico es irma_arredondo87@outlook.com.

Isaías Martínez Trejo

Es Contador Público Auditor y Maestro en Comercio Exterior, egresado de la Facultad de Comercio y Administración de Tampico, de la Universidad Autónoma de Tamaulipas (UAT). Es Dr. en Ciencias de la Educación por la Universidad Santander Campus Tampico. Actualmente está cursando un segundo Doctorado en Gestión Estratégica de Negocios en la UAT. Es Maestro de Tiempo Completo e integrante del Cuerpo Académico en Formación: "Investigaciones Jurídicas y Sociales" de la UAT. Tiene Perfil PRODEP línea de investigación "Educación Superior" y "Tecnologías". Está participando en los proyectos: "Impacto de la comunicación mediática y de la interpretación y su regulación" y "Rumores y creencias colectivas sobre la salud y la enfermedad en habitantes con distinto perfil". Su correo electrónico es imartint@uat.edu.mx.

Jair Nisan Bajonero Santillán

Licenciado en Comunicación y Relaciones Públicas con Maestría en Comunicación Académica, catedrático en la Unidad Académica Multidisciplinaria Valle Hermoso de la UAT, en materias de Comunicación, Mercadotecnia y Tecnología Educativa, así como tutor en línea de la Lic. En Tecnologías para la Generación del Conocimiento (e-learning). Ha participado como instructor en el Diplomado de Desarrollo de Competencias Docentes en el Nivel Medio Superior, así como evaluador externo en el proceso de Certificación CERTIDEMS, ha presentado ponencias en los Coloquios de Formación Docente en las ciudades de Guadalajara, Cd. del Carmen, Morelia, Matamoros, Veracruz, Cd. Victoria, entre otras. Autor de artículos en revista DIM, Barcelona, España. Productor y Locutor del Programa de radio "Sinapsis" a través de Radio UAT en año 2015. Correo electrónico jbajonero@docentes.uat.edu.mx.

Jesús Roberto García Sandoval

Es Licenciado en Ciencias de la Educación con Especialidad en Ciencias Sociales. Cuenta con una Maestría en Docencia y un Doctorado por la Universidad de Sevilla España en Aprendizaje y Cognición. Docente desde el año 1999 en la Universidad Autónoma de Tamaulipas, ha impartido cursos y Talleres como: Diseño curricular, Seminario de Tesis, Introducción al SPSS y Seminarios de Investigación. Participado como coautor de diversos libros de Texto de Educación Media Superior y publicado en revistas en México y España. Ha sido ponente en congresos nacionales e internacionales. Actualmente labora en la Unidad Académica Multidisciplinaria Valle Hermoso de la Universidad Autónoma de Tamaulipas, forma parte de la Academia de Tecnología Educativa de la UAMVH UAT su correo electrónico es jrgarcia@docentes.uat.edu.mx.

José Guillermo Marreros Vázquez

Es Licenciado en Ciencias de la Educación con opción en Tecnología Educativa, cuenta con una Maestría en Comunicación Académica por la Universidad Autónoma de Tamaulipas, ha impartido asignaturas de: Multimedia, Internet y Animación en 2D y 3D. Cuenta con un Diplomado en Estrategias de Enseñanza y Aprendizaje en la Modalidad a Distancia (UNAM) y Certificado en Microsoft Office Specialist, IC3 y Adobe Associate Educator. Actualmente se desempeña como Diseñador Instruccional en Ambientes Virtuales de Aprendizaje en la Dirección de Educación a Distancia de la UAT.

Juan Elizondo García

Es Licenciado en Ciencias de la Educación con Especialidad en Ciencias Sociales. Cuenta con una Maestría en Docencia. Docente de tiempo completo desde el año 1999 en la Universidad Autónoma de Tamaulipas, ha impartido cursos y Talleres como: Diseño curricular, Seminario de Tesis, Introducción al SPSS y Seminarios de Investigación. Ha participado como coautor de diversos libros de Texto de Educación Media Superior. Así como ponente en congresos nacionales. Actualmente labora en la Unidad Académica Multidisciplinaria Valle Hermoso de la Universidad Autónoma de Tamaulipas, forma parte de la Academia de Tecnología Educativa de la UAMVH UAT su correo electrónico es jelizond@docentes.uat.edu.mx.

Julio Rodolfo Moreno Treviño

Es Licenciado en Derecho egresado de la Unidad Académica de Derecho y Ciencias Sociales de la Universidad Autónoma de Tamaulipas. Cuenta con diplomado en competencias docentes de nivel medio superior. Docente desde 2014 en la Universidad Autónoma de Tamaulipas, actualmente imparte asignaturas en los campos disciplinares de las Ciencias Sociales y las Humanidades tanto de manera presencial como en línea, labora actualmente en la Unidad Académica Multidisciplinaria Valle Hermoso de la Universidad Autónoma de Tamaulipas, forma parte de la Academia de Humanidades de la UAMVH UAT su correo electrónico es jrmoreno@docentes.uat.edu.mx.

Karla Marlen Quintero Álvarez

Egresada de la carrera Ing. en Telemática en el 2002 por la Universidad Autónoma de Tamaulipas (UAT). Maestra en Tecnología Educativa por la UAT, obteniendo el grado en el 2011. Docente de Tiempo Completo de la Unidad Académica Multidisciplinaria Valle Hermoso (UAMVH). Docente de bachillerato y licenciatura en modalidad presencial en la UAMVH. Coordinadora de la Lic. en Tecnologías para la Generación del Conocimiento (LTGC). Miembro de la comisión para el rediseño del plan y programas de estudios de bachillerato y licenciatura de la UAM Valle Hermoso. Instructora del Diplomado en Competencias Docentes para el Nivel Medio Superior. Ponente en Congresos Nacionales de Educación Media Superior y Superior desde el 2007. Locutora del programa de radio Sinapsis en Radio UAT, (2015). Su correo electrónico es kmquintero@docentes. uat.edu.mx.

Luis Alberto Aldape Ballesteros

Es Ingeniero Administrador de Sistemas. Cuenta con una Maestría en Docencia en Educación Superior. Docente desde 1997 en la Universidad Autónoma de Tamaulipas, actualmente imparte asignaturas en Licenciatura en Tecnología Educativa tanto presencial como en línea, labora actualmente en la Unidad Académica Multidisciplinaria Valle Hermoso de la Universidad Autónoma de Tamaulipas, forma parte de la Academia de Tecnología Educativa de la UAMVH UAT su correo electrónico es laldape@uat.edu.mx.

Luis Alberto Portales Zúñiga

Es licenciado en Ciencias de la Educación con Especialidad en Químico- Biológicas y Maestro en Docencia por la Universidad Autónoma de Tamaulipas, instructor y facilitador en cursos en línea en las plataformas: Blackboard y Moodle; Actualmente es Coordinador de Servicios Escolares de la UAMCEH-UAT, así como Coordinador del Sistema de Gestión de Calidad, Consejero Representante de la Carrera de LCEQB ante Consejo Técnico, miembro activo de la Academia de Químico – Biológicas, integrante del cuerpo académico de la L.C.E. (en su reforma educativa), ha participado en el desarrollo e impartición del Diplomado en Competencias y Habilidades Digitales para el Docente. Se ha desempeñado como Coordinador de Servicio Social, Prácticas Pre profesionales y responsable de los Laboratorios Experimentales de Química y Biología en la misma institución educativa, su correo electrónico es lportales@docentes.uat.edu.mx

Luis Humberto Garza Vázquez

Egresado de la Licenciatura en Sociología, de la Universidad Nacional Autónoma de México; Maestro en Tanatología y Doctor en Educación, por parte de la Universidad Autónoma de Tamaulipas; cuenta con estudios en Psicología Social, Programación Neurolingüística, Orientación familiar, Terapia familiar y Terapia breve. Ha impartido cátedra en la Universidad Nacional Autónoma de México, Universidad Femenina de México, Universidad Autónoma del Carmen, Campeche; Universidad Valle del Bravo, Escuela Normal Superior de Tamaulipas. Actualmente es profesor de tiempo completo y miembro del Cuerpo Académico "Procesos socioculturales y metodológicos", en la Universidad Autónoma de Tamaulipas. La resiliencia en la educación superior es su línea de investigación. Artículos publicados que ha participado: "Neurociencias e Inteligencia Artificial en la Educación Superior", "La tutoría resiliente", "Técnicas de Freinet en educación", "Perfil de ingreso y factores de riesgo y protección en educación superior",

"Construcción Identitaria de los habitantes de frontera: un acercamiento narrativo", su correo es lugarza@docentes.uat.edu.mx.

Ma. Concepción Reyes Salazar

Es Contador Público con Especialidad en Pedagogía para la Formación de personas Jóvenes y Adultas por el CREFAL, con Maestría en Comunicación Académica y Certificada por el Consejo Nacional de Normalización y Certificación de Competencias Laborales (CONOCER) para Impartición de cursos de Formación del Capital Humano de manera presencial grupal. Imparte catedra en la Unidad Académica de Derecho y Ciencias Sociales en la Licenciatura en Negocios Internacionales y Licenciatura en Turismo desde el año 2008, en las Unidades de Educación Permanente en Educación en Línea dentro del programa de Técnico Superior Universitario (TSU) y se desempeña como Coordinadora de Administración y Finanzas de la Dirección de Educación Permanente de la UAT su correo electrónico es mcreyes@ docentes.uat.edu.mx.

Ma. Del Rosario Contreras

Egresada de la Licenciatura en Ciencias de la Educación con especialidad en Ciencias Sociales por la Universidad Autónoma de Tamaulipas, Maestría en Investigación Educativa por la Universidad Autónoma de Tamaulipas, Doctorado en Aprendizaje y Cognición por la Universidad de Sevilla. Docente de Investigación Educativa en la Unidad Académica Multidisciplinaria de Ciencias, Educación Y Humanidades de la Universidad Autónoma de Tamaulipas. Intereses de estudio y/o investigación: Investigación educativa y estudios de frontera. Líder del Cuerpo Académico Procesos Socio Culturales y Metodológicos. Experiencia en Investigación: Estructura cognoscitiva de los estudiantes en secundarias generales, Estudio sobre prácticas culturas y cognición, La influencia de variables culturales en el concepto de "frontera". Correo electrónico mcontrer@docentes.uat.edu.mx.

Marcia Leticia Ruíz

Egresada de la Licenciatura en Psicología por la Universidad de Valle de Bravo, Doctorado en Aprendizaje y Cognición por la Universidad de Sevilla. Docente de Psicología del Aprendizaje y Psicología Evolutiva en la Unidad Académica Multidisciplinaria de Ciencias, Educación Y Humanidades de la Universidad Autónoma de Tamaulipas. Intereses de estudio y/o investigación Procesos cognitivos en línea narrativa y estudios de Frontera. Integrante de Cuerpo Académico Procesos Socio Culturales y Metodológicos, Experiencia en Investigación: Perfil de ingreso y factores de riesgo y protección de estudiantes de una dependencia de educación superior, Género y nivel educativo en las narrativas autobiográficas de la infancia. Correo electrónico mruizc@docentes.uat.edu.mx.

Nali Borrego Ramírez

Egresada de la Licenciatura en Ciencias de la Educación con especialidad en Ciencias Sociales, Maestría en Tecnología Educativa por la Universidad Autónoma de Tamaulipas, Doctorado por la Universidad de Málaga. Docente en Tecnología Educativa en la Unidad Académica Multidisciplinaria de Ciencias, Educación Y Humanidades de la Universidad Autónoma de Tamaulipas. Intereses de estudio y/o investigación Innovación metodológica. Línea de investigación Innovación Metodológica en la Educación Superior, Integrante de Cuerpo Académico Procesos Socio Culturales y metodológico, Experiencia en Investigación: Innovación en Técnicas de Freinet, Educación Superior Virtual en América Latina y el Caribe, Proyecto Interuniversitario sobre Ética Profesional, Axiología de la Evaluación Institucional, Avances Metodológicos en la Evaluación de la Autoevaluación. Correo electrónico: nborrego@docentes.uat.edu.mx.

Nallely Contreras Limón

Es Licenciada en Informática, cuenta con una Maestría en Comunicación Académica por la Universidad Autónoma de Tamaulipas, ha impartido asignaturas de: Administración de la Función Informática, Tecnologías Emergentes y Herramientas Computacionales. Formo parte del programa Cisco Networking Academy concluyendo satisfactoriamente todos los módulos. Certificada en Microsoft Technology Associate: Networking Fundamentals y Microsoft Office Specialist. Actualmente se desempeña en el Hospital Regional de Alta Especialidad "Bicentenario 2010" de Cd. Victoria Tamaulipas México, en la Jefatura de División de Procesos Informáticos y Comunicaciones.

Noel Ruíz Olivares

Es licenciado en Ciencias de la Educación con Opción en Tecnología Educativa y Maestro en Tecnología Educativa por la Universidad Autónoma de Tamaulipas; Especialista en Entornos Virtuales de Aprendizaje por Virtual Educa y la OEI. Actualmente, estudia el Doctorado en Educación Internacional en la línea de investigación de Tecnología Educativa. Es profesor investigador la Universidad Autónoma de Tamaulipas, coordinador de la Licenciatura en Ciencias de la Educación con Opción en Tecnología Educativa, forma parte de la Academia de Tecnología Educativa de la UAMCEH UAT, se desempeña también como docente en línea de la Universidad Abierta y a Distancia de México, Ha participado en el diseño, desarrollo e impartición del diplomado en competencias y habilidades digitales para el docente, su correo electrónico es nolivares@docentes.uat.edu.mx.

Román Alberto Zamarripa Franco

 Es ingeniero en Sistemas Computacionales por el Instituto Tecnológico de Ciudad Madero; Maestro en Educación y Maestro en Calidad por el IEST Anáhuac Tampico; Especialista en Entornos Virtuales de Aprendizaje por Virtual Educa y la OEI y Doctor en Educación Internacional en la línea de investigación de Tecnología Educativa por la Universidad Autónoma de Tamaulipas. Es profesor e investigador, así como coordinador de Tecnologías para la Educación en el IEST Anáhuac Tampico. Dirigió los proyectos de diseño e impartición de clases en línea en licenciatura, posgrado, educación continua y capacitación docente en su universidad. Dirigió el proyecto de diseño e implementación de un estudio de grabación de videos educativos. Ha participado en proyectos de diseño de plataformas de cursos en línea. Ha diseñado e implementado cursos de capacitación en el diseño e impartición de clases en línea. Su correo electrónico es roman.zamarripa@iest.edu.mx.

Verónica Sagnité Solís Herebia

 Maestra en Tecnología Educativa por la UAT. Ha participado como ponente en varios congresos nacionales e internacionales. Es docente de tiempo completo de la Unidad Académica Multidisciplinaria "Valle Hermoso" de la UAT, participante del Comité de diseño y desarrollo de planes y programas de estudios, imparte clases en el programa de bachillerato, la Lic. En Mercadotecnia Digital, Lic. En tecnología. Tecnología Educativa y la Lic. En tecnologías para la generación del conocimiento (e-learning).Instructora del Diplomado de Formación Docente del Nivel Medio Superior del 2009 a la fecha. Evaluadora externa de la Asociación Nacional de Universidades e instituciones Públicas de Nivel Superior del Programa de Certificación en Competencias docentes del nivel medio superior del 2010 a la fecha. Su correo es vsolis@docentes.uat.edu.mx.

Virginia Nohemí Araguz Lara

 Es Licenciada en Informática y cuenta con una Maestría en Docencia, ha trabajo en diferentes empresas en áreas de Informática y Telecomunicaciones, actualmente labora en la UAT en la Unidad Académica Multidisciplinaria Valle Hermoso como responsable de la Coordinación de Tecnologías, Administradora de Red e impartiendo clases en Nivel Medio Superior y Nivel Superior en modalidad presencial, mixta y a distancia en las asignaturas de Tecnologías de la Información y la Comunicación y Laboratorios de Medios Tecnológicos, trabajando en el desarrollo de materiales multimedia, cursos masivos en línea y de aplicaciones móviles, forma parte de la Academia de Comunicación en el Nivel Medio Superior y es Secretaria de la Academia de Tecnología Educativa en el Nivel Superior en la UAT, sus correos electrónico son noearaguz@gmail.com; naraguz@docentes.uat.edu. mx.

Printed in the United States
By Bookmasters

Printed in the United States
By Bookmasters